全球綠色經濟新政策

Jeremy Rifkin

化石燃料文明
將在2028崩盤
以及能拯救地球生命的
經濟方案

THE GLOBAL GREEN NEW DEAL

Why he Fossil Fuel Civilization Will Collapse by 2028,
and the Bold Economic plan to Save Life on Earth

傑瑞米・里夫金——著　李立心、吳慕書——譯

第2篇 灰燼中崛起的綠色新政

國際好評

傑瑞米・里夫金是歐盟長期經濟願景「智能歐洲」的主要擘畫者，也是中國第三次工業革命政策的關鍵顧問……歐盟委員會正呼籲歐洲於二〇二五年前做到「氣候中和」。他的新書《全球綠色經濟新政策》正是企圖喚醒美國，面臨即將崩潰的二十世紀化石燃料文明，切勿繼續沈睡以對。

——《富比世》

傑瑞米・里夫金這位未來學家暨多產作者，在企業總裁與TED Talk社群是廣受好評的思想家，難怪他的新書《全球綠色經濟新政策》所提出的論述，跟那些典型的綠色新政支持者說法相當不同……他感興趣的是在一個棄用化石燃料的世界裡蓋工廠、做農場、開電動車，強調「綠色新政的關鍵在於基礎建設」。

——《紐約時報》書評

經濟理論家傑瑞米・里夫金的論述，啟發了中國與許多歐盟會員國制定氣候相關的法規，他很有資格鼓吹這個新的政治觀點。在《全球綠色經濟新政策》中，他駁斥那些懷疑大規模能源轉型可行性的人，指出全球各地都已在進行這些改變。他表示，現在美國也該加入歐盟和中國，成為邁向零碳經濟的領頭羊。

——《科學》期刊

傑瑞米・里夫金呼籲能源轉型、經濟與生態並進，是全球知名的理念大使……他呈現了一幅美好的未來願景，過去五十年從未有人膽敢提出這種前瞻觀點。無論是草根運動提倡者或歐洲和美國的政策制定者，《全球綠色經濟新政策》都是必讀書籍。

——西格瑪・嘉布瑞爾（Sigmar Gabriel），前任德國副總理

充滿挑戰？是的。不切實際？絕非如此！勞工希望把他們的錢投資在可長可久的未來，有著以人為本的科技、工作充足、轉型過程公正……對此，傑瑞米・里夫金提出了一份務實的排程和必需的行動指南。在垂死的星球上，一份工作都不會有！

——莎朗・布羅（Sharan Burrow），國際工會聯合會總書記

傑瑞米．里夫金再度以敏銳心智分析人類所面對的最大挑戰，提出極具說服力的論述來終結過往的商業模式。《全球綠色經濟新政策》提供美國一份轉型為後碳經濟的明確地圖，同時也是非常激勵人心的願景，這可能是我們人生中最大的經濟商機。對投資者、企業家和政策制定者來，這是一本必讀書籍。

——理查．布蘭森（Richard Branson），維京集團董事長

能源是攸關當今經濟、社會與物種生存的關鍵議題，傑瑞米．里夫金對此領域的全方位理解，無人能出其右。他的論述靈巧地拆解了未來能源所面臨諸多問題，喚起時代思潮並提供一份大膽的未來願景與行動指南。《全球綠色經濟新政策》卓越之處在其以全局觀解析所需的能源革命，結合了潔淨資源、辨識商業上替代方案、強調時常被人忽略的電網建設，並延伸到社會平等的需求。你所需要的一切都在本書，非讀不可！

——安妮．普拉吉奧（Anne Pramaggiore），前任艾索倫公用事業總裁

序言

我們正處於全球緊急狀況的風口。科學家說，化石燃料燃燒造成的人為氣候變遷，已把人類和所有與我們同住的物種推向地球生命第六次大滅絕時期。但是，當今世上察覺到這個新現實的人仍在少數。二〇一八年十月，聯合國下轄組織跨政府氣候變遷專門委員會（Intergovernmental Panel on Climate Change，IPCC）嚴正警告，全球暖化氣體排放量急速上升之際，一連串不斷加劇的氣候事件將一觸即發，危急地球生命。跨政府氣候變遷專門委員會估計，人類活動導致氣球暖化的程度已高出工業化之前的水準約攝氏一度，它並預測，假使地球暖化超過攝氏一．五度，將引發回饋圈失控，一連串氣候變化事件也將傾巢而出，破壞地球生態系統。[1]到時候我們可能回不去今日所知的生活。

根據哈佛大學（Harvard University）知名生物學家愛德華．威爾森（Edward O. Wilson）的說法：「人類活動持續加速物種滅絕，接近所有物種到了本世紀末都將消滅一半以上。」屆時，今日的幼童已經是老人了。[2]地球上一次經歷這種滅絕巨變是六千五百萬年前。[3]跨政府氣候變遷專門委員會斷定，我們若想避免陷入險境，必須減少全球暖化氣體排放至僅達二〇一〇年水準的四五％，而且我們只有十二年可以努力。[4]全球經濟、我們的社會以及生活方式將必須在人類史上毫無前例的情況下轉型；換句話說，人類文明全面重整的時限迫在眉睫。

警鐘在二〇一八年十一月美國期中選舉期間敲響。華盛頓特區與眾議院迎來年輕世代的國會議員，滿腔熱情地承諾徹底改革美國經濟以因應氣候變化，同時力圖創造新綠色企業和就業機會，確保更公平合理地分配生活所得。當時，呼籲政府對抗氣候變遷的日出運動（Sunrise Movement）年輕示威者衝進國會大廈，在即將成為眾議院議長的南希・裴洛西（Nancy Pelosi）和新任眾議院多數黨領袖斯滕尼・霍耶（Steny Hoyer）的辦公室前靜坐；新科女國會議員亞莉珊卓・歐加修—寇提茲（Alexandria Ocasio-Cortez）也加入抗議陣營。

歐加修—寇提茲呼籲新選出的眾議院設立專責委員會，為美國創建「綠色新政」（Green New Deal）。委員會將設定一年為期，制定因應氣候變遷的產業計畫，促使經濟基礎建設十年內脫碳、創造新商機，並在新興綠色經濟中為弱勢工人創造數百萬份就業機會。這項大膽、「充滿雄心壯志」的提案，遠遠超出美國各城市、郡和州至今所呈交的提案。[5]隨著新一屆國會任期展開，領導階層對此議案含糊其辭，最終僅成立一支幾乎毫無執行權力的應對氣候危機專責委員會（Select Committee on the Climate Crisis）。

與此同時，二〇一九年二月七日，歐加修—寇提茲聯手民主黨參議員艾德・馬基（Ed Markey）提出「綠色新政決議」。至今已有一百零三位國會議員共同簽署，包括民主黨幾位參加總統初選的參議員：伯尼・桑德斯（Bernie Sanders）、賀錦麗（Kamala Harris）、柯瑞・布克（Cory Booker）、伊莉莎白・華倫（Elizabeth Warren）和陸天娜（Kirsten Gillibrand）。[6]民主黨總統初選的後起之秀胡立安・卡斯楚（Julián Castro）和貝托・歐洛克（Beto O'Rourke）也表態支持綠色新政。前副總統艾爾・高爾（Al Gore）以及來自全國各地三百位州和地方政府官員也不落人後，包括另一位有志投入民主黨總統初選的候選人：現任南灣（South Bend）市長彼特・布特傑吉（Pete Buttigieg）。綠色新政無疑激勵先進政治家與年輕選民，並將成為二〇二〇年總統大選的競選主題。

當選官員紛紛察覺輿論大轉向，氣候變遷議題從乏人問津瞬間變成美國民眾面臨的核心問題。各州不論是支持民主黨或共和黨，全美國從個人、家庭、勞工到企業都憂心忡忡天氣劇烈變化，以及氣候變遷影響生態系統日益劇烈，導致生命、財產大量損失並中斷商業週期。

二〇一八年十二月，耶魯大學氣候變遷溝通計劃（Yale Program on Climate Change Communication）聯手喬治梅森大學氣候變遷傳播中心（George Mason University Center for Climate Change Communication）執行民意調查發現，七三％受訪者認為全球暖化正在發生，比二〇一五年時增加十個百分點，幾近一半的四六％受訪者說已經受到全球暖化影響；此外，四八％美國人同意，全美各地的人們「『此時此刻』正遭受全球暖化嚴重影響」。這個比率比二〇一五年大增十六個百分點；最令人擔憂的是，高達六七％的絕大多數美國人相信，全球暖化正在危害全世界的貧窮階級、七四％憂心動植物物種、七五％煩惱後代。[7]

十年來，災難性氣候事件不斷攀升，國民情緒跟著轉變。氣候變化之所以那麼可怕是因為它破壞地球的水圈（hydrosphere；編按：環境地球表面和接近地球表面的各種形態水象總稱），這套系統對於維持生命十分重要。地球是水行星，我們的生態系統長久以來就是跟隨水循環進化，它會通過雲層穿越地球。現在問題來了。由於全球暖化氣體排放增加，地球每升溫一度，大氣中的水蒸氣就增加七％，導致雲層降水更為集中，並衍生諸多極端的降水事件[8]：冬季的酷寒低溫和大風雪、春季破壞力超強的洪水、夏天旱季月份越來越長與駭人聽聞的野火，以及規模高達三、四、五級的致命颶風，造成不計其數

的生命財產損失，並破壞生態系統。上一個冰河時代結束以來的一萬一千七百年間，地球生物群落與可預測的水循環同步發展，現在卻追不上失控的指數曲線，這道現象驅動當前地球水循環加速，生物群落結構正同步瓦解中。[9]

難怪二〇一八年美國期中選舉後，一項調查徵詢美國選民對啟動綠色新政計畫以便因應氣候變化的看法，結果所有政治派別的公眾全都廣泛支持這套計畫，近似於一九三〇年代動員全美對抗經濟大蕭條（Great Depression）所推出的新政（New Deal）。

未來十年內，綠色新政將以一〇〇%潔淨、再生能源供應全國電力需求；升級國家電網、建築物和交通基礎建設；提高能源效率；投資綠色科技研發；為新創綠色經濟提供就業訓練。九二%民主黨人士支持這道想法，其中包括九三%自由派民主黨人士、九〇%溫和或保守派民主黨人士。不過也有六四%的共和黨人士支持綠色新政勾勒的政策目標，包括七五%溫和或自由派共和黨人士、五七%保守派共和黨人士。八八%無黨派人士也認同這道政策。[10]

民主黨、共和黨和無黨派選民廣泛支持綠色新政，意味著美國政治的潛在分水嶺將深遠影響二〇二〇年以及未來的總統大選。氣候變化不再只是學術議題和長遠政策考量，而是幾千萬名美國人切身感到恐懼的現實，他們意識到這個國家和世界正面臨可怕新未來，與人類史上任何時期都截然不同。

美國民眾並不是唯一擔心受怕所以想要行動的支持者。二〇一九年一月，世界經濟論壇（World Economic Forum）年會在瑞士小城達沃斯（Davos）舉辦，各國元首、財經雜誌《財星（Fortune）》五百大企業執行長以及億萬富豪，全都針對科學家提出的嚴厲警告熱烈討論。所有公開會議和私人聚會的話題主要都圍繞在氣候變化對經濟、企業和金融界有何影響。一項調查徵詢與會者前五大可能嚴重損害經濟的風險為何，結果顯示，氣候問題高占四項。[11]英國《金融時報（Financial Times）》助理主編吉蓮·邰蒂（Gillian Tett）報導，儘管「達沃斯人（Davosians）顯然擔心極端天氣事件越來越普遍」，但一致同意「全球都缺乏有效的因應機制」。[12]

世界經濟論壇正在達沃斯如火如荼舉行時，共有二十七位諾貝爾獎得主、十五位向總統報告的美國經濟顧問委員會（Council of Economic Advisers）前主席、四位聯邦準備理事會（Federal Reserve）前主席與兩位前美國財政部長（US secretaries of the treasury）聯名疾呼中央政府，開徵碳稅是有效降低碳排放的政策，還能鼓勵企業轉型至以零碳排放的綠能、技術和基礎設施為基礎的新時代。美國前財政部長暨哈佛大學榮譽校長賴瑞·桑默斯（Larry Summers）代表全體聲明：「氣候變遷問題的嚴重性使人們集中意念、拋開分歧。鮮少有共識者似乎也對此抱持相同觀點。這一點出人意料之外。」[13]

簽署人士都表示，擬議的碳稅將傳遞「有力的價格信號，利用市場這隻「看不見的手」引導經濟參與者邁向低碳未來」並「促進經濟成長」。他們建議碳稅「應逐年增加，直到減排達標、保持稅收中立，以避免引來大政府的爭議」，因為「持續上漲的碳價將會鼓勵技術創新與大規模的基礎建設，並加速轉向低碳及零碳商品服務」。這道提案包括一項附加特點以便「盡量提高碳稅的公正性和政治可行性」：稅收產生的所有收入將「透過現金退稅方式將碳稅收益返還國民」，「以高出電價漲幅的『碳紅利』嘉惠大多數美國家庭，包含最弱勢的家庭。」[14]

並非只有美國人大聲疾呼綠色新政。十多年前，因應氣候變遷而發起的類似運動就已席捲整個歐盟。它也以綠色新政為名，激勵眾多社運份子群起激昂。直至今日這個名號言猶在耳，在歐洲各成員國政黨之間仍然形同強而有力的號召，在二〇一九年票選歐盟執行委員會（European Commission）新主席和歐洲議會（European Parliament）議員時成為核心主題。

二〇一九年三月十五日，超過一百萬名Z世代學生群眾與稍長幾歲的千禧世代攜手響應一百二十八國、超過兩千場示威遊行，採取前所未有的一日罷工行動，走出教室、走上街頭，抗議政府毫無因應氣候變遷的作為，並強烈要求全球轉型邁入綠色後碳時代。[15]

儘管全體政界普遍同意，轉型成為零碳社會難如登天，但確實存在一條道路。也許，避免讓溫度再升高可能置地球所有生命於死地的〇．五度，我們就有機會重新梳理與地球的關係。

以下是可能的方法：太陽能、風力發電和其他再生能源正迅速生產。二〇一八年十一月，全球最大的獨立投資銀行之一諾斯德（Lazard）發布報告，已達公用事業規模的太陽能電力最低每百萬瓦小時的單位發電成本（levelized minimum cost of energy，LCoE）已降至三十六美元／百萬瓦小時，風能也已降至二十九美元／百萬瓦小時，使得它們「比效率最高的天然氣廠、燃煤電廠和核反應器還要便宜」。[16]「最低每百萬瓦小時的單位發電成本是指，經濟評估一項發電設備在壽命週期內建造和營運的平均總成本，再除以這座電廠發電設備壽命週期內的總發電量」。[17]未來八年裡，太陽能和風能價格將遠低於化石燃料發電，這將迫使它們和化石燃料產業正面對決。[18]

英國倫敦能源產業智庫碳追蹤計畫（Carbon Tracker Initiative）發布的報告指出，太陽能和風能價格遽降，「將不可避免地導致全體企業界空有價值數兆美元的擱置資產

（stranded assets），並重擊食古不化的石油國」。同時，「不夠精明的投資者未能意識到能源轉型推進的速度，等同是置幾兆美元於風險之中」。[19]「擱置資產」是指因需求下降被迫遺留在地下的化石燃料，舉凡所有遭廢棄的輸油管道、海上鑽油平台、儲油設施、能源發電廠、備用發電廠、石化加工設施，以及與化石燃料文化密不可分的產業都在其列。

在檯面下，造成全球暖化的四大罪魁禍首正在劇烈鬥爭：資通訊技術產業／電信業、電力和電力公用事業、行動和物流業，以及建築業，它們正開始與化石燃料產業脫鉤，轉向採用更便宜的綠色能源。結果是，「相當於一百兆美元的資產可能會『碳擱置』在化石燃料行業中」。[20]

碳泡沫則是歷史上規模最大的經濟泡沫。近二十四個月，研究報告從各界紛湧而至，廣及全球金融界、保險業、全球貿易組織、各國政府，以及能源行業、運輸業和房地產業內頂尖的顧問公司，均提出相近論點，二〇二三年至二〇三〇年，化石燃料工業文明即將在某個時間點崩壞，肇因於關鍵產業都與化石燃料脫鉤，改為仰賴日趨便宜的太陽能、風能、其他再生能源以及隨之而生的零碳排技術。[21]現在矛頭正指向美國這個全球最大產油國。美國同時面臨太陽能和風能價格暴跌、石油需求攀頂，以及石油工業積聚的擱置資產後遺症。[22]

讓我們攤開來說，這場大破壞正在發生，很大程度上是因為市場已經說話了。每個政府都必須跟隨市場或自負後果。在實現零碳排的第三次工業革命中，政府若帶頭擴大規模定將保持領先；但如果政府不隨著市場力量前進，反而在日趨崩壞的二十世紀化石燃料文化中原地打轉，終將邁向衰落。

可想而知，一場從石油行業撤資，轉向投資在再生能源的全球浪潮正風起雲湧；但無法預料的是，全球退休基金總值超過四十兆美元，其中二十五兆四千億美元掌握在美國勞動力手中。[23]截至二〇一七年，全球共同資產就屬退休基金的規模最龐大。如果繼續將退休基金投入化石燃料產業，碳泡沫只要一爆破，幾百萬名美國勞工的龐大財務損失將無法估量。

金融圈才剛展開深入討論，是否還要繼續砸下數兆美元力挺化石燃料產業到底，或是棄船逃生，另闢投資全新綠色能源、新事業的蹊徑，並在美國與世界各國大興土木增建新的綠色基礎設施時，著眼在應運而生的就業機會。全球退休基金打頭陣，許多機構投資人已在一旁摩拳擦掌，想要套現化石燃料投資，資助再生能源，儼然掀起一場資本主義史上規模最大的撤資／投資行動。迄今為止，在涵蓋一些大城市和工會的三十七國裡，超過一千家機構投資人已承諾從化石燃料產業撤資八兆美元，轉手投資於引領我們邁向零碳未來的綠色能源、潔淨能源技術和商業模式。[24]

碳泡沫和遭到擱置的化石燃料資產，以及全球性綠色新政運動蔚為流行，為未來二十年基礎設施轉入幾近零碳生態時代的可能性開啟一扇窗。

儘管推動綠色新政的呼聲日益高漲，倡議支持者已經意識到，尚無明確途徑通往目標達陣所需的「工業革命」。這本書將分享過去二十年來我在歐盟以及最近在中華人民共和國的經驗，即協助兩方政府可以在綠色新政型態的轉型準備期邁入零碳排的第三次工業革命。我衷心期盼，隨著綠色新政的草根運動正蔓延美洲，美國能精心打造綠色、後碳、第三次工業革命的基礎設施，進而減緩氣候變遷，並成就更公正人道的經濟與社會。

從個人角度來說，我想對質疑派喊話，他們不僅質疑綠色新政，也難以相信短短二十年內就能實現如此巨大經濟轉型。與我合作的全球企業和產業涵蓋電信、電力公用事業、運輸和物流、建築和房地產、先進製造業、智慧農業、生命科學以及金融界，它們都確信這不是癡人說夢，而且我們現在就在世界各大區域實地執行。

對於那些主張綠色新政不切實際的美國民選官員，我想說的是，歐盟和中華人民共和國政府都知道，這種規模的轉型任務僅需動員一個世代就能完成。在這兩大經濟體都雷厲風行之際，我們美國非但已經遲了，甚至逾期不至。變通的時刻來臨，我們可以向全世界宣示，當我們換一道全新眼光看待綠色新政時將可以做出什麼成就。這次我們是為了全美國、全人類、我們的生物同胞和共有的地球。我希望美國能與歐盟及中國攜手引領全世界邁向零碳生態時代。

打從美國立國之初，最具代表性的精神就是再難也做得到、隨時準備捲袖奮手一博的樂觀主義。它歷經兩百多年的考驗、磨難、挑戰和機遇，早已深深嵌入我們的文化基因。如今，新世代美國人正步上國家和全球舞台，一肩挑起人類史上前所未有的使命。綠色新政很可能一日千里，並繼續獲得廣泛支持，尤其是四十歲以下的數位原生世代正整裝待發，打算在未來幾十年的政體上留下他們的戳記。

第1篇

大破壞：減碳後的脫鉤大潰逃與擱置的化石燃料資產

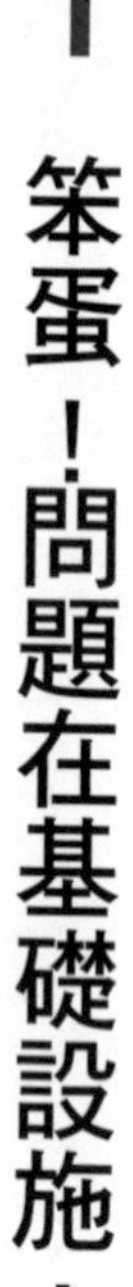

1 笨蛋！問題在基礎設施！

我們應為美國、全世界提出一道綠色新政的經濟願景，它得夠吸睛，也必須從大城、小鎮到偏鄉都行得通。假若我們打算在大限之前落實全球經濟去碳化，並端出綠色電力、隨之而生的永續服務重啟動能，這道願景就必須符合快速布建、二十年左右就能擴大規模的期待。這麼一來，我們應該先退一步捫心自問：「自古以來，重大的經濟典範轉移都是如何萌發？」要是我們能找到答案，全球政府就得以擘劃實現綠色經濟新政策的路線圖。

第三次工業革命典範

歷史上的重大經濟轉型具有一個共同點，它們必須齊備三大要素，而且三者環環相扣，整套系統才能運作：傳播媒介、電力來源與運輸機制。若是無法傳播，我們就不得控管經濟活動、社交生活；沒有能源，經濟活動、社交生活就欲振乏力；少了運輸和物流，經濟活動、社會生活根本舉步維艱。三者合而為一，便構成經濟學家口中的通用技術平台（也就是社會公共基礎設施）。新型態的傳播、能源和行動式基礎設施同時也改變了社會的時間／空間定向、治理模式、人類打造的環境、住所以及敘事身分。

十九世紀，以蒸氣為推進動力的印刷與電報、藏量豐富的煤炭，以及奔馳在國家鐵道系統上的火車頭，彼此在一處共同通用的技術平台上無縫接軌，進而管理、推動並驅策社會向前邁進，終致促成第一次工業革命。到了二十世紀，集中式電力輸送、電話、廣播與電視、廉價石油和穿梭在國家公路系統上的內燃機汽車，則為第二次工業革命的基礎設施打下基石。

此刻，我們正躬逢第三次工業革命。數位傳播網路（Communication Internet）結合太陽能與風能所驅動的數位再生能源網路（Renewable Energy Internet）；自駕燃料電池電動車上的數位行動及物流網路（Mobility and Logistics Internet）則由綠色能源驅動，打底的基礎是內嵌於商用、住宅和工業建材中的物聯網（Internet of Things，IoT）平台，將讓二十一世紀的社會和經濟煥然一新。

在數位神經網路全面廣布的全球化經濟體中，所有裝置、設備、機器和新發明都裝載感測器，「萬物」皆與人相連。現在，幾十億顆感測器連接資財流、貨倉、道路系統、工廠生產線、輸電網、辦公室、住房、商店和車輛，持續監測它們的狀態和性能，並回傳大數據（Big Data）到新興傳播網路、再生能源網路與行動及物流網路。截至二〇三〇年為止，在全球分散式的智慧網路上，可能會有好幾兆顆感測器串連人類和自然環境。[1]

萬物透過物聯網與人相連可提供龐大的經濟利益。在日益擴大的數位經濟中，個人、家庭和企業的住房、工作場所可與物聯網連結，也可以擷取在全球資訊網暢行無阻，並會影響供應鏈、生產與服務以及社會生活方方面面的大數據。這樣他們就可以運用自己的分析方法探勘大數據、打造自己的演算法和應用程式，以便提升總體效率和生產力、減少碳足跡，降低生產、分銷、消費商品與服務和回收廢棄物的邊際成本，進而在新興的後碳全球經濟中，使自家企業和房舍更綠化、更高效。（邊際成本是指，固定成本已全數吸收後，每多增加一點產出所增加的成本。）

在綠色數位經濟中，某些商品與服務的邊際成本甚至趨近於零，引發資本主義制度根本性變革。經濟理論教會我們，最適市場是企業的銷售價格定在邊際成本；市場鼓勵企業引進降低生產、分銷產品與服務邊際成本的新技術和其他高效工具，這樣就能讓它們得以利用更低廉價格切入市場並搶下市占率，同時還能賺回大把利潤回饋投資金主。

但是經濟學家始料未及的一點是，日後會冒出一座貨物與服務的生產、交付效率超高的通用技術平台，不但大幅壓低經濟活動的邊際成本，導致毛利率急劇縮水，進而逐漸破壞資本主義的商業模式。一旦邊際成本低無可低，市場就會變得過度遲緩，商業機制也終將可有可無。這便是綠色數位第三次工業革命引爆的後果。

市場本是交易與啟動／停止機制，買、賣雙方在某個時刻碰頭、敲定價格，然後交付貨物或提供服務，之後就分道揚鑣。沒生意可做的空檔期間賣家等於是沒個著落，但仍得支付固定開銷和其他費用，因此可說是白白的浪費時間。姑且不論生產成本損失，單單僅考慮買、賣雙方再度碰頭的時間和費用，就說廣告成本、行銷、倉儲成本，整體物流和供應鏈的停工時間，以及其他仍需按時支付的開銷好了，邊際成本和利潤雙雙縮減的現象一登場，在一整套以數位方式強化的高速基礎設施中，買、賣雙方僅單次銷售商品、服務這種緩慢交易型態便會癱瘓所有的交易市場。在第三次工業革命中，商品「交易」得靠邊站，讓位全年不打烊的「流量」。

在當今新崛起的經濟體系中，所有權讓路存取權；某個部分來說，網路上的提供者、使用者則取代市場買、賣雙方。在這套提供者／使用者的網路中，產業與次產業已被「專業能耐」取代，這類人才在平台上匯聚，置身智慧網路中管理源源不絕的商品和服務，即使是處於低毛利水位，在這個流量全天不斷電的系統中依舊可以回報豐厚利潤。

但是當某些商品和服務的毛利壓縮至「幾近於零」時，在資本主義的網路中追求利潤也不再行得通，因為生產、分銷商品與服務根本幾乎免費。這一幕正在上演，而且還催生出一種共享經濟（Sharing Economy）新現象。無論何日、何時，全世界都有上億人口正在製作和共享自創的音樂、YouTube影片、社群媒體內容與研究成果；有些人則正在學習大規模開放式線上課程（massive open online courses，MOOCs），在這裡，講師是最頂尖大學的教授，通常還可免費獲予大學學分。學員只要準備一支智慧型手機、服務提供商和電源插座，就能上課自我充電。

全世界也有越來越多人正使用自行產出的太陽能和風能電力，不依賴公共電力，並／或回售給電網；同樣地，邊際成本幾近於零，太陽和風至今都沒有寄送帳單過來。越來越多千禧世代共享房屋、乘車、衣服、工具、運動器材以及各種其他商品與服務，有些像優步（Uber）這類共享網路業者是資本主義網路中的提供者與使用者，連結駕駛與乘客的邊際成本幾近於零，但提供者為臨時使用服務標示價格；至於其他非營利組織或合作社發起的共享網路，會員彼此免費共享知識、商品與服務。幾百萬人正在建構全球知識，然後上傳網路流量高居第五大的非營利網站維基百科（Wikipedia），不收分毫。[2]

我們共享各種虛擬、實體商品，為新興的循環經濟奠基，而且在轉移閒置資源供他人使用的同時，大幅減少使用地球資源，進而降低碳排放量。因此，共享經濟可說是綠色新政時代的核心特色。

共享經濟尚處於起步階段，正要百花齊放，但有件事無庸置疑：共享經濟是一種全新的經濟現象，背後推力是改變經濟生活的傳播、能源與運輸數位基礎設施。就此而言，自十八、十九世紀資本主義和社會主義發軔以來，共享經濟是第一個躍上世界舞台的新經濟體系。

四十歲以下的年輕數位原生世代早已搶進這種全新的混合式經濟體系卡位，每一天總有一個時段，他們幾乎都是無償地在全球通用的開放資源體系中共享各種商品與服務，其中多數並未計入國內生產毛額（GDP）或標準的經濟整合帳系統中；其他時段，他們則花錢購買產品與服務，與資本主義提供者／使用者網路的關係日益密不可分。這套混合式經濟體系就是綠色新政未來幾年即將粉墨登場的競技舞台。

用以打造綠色新政的智慧基礎設施，涉及各種關鍵能耐：資通訊技術產業涵蓋的電信、電纜公司、網路公司和電子電機產業等；電廠和電力設備；運輸和物流業；營造和房地產業；製造業；零售業；食品、農業和生命科學產業；以及旅遊、觀光產業。全新的智慧永續基礎設施將反過來實現嶄新的商業模式，創造大量新型態就業，這些都是轉向綠色經濟的特徵。

第二次工業革命過渡至第三次工業革命的過程相當艱辛，堪與農業時代轉進工業社會相提並論，將會動用兩個世代的美國人共同群策群力。我們若想實現這道轉型，就得培訓數百萬人才投入就業或重返職場。

我們將被迫關閉和拆除所有擱置的化石燃料與核能基礎設施，包括輸送管、發電廠、儲存設施等。這部分不是機器人和人工智慧系統派得上用場之處，我們需要遠比它們更靈活的半熟練、熟練和專業的勞動力。

傳播網路必須升級，要涵蓋全球暢通的寬頻，我們得鋪設電纜才能相互連結。能源基礎設施有必要改造成可容納太陽能、風能和其他再生能源的型態，機器人和ＡＩ做不到安裝太陽能發電面板、風力發電機組；笨到家的集中式電網得重新配置，成為智慧型分散式數位再生能源網路，以利綠色微型發電廠產出的大量再生電力通行無阻。同樣的，這是一樁複雜任務，唯能仰賴半熟練、熟練和專業的勞動力。

二十世紀採用的老舊全國電力傳輸網將由二十一世紀的高壓智慧型國家電網取代，得為這道為期二十年的轉型過程編列大批人力。

運輸和物流業必須數位化，轉型成為全球定位系統（GPS）導引的自動駕駛行動網路。這套網路是由再生能源供電的智慧電網、燃料電池汽車構成，行駛在智能道路、鐵路與水路系統。置身這門產業的各種技術層級員工都將身負重任，因為導入充電與燃料電池的運輸系統需要架設幾百萬座充電站、幾千座氫能燃料站；智能道路沿途安裝無所不在的感測器，可以提供交通流量、貨物運輸的即時訊息，也有必要先行鋪設。同理，這些工程都會開闢更多新工作機會。

建築物結構必須翻新改進，以便提升能源效率、安裝再生能源採集設施，並轉換成微型發電廠。技術純熟的勞工將據此安裝絕緣材料、嶄新門窗，還得在每一層基礎設施中嵌入儲存能源技術，以便無時不刻提供再生能源。不用多說，這一步也會提供大量就業機會。

事實上，第三次工業革命既是職缺殺手，同時也是就業之源。截至本世紀中葉，涵蓋傳播網路、能源網路與物流網路的智慧物聯網基礎設施將僅需一小批監督和專業人力，經營人類文明大部分的經濟活動。

但是，就短、中期而言，美國和世界各國大規模打造物聯網基礎設施，正催生一場長達三十年的浩大工資與加薪勞力潮。

就中、長期而言，就業人口持續增加的趨勢將會漸漸從市場轉至非營利部門、社會經濟和共享經濟領域。在市場經濟中，雖然生產貨品與服務所需人力將會減少，但是在文明社會中，機器代理人其實將扮演更無足輕重的角色。證據顯而易見，即深度社會參與、積聚社會資本根植於人類的企業家精神中。即使是最鐵桿的新科技迷，對機器有朝一日終將創造社會資本的特殊想法也不抱幻想。

在全球許多先進的工業經濟體中，非營利領域都是當今成長最迅猛的就業部門。姑且不論自由奉獻時間的幾數百萬名志工，其他上千萬名從業人員是積極就業者。二〇一〇年，約翰霍普金斯大學公民社會研究中心（Johns Hopkins University Center for Civil Society）調查四十二國，整體非營利領域共聘雇五千六百萬名全職員工。如今，在少數國家的非營利領域裡，就業人數就高占全體勞動力一〇%以上。隨著就業機會從日益自動化的市場經濟轉換到高度勞力密集的社會經濟，未來幾十年，相關就業數字可能會穩定爬升。[3]

我預期，就算不是很快會發生，但截至本世紀中葉為止，全世界有很大一部分就業人口會進入非營利領域，積極推動社會經濟發展，至少還是會在傳統市場採購一些商品與服務。僅由少數專業與科技人才參與其中的智慧化科技將會管理傳統的資本主義經濟。

當務之急將是同時再培訓現有人力，並為即將進入勞動市場的學生提供適當的技能發展機會，以便無痛轉型至嶄新的職業類別與商機，因為它們往往伴隨著全球各地大規模的第三次工業革命基礎設施而生。同時，公民社會開啟職缺機會，在校學生也將必須學習隨之而生的全新專業技能。雖然這是一樁勞心費力的工作，但回顧人類歷史中戮力奮發的類似經驗，特別是一八九〇年至一九四〇年間，農業社會快速轉型成工業時代的生活型態便可窺見一二。

數位經濟同樣帶來風險和挑戰，至少要擔保網路中立性，以確信人人都有平等的網路存取權、保護隱私、確保資料安全，並制止網路犯罪和網路恐怖主義。我們該如何防止單一民族的獨立國家入侵其他國家的社群媒體，然後傳播錯誤訊息圖謀影響選舉結果呢？我們又該如何杜絕網路巨企成為獨占企業，並著眼商業用途，將我們的線上個資當成大宗商品轉售第三方？

網路的暗黑面有必要嚴密監管，從地方、州到國家各層級政府都必須在系統中刻意建置功能重複的分層，以確保智慧數位物聯網基礎設施發生任何破壞行動時，都會在第一時間就發出通知後便自行裂解、去中心化並重新組織成全新的鄰里或社區等級網路的機制抵銷，進而減緩突如其來的衝擊。

全數位經濟和第三次工業革命轉型帶來總合效率大躍升，幅度遠超過二十世紀第二次工業革命。在美國，一九〇〇年至一九八〇年間，總合能源效率（aggregate energy efficiency，指的是，實際有效比與理論上可從能源和材料中提煉的潛在物理性有效比）隨著國家基礎設施發展穩定上升，從二・四八％攀至一二・三％；一九九〇年代後期總合能源效率開始趨穩，維持在一三％上下；之後則在二〇一〇年第二次工業革命基礎設施完建之際直達峰值一四％。儘管總合效率大幅提高，為美國帶來空前的生產力和成長，但是第二次工業革命期間使用的能源中，八六％在傳輸時白白浪費了。[4]其他工業化國家也顯現類似的總合效率曲線。

即使我們想要升級以碳基打底的第二次工業革命基礎設施，也不太可能顯著改善總合效率和生產力。化石燃料已經發展成熟，而且內燃機、集中式電網這類設計、規劃用來運作這類能源的技術也已耗盡生產力，差不多是黔驢技窮了。

然而一些新近研究顯示，未來二十年內，轉型物聯網平台、第三次工業革命的過程中，總合能源效率有可能提高到六〇％，再加上生產力狂飆，將可催生出一個幾近一〇〇％使用再生能源的後碳社會，以及一個韌性十足的循環經濟。[5]

我定期拜會世界各國元首、省長和市長，並且在與各方討論過程中極力描述綠色新政的重中之重，也就是智慧綠色基礎設施轉型成為零碳第三次工業革命經濟的過程，並詢問他們是否擬定緩解氣候變遷，並可順勢創造新事業、新就業機會的錦囊妙計？我得到的回應多半是啞口無言，因為他們的唯一選擇是只能繼續作繭自縛，深陷在以碳基能源為動力，但終將窮途末路的第二次工業革命經濟裡；縱使幾十年前它促進總合效率、生產力臻至顛峰，現在卻正帶著全世界落入第六次大滅絕。若此，阻礙我們的癥結為何呢？

連點成線，連結所有孤立計畫

九千多座城市和地方政府為了打造永續發展社區、解決氣候變遷，共襄盛舉《全球市長氣候及能源盟約》（Global Covenant of Mayors for Climate & Energy），[6]他們自吹自播導入許多備受矚目的綠色「示範計畫」，包括太陽能和風能裝置、電動車和氫燃料電池公車、符合能源與環境設計領導認證（Leadership in Energy and Environmental Design，LEED）的建築物與回收計畫等。但是這些發起社區最終徒留各自為政的零散提議，除此之外鮮有其他進展。

缺漏部分是綠色的第三次工業革命基礎設施，它正是連接所有孤立計畫的「神經系統」。從最深的層次來看，基礎設施並非普遍認知的學識所定義，只是伴隨著商業和社交生活而來的附屬品；對嶄新的國家體制而言，全新基礎設施一向更是不可或缺的「分身」。

從最深的層次來看，基礎設施是科技與社會相互交織的連結體，聚合簇新的傳播科技、能源、運輸和物流模式，以及全新建構的建築環境，使社區能夠更有效掌控、啟動和推進經濟活動、社交生活和管理體系。

傳播科技好比大腦，監督、協調和控管經濟有機體。能源是在政體中循環不息的血液，供應養分將大自然的恩澤轉化為商品與服務，活化並發展經濟；運輸和物流則相當於對外延展的枝幹，使社區可以跨時間、空間實際互動，幫助商品、服務和人們互暢其流；建築物堪比皮膚，它具有半滲透性的特質，讓我們的物種得以熬過惡劣天氣生存下來，儲存維繫身體健康所需的能量和其他資源，也提供安全可靠的場所，讓我們生產和消費所需的商品與服務以增強生存能力，並成為撫養家庭和開展社交生活的聚集地。

基礎設施類似龐大的科技有機體，聚合大批人群，擴展為一個天涯若比鄰的大家庭，並集體投入更複雜的經濟、社會和政治關係。

舉例來說，二十世紀的第二次工業革命好比是一套高科技神經系統，管理新經濟典範涉及的一切事務。一九〇〇年直至一九二九年經濟大蕭條爆發，美國城市已經電氣化；一九三六年至一九四九年之間，農村也紛紛跟進。[7]工廠電氣化為量產商品的時代鋪路，汽車躍為要角。如果沒有電力，亨利．福特（Henry Ford）缺乏可用的電動工具供工人作業，製造數百萬名美國人買得起的汽車。福特T型車（Model T）是由汽油引擎所驅動，它走到量產這一步，徹底改變社會的時空取向，幾百萬計美國人開始拿馬匹和四輪馬車交換汽車。

身為初生之犢的石油工業為了滿足燃料成長需求，馬不停蹄地探勘、鑽油，並在全國各地建立輸油管，還興建成千上萬座加油站，為幾百萬輛在生產線上組裝完成後開上路的汽車提供動力。在美國的廣袤大地，混凝土高速公路向四面八方廣布，最終造就美國州際公路系統（US Interstate Highway System）這套世界史上最浩大的公共工程計畫，無縫接軌東、西兩岸的公路系統。高速公路交流道附近環境突然成為住宅新寵兒，推動數百萬家庭一股腦地從市區湧向這些新興郊區，並串接起數千英里長的電話線；接著廣播和電視問世，重塑社會生活，建立起傳播網路，企業得以在石油經濟和汽車時代中管理、行銷遠方的業務活動。

那是昔日榮光，在現今高度發展的工業國家中，美國猶如局外人，甚至與許多發展中國家相比亦然。在世界經濟論壇二〇一七年發布的國家基礎設施品質排名中，美國難堪地排在第九，落後荷蘭、日本、法國、瑞士和韓國。[8]諮詢顧問商麥肯錫公司（McKinsey Consulting）的報告預測，二〇一七年至二〇三五年，美國必須加碼目前基礎設施的整體投資，至少得占國內生產毛額〇．五％才能跟上全國的傳統基礎設施需求程度。[9]

遺憾的是，在新興第三次工業革命相關的新數位基礎設施中，美國有一項關鍵措施排名更糟：固網寬頻用戶的連網慢速，在全世界僅排第十九名；[10]至於建構數位再生能源網路和自主行動網路這項排名，美國甚至沾不上邊。

當我們反思在第一次和第二次工業革命中，美國聯邦、州、地方政府和經濟全體致力建設世界級的基礎設施，讓全世界任何其他國家都望其項背，當今的落後令人不勝唏噓。不言自明的是，美國遲遲未能直接重新評估它的經濟優先事項，結果全世界在二十一世紀飛速發展，一舉把它拋在腦後了。

現今，歐盟和中國大陸不斷擴展第三次工業革命的規模。二十年來，我在布魯塞爾和華盛頓特區的辦公室都與歐盟密切合作，共同構思、布建第三次工業革命基礎設施；二〇一三年以來，我們的北京辦公室更與中國領導梯隊攜手制定、部署類似的第三次工業革命路線圖，目前正融入第十三套五年規劃（Thirteenth Five Year Plan；簡稱十三五）付諸實行。

常有人問我：「為什麼美國遠遠落後於歐盟和中國？」

在我回答這個問題之前，得先帶你重溫二〇一二年，當時美國前總統巴拉克・歐巴馬（Barack Obama）競選連任，有一場事件可以讓你一窺美國極力抵抗基礎設施的真貌。當年七月十三日，歐巴馬總統在維吉尼亞州洛亞諾克（Roanoke）郡對支持者談話，席間他跳脫常規競選言論，反思美國歷史上有哪些政策使它成為全球其他國家的明燈。他思量，十九、二十世紀時，民營企業大獲成功，很大程度是取決於參與政府倡議的「全域基礎設施變革」。他告訴群眾——

如果你早年就成功了，一路上多少有人曾經拉你一把；你的一生當中，總是曾經遇過良師。有人協助打造這套不可思議的美國制度讓你成長茁壯；有人投資道路和橋樑。當你坐擁一項事業，其實並非你赤手空拳打造而成，而是有人助你一臂之力。網路不是平空問世，是政府的研發工作創造出網路，因而所有公司都能在網路上淘金。[11]

歐巴馬總統接著舉例說明，聯邦政府如何資助各種基礎設施計畫和政府研究，讓企業能夠發揮功效、蓬勃發展。他的共和黨競選對手米特．羅穆尼（Mitt Romney）猛烈抨擊「其實並非你赤手空拳打造而成」這句話，聲稱歐巴馬總統貶抑小企業在美國經濟壯大的過程中發揮關鍵作用。但其實前總統只是試圖解釋，聯邦、州和地方政府出力提供每一名公民賴以生存的基礎設施和公共服務，對於成就企業界或是公眾福祉來說，這份貢獻實則不可或缺。

歐巴馬的「其實並非你赤手空拳打造而成」這句話立即在社群媒體上瘋傳，引發全國群起辯論，究竟小企業在美國經濟成功的故事中扮演什麼角色。幾天內，共和黨員便利用「我們打造它」這道主題發展一則反敘事，暗示美國能夠卓越是小企業居功厥偉，政府則無關緊要。「我們打造它」在共和黨陣營大受歡迎，以至於共和黨全國大會

（Republican National Convention）在佛羅里達州坦帕市登場時也將這道主題納入其中。[12]

在這個國家，所有小企業主一向出錢出力打造經濟、普惠大眾，為此，他們深感課稅過重、監管過度、代表性不足，而且遭到漠視，「其實並非你赤手空拳打造而成」這句話等於是在傷口上灑鹽。這一切全都合情合理！但是，這句話提及一幕更加令人不安的現實，亦即許多美國人感覺，這個大政府（Big Government）正一步步破壞他們的個人自由和自由市場運作，不斷侵犯他們的生活。一九八〇年，前總統隆納・雷根（Ronald Reagan）競選總統時，就曾宣傳「拿開政府干預人民的手」這句俏皮話，讓這道主題廣為大眾熟知。[13]

持平而論，大多數美國人都知道，許多日常仰賴的事物都來自稅金以及地方、州和聯邦政府的計畫：兒女就讀公立學校、我們駕車行駛的道路、空中交通管制員引導航班、國家氣象中心（National Weather Service）為我們發送最新的各地天候、公立醫院為病人提供服務、監理單位為我們註冊汽車、美國郵政總局（US Postal Service）寄送包裹和郵件、消防和警政單位保護我們的安全、監獄關押重大罪犯、自來水接到我們公司和住家，還有衛生單位回收我們的廢棄物等。

輿論調查顯示，至少就理論而言，美國人支持聯邦、州和地方政府投入更多資金改善基礎設施；[14]至於基礎設施的總量、項目以及布建做法，到底應該政府負責還是市場掌控，分歧明顯，至今各界激辯不休。

在歐盟，全體公民體認，政商之間的合作夥伴關係持衡至關重要，也打從心底感謝政府提供公共基礎設施與服務時發揮關鍵作用，讓企業界和公眾的日常生活都能時時受益。因此，歐洲納稅人願意承擔更沉重的賦稅，以便換取他們從全民醫療保健到高鐵系統等公共服務得到的好處。

相較之下，看看今日的美國，所到之處公共基礎設施都年久失修亟需改善：道路、橋樑、水壩、公立學校、醫院、公共運輸系統等。每隔四年，美國土木工程師學會（American Society of Civil Engineers, ASCE）定期發布美國基礎設施狀況報告卡，舉凡鐵路運輸、內陸水道、徵收稅款、港口、學校、廢水與固體廢物處理、危險廢棄物處理、公園、航空和能源等均納入評量。在二〇一七年的報告卡中，美國土木工程師學會評分全國公共基礎設施結果是超難看的D＋，並示警美國公共基礎設施正日益惡化，不僅拖累全國經濟，還逐漸威脅國家人民的健康、幸福和安全；它甚至據此警告，政府僅支付基礎設施所需費用的一半，未滿足的資金缺口傷害了企業、勞工和家庭。[15]

這代表惡劣的道路狀況延長行車時間、橋樑坍塌、機場延誤、電網老化和電力短缺、配水系統不可靠、下水道系統故障及其他所有一切公共服務，「對企業來說，這相當於更高的生產、配銷產品與服務成本」。美國土木工程師學會指出：「這些增加的成本，會再轉嫁給勞工和家庭。」它並估計，美國基礎設施若持續惡化，截至二〇二五年為止，將耗損國內生產毛額達三兆九千億美元，造成七兆美元營收、二百五十萬個職缺蒸發的損失。學會為免各界質疑前述損失、美國家庭所受影響的重要性，進一步估計，因為「基礎設施持續惡化所耗損的成本將波及一般家庭的可支配收入，並傷害美國經濟的職缺品質和數量……二〇一六年至二〇二五年，每個家計單位的可支配收入，每年將有三千四百美元因此消失」。[16]

美國土木工程師學會總結，二〇一六年至二〇二五年這十年間，美國每年得追加二千零六十億美元投資基礎設施，才能達到B級水準；要是拖到二〇二五年，總體而言，美國將必須投入四兆五千九百億美元，比美國目前的基礎設施投資經費硬生生多出兩兆美元。[17]

以史為鑑，公共基礎設施與服務促進人民的生產力、健康和總體福祉，從公民是否願意犧牲部分收入和財富，以換取保障公共基礎設施與服務，可以衡量出國家的生命力。當公民投入減弱時，就是一道顯而易見的信號，預示國家衰敗似不遠矣。很大程度上來說，當多數人不再願意支持重建並改造基礎設施，以便改善美國的未來——這裡所謂的未來不僅是當代，更是無數的後代——那麼「讓美國再次偉大（Make America Great Again）」這個浮誇口號便流於空洞，完全白喊了。

如果美國有任何「省小錢花大錢」的案例，那就是我們普遍漠視基礎設施的重要性。雖說短期來看，這僅僅代表道路不順暢、橋樑搖搖欲墜、公共運輸不可靠、手機反應遲鈍，但長遠來看，如果我們不願投資興建第三次工業革命的基礎設施，我們和地球的生存將可能受到更大的威脅。要是我們更了解這類投資帶來的收益，善用稅收打造基礎設施就會變得容易多了。

二〇一四年，馬里蘭大學（University of Maryland）為全國製造商協會（Maryland for the National Association of Manufacturers）完成的調查報告道盡一切。研究結果發現，每多投資一美元改善基礎設施，便增加國內生產毛額三美元。[18]麥肯錫的估計更是錦上添花：基礎設施支出增幅占國內生產毛額一個百分點，就能為美國經濟增闢一百五十萬個職缺。[19]我們除了哭喊「真命苦」，有沒有別的話好說？

誰該擁有基礎設施？

美國的年輕世代就是目前躍居主力軍的千禧世代與Z世代，他們有意翻轉美國命運，大步前進，因此強烈籲求嶄新綠色經濟政策；這次還有更重要的議題登場：不僅僅攸關改善社會前景和所有美國人的經濟福祉，也敦促國家和人民站上第一線，投入減緩氣候變遷和挽救地球生命的行列。

從倚重化石燃料至今卻奄奄一息的第二次工業革命基礎設施，轉型到智慧綠色零排放的第三次工業革命基礎設施，這就是綠色新政的真正核心。

基礎設施革命一向是公共─民間企業攜手合作的夥伴關係，需要能號召各級政府、產業和公民社會的健全社會市場經濟，再加上適當的公共資本、民間資本和社會資本組合。無論是在十九世紀第一次工業革命或二十世紀第二次工業革命，美國都仰賴強大穩健的公共─民間部門合夥關係，打造、擴建改變美國人生活的嶄新基礎設施。

美國公眾或許知道，羅斯福新政（New Deal）伴隨第二次工業革命而生，但他們也許不明白，也有一道新政伴隨第一次工業革命登場，不過當時並未命名為新政。

一八六二年和一八九〇年，聯邦政府通過《毛銳爾法案（Morrill Land-Grant Acts）》，要求各州政府在中央所贈土地上成立公立大學與學院，提供轉型美國農業和工業所需教育和技能。一百五十年來，數百萬名美國公民得以接受教育。如果你曾就讀賓州州立大學（Penn State）、俄亥俄州立大學（Ohio State）、喬治亞州立大學（University of Georgia）、德州農工大學（Texas A&M）、亞利桑那州立大學（University of Arizona）、加利福尼亞州立大學（University of California），以及美國各州任何其他贈地學校，那麼你該對聯邦政府的《毛銳爾法案》心懷感激。聯邦政府資助第一套電報設備，從華盛頓特區的國會大廈（Capitol Building）延伸至東北方馬里蘭州的巴爾的摩市（Baltimore）。[20]聯邦政府的《宅地法（Homestead Act）》免費讓予一百六十萬名農戶共一億一千萬公頃的公有地，[21]等同總土地面積的一〇%；聯邦政府還頒布《太平洋鐵路法（Pacific Railroad Acts）》，授權發行國債，將土地贈予鐵路公司，進而加快建設境內東西橫貫鐵路基礎設施。

一九三〇年，時任美國總統富蘭克林・德拉諾・羅斯福（Franklin Delano Roosevelt；即小羅斯福）提出新政，不僅納入全新的金融改革，更涵蓋公共工程管理局（Public Works Administration，PWA）等級的大型聯邦計畫，以便推動基礎設施轉向第二次工業革命。[22]工程專案管理局（Work Projects Administration，WPA）招聘幾百萬名失業人士執行公共工程計畫，營造建物、建設道路以及管理公有地。[23]小羅斯福政府還設置田納西流域管理局（Tennessee Valley Authority），導入一項艱巨的發電計畫，即打造大水壩，為尚未電氣化的鄉村鄰里提供政府補貼的低廉水力發電。[24]之後政府更協助農村地區成立電力合作社，為居住在偏遠地區的數百萬美國人輸送電力。

如前所述，一九五六年，聯邦政府頒布《全國州際及國防公路系統法案（National Interstate and Defense Highways Act of 1956）》，鋪設一套串連全國的道路系統，並催生郊區發展。[25]聯邦政府的《美國軍人權利法案（GI Bill）》為近八百萬從第二次世界大戰（World War II）、韓戰（Korean War）等退伍軍人提供免費高等教育，以便培養優質人力，打造第二次工業革命基礎設施建設，並妥善管理順勢而生的新商機。[26]州際高速公路交流道附近郊區如雨後春筍般競相發展，因而在一九三四年成立聯邦住宅管理局（Federal Housing Administration，FHA），協助幾百萬名美國人減輕購屋負擔（不過我得指出，聯邦住宅管理局承保貸款時經常歧視少數族群）。因此，綠色新政若想成功，也要仿效過去舉措才行。

第一次和第二次工業革命的基礎設施，是設計成集中式、由上而下的專屬工法，而且還必須垂直整合，以便創造規模經濟、回饋利潤給投資者。這種做法最終導致第二次工業革命步入尾聲時，躋身財經雜誌《財星》全球五百大企業的對象多半是美國公司，它們創造三十兆美元營收，相當於全球國內生產毛額的三七%；僅動用六千七百七十萬名勞動人口，儘管全球人口高達三十五億。[27]這項統計數據為我們充分說明，工業時代的利益是如何分配。

這並非意味著，十九世紀和二十世紀這兩場工業革命的成果不曾普遍提升人們的生活，特別是在西方世界。平心而論，我們大多數人生活在高度發展國家，或許物質條件遠比那些未能趕上工業時代的先人優渥；但全球四六%近半數人口，每日生活費不到定義貧困分界線的五．五美元，充其量只能說是比他們的先祖輩稍微富裕一些，甚至也沒好到哪裡去。[28]與此同時，最富裕族群卻獲得壓倒性勝利。當今，全球億萬富豪榜單上，前八名的財富總值和地球上一半人口旗鼓相當，也就是三十五億人。[29]

反之，第三次工業革命基礎設施的設計理念則是基於分散式、開放、透明，以利架構網路效應，而且還可以橫向擴展，進而讓幾十億遍布世界各地、各區的人們，能以極低廉的固定成本、趨近於零的邊際成本，透過實體和虛擬方式彼此互動。他們只需要一支可以連網的智慧型手機，大數據立即手到擒來，同時可即時造訪涵蓋幾百萬家其他企業以及所屬網站的全球網路。

一座分散式、智慧的後碳時代第三次工業革命平台，可能在商業、貿易和社會生活層面上實現更親密、更具包容性的互動關係，而且還將隨著個人、企業和社區直接交流，略過許多二十世紀時居中促成商務、貿易的跨國公司，順勢將全球化轉型為「全球在地化（glocalization）」。這道全球在地化趨勢賦予社會企業精神大規模擴張的可能性，激增的中、小型智慧高科技公司區塊鏈化，橫向擴展成合作型企業，遊走於全球網路範圍內。簡而言之，第三次工業革命將奠基史上前所未見的規模，帶來商業貿易民主化的前景。

某種程度上來說，全球化轉為全球在地化，也正改變國家政府與地方社區之間的關係，即顛覆經濟運作和治理事務的責任歸屬，將大權從民族國家下放到各區自理。這種治理模式改變預示，人類在組織經濟、社會生活的方式將迎來一場革命性轉變。

若此，聯邦政府還有什麼作用？雖說聯邦政府將在全國的基礎設施建設過程中發揮關鍵作用，主要角色卻是在轉型第三次工業革命基礎設施、零碳經濟期間，制定全新的規範、法規、標準，稅收措施和其他金融獎勵措施。各大城市、郡級和州級政府將輪番上陣，自行為過渡至第三次工業革命典範訂定發展目標和執行成果、綠色新政路線圖、建築和部署措施。之後它們將在物聯網平台上跨境架構一套傳播網路、再生能源網路與行動網路組成的聯邦基礎設施網路，完整覆蓋建築區塊和人造環境。全新型態的商業模式深植於平台中，善用價值鏈和供應鏈產出的全新潛在總合效率，將與第三次工業革命的嶄新基礎設施共伴而生。

部分政治權力從國家下放至地方時將會改變治理的本質。雖然所有政治都是地方政治，但是在這一個全球在地化時代，經濟發展將因為全球不同地區之間相互接軌更形發散。值此全球在地化時代登場之際，「地區賦權（Regional empowerment）」將是對仗的戰呼。

一些市場擁護派承認，全美基礎設施腐朽破敗的現象確實亟待解決，他們甚至也支持興建第三次工業革命智慧數位基礎設施，但是反對綠色新政，因為他們說，綠色新政意味著大政府將逐步侵犯公眾和企業的日常事務。他們比較屬意聯邦、州和地方政府祭出慷慨稅收抵免、補貼措施獎勵民營企業。民營開發商一旦拿到這些獎勵措施，就會願意出錢出力，資助改善現有的第二次工業革命基礎設施工程，並打造第三次工業革命的基礎設施。

幾十年來，美國基礎設施民營化進程急速發展，但是因為正值第二次工業革命轉型第三次工業革命過渡期，已瀕臨崩壞邊緣。許多企業希望利用當前有關美國基礎設施解體的辯論，為接下來幾十年一舉民營化大部分基礎設施的計畫鋪路。

所有美國人賴以維生、茁壯的公共基礎設施正因為恐懼民營化烏雲罩頂，招致判斷失誤和政治不理智的非議。眾所擔憂的是，所有公民的日常生活將從此奉送給形形色色不負責任的商業利益團體，而公眾掌握的控制權僅微乎其微或根本付之闕如，有朝一日連使用或改變那些維繫日常生活的服務也將更不可行，幾乎是咫尺之間，民主治理與監督制度就要棄械投降了。這已然發生；遺憾的是，不僅美國獨見，其他國家情節較輕，但也難逃一劫。

還有更可怕的惡兆，試想民營化所有建構第三次工業革命的智慧數位基礎設施的前景。一方面，在一套全球神經系統中串連每個人，而且既然他們都是這個多元、天涯若比鄰的大家庭一份子，只要他們願意，就能在邊際成本趨近於零的前提下，擁有接觸其他每個人的機會。這一幕讓人心嚮往之，對那些認定地球就是每個人的大家庭和遊樂場的年輕世代來說尤為如此。但另一方面，要是第三次工業革命的智慧數位基礎設施完全被跨國公司獨占，它們非但絲毫不為自己服務的社群擔起責任，還免費授權它們監視每一名公民的生活，出賣它們搜集的個資給第三方當作行銷和廣告用途，甚或販售給政黨和遊說團體用以推動議程的話，到時候該怎麼辦？

我愛用谷歌（Google），它就像是藏寶箱。每當我有疑難雜症得找答案時就會求助谷歌大神；然而，要是全天下只剩谷歌這具搜尋引擎，全世界每個人都非得求助於它不可，那該怎麼辦？臉書（Facebook）是了不起的服務，海納全球二十三億二千萬人，打造史上最龐大的擴增虛擬群體。[30]但是，倘若臉書是我們可以與全球「接軌」的唯一論壇，那麼我們每個人都將受到存取準則、全天候監視、演算法治理所約束。亞馬遜（Amazon）也是半斤八兩。這家企業的全球物流網路令人讚嘆；但是，假使亞馬遜成為我們彼此互寄物品的唯一遞送業者，那麼所有人都要聽從亞馬遜指示，並任由它持續監視我們日常的魚雁往返。這種全新場景發生的可能性有多大？其實就在眼前了。

谷歌治理的困境與解藥

二〇一七年十月，加拿大總理賈斯汀・杜魯道（Justin Trudeau）在多倫多市高調召開記者會，與他同時列席的人士尚有當時仍為谷歌母公司字母控股（Alphabet Inc.）董事會執行主席艾力克・施密特（Eric Schmidt）、安大略省長凱薩琳・韋恩（Kathleen Wynne）與多倫多市長莊德利（John Tory）。他們共同宣布一項公共—民間企業合作夥伴計畫，由字母控股下轄的城市設計開發公司人行道實驗室（Sidewalk Labs）與多倫多市政府聯手在多倫多濱水區開發一座混合用途的社區。[31]

這個計畫旨在打造加拿大第一座智慧型數位城市社區，應用最先進的感測器串連無縫接軌的物聯網神經系統。無處不在的感測器抬出協助提升商業、社交生活和城市治理效率與便利程度的目標，將毫不間斷地監視、搜集發生在家庭、商店和街道上的活動資料。假若這座原型社區成功實現目標，下一步可能就是拓展至整個多倫多大都會區，全面升級基礎設施改造成展示型智慧城市。這項智慧城市實驗計畫有個圈套，那就是網路巨擘谷歌首次挾著演算法治理全面突襲一整座城市。

隨著多數人口湧入城市地區，二〇〇七年人類創下一座新的里程碑，即超大城市與外圍郊區居住人口超過一千萬。[32]這一年，我們成為「都市人（Homo urbanus）」。時間快轉十年至今，幾十億人口主要住在人口密集的大都會區，每天使用谷歌搜尋引擎、谷歌地圖和地點辨認、導航App位智（Waze）、YouTube影音與其他無數個大數據驅動的谷歌服務。對谷歌來說，下一處探索活動的新領域，就是將整座城市布滿感測器監視網路的民營化計畫。

施密特在宣布人行道實驗室與多倫多市展開全新合作關係的記者會上，感謝加拿大政府允許谷歌參與，直說他的公司長期以來的夢想成真了，那便是「有人送上一座城市讓我們當家作主」。[33]

一年後，加拿大行動研究（Research In Motion；編按：黑莓機製造商）公司前董事長兼共同執行長吉姆．巴希利（Jim Balsillie）投書《環球郵報（Globe and Mail）》。這家企業在一百五十多個國家推動智財商品化，總結施密特為首次試辦民營化智慧城市欣喜若狂的重大意義。

巴希利指出：「『智慧城市』是科技大廠最新的戰爭前線，因為它們就像是從天而降的無形資產，將是最有希望推升市值再暴增一兆美元的溫床。」根據巴希利的說法，真正的商業價值在於，「『智慧城市』倚賴智財與數據資料，讓城市中密密麻麻的感測器更具功能性價值，一旦受控於民營企業體，便化為一座巨大的利潤池」。[34]

正式宣布之後一年間，事態益發昭然若揭。人行道實驗室一心只想獲得多倫多市恩准，但對於這座城市表現出積極參與、嚴密監督這項打造、管理濱水區智慧社區專案的態度頗不是滋味。

加拿大政府為這座城市成立開發機構多倫多湖濱（Waterfront Toronto）公司，在此期間，人行道實驗室與多倫多湖濱之間的談判協商都在檯面下秘密進行。正如巴希利所指，多倫多湖濱是一家「未經選舉，公開由政府資助設立的公司，既不懂智財、數據，甚至連基本的數位權利專業都附之闕如……但它在公司契約規定下，竟能隻手管理城市民營化、敲定演算法掌控與規範事宜」。[35]二〇一八年即將結束之際，人行道實驗室的智慧城市計畫貌似前景黯淡，至少從它目前的表述看來如此。由於政府官員和一般大眾的質疑聲浪漸起，一年前最初宣布這項計畫時眾星拱月般號角齊鳴的盛況早已不再。

這起一開始是由加拿大總理杜魯道攜手多倫多市破天荒策劃的成功公關行動，最終演變成一場公共噩夢，讓多倫多湖濱成為眾人笑柄。人們日益憂心字母控股這位「老大哥」接管一小部分多倫多濱水區，將這裡變成一座全天候監控雲籠罩的實驗地，遂行它搜集公民日常活動數據，然後轉售第三方當作商業用途的目的。隨著噓聲四起，眼下這幅深受谷歌啟發的智慧未來城市願景已經消失。

多倫多湖濱執行長威爾．費萊西格（Will Fleissig）也是人行道實驗室的早期支持者，突然在二〇一八年七月閃辭。不久之後，多倫多市當地知名房產開發商茱莉．迪．羅倫佐（Julie Di Lorenzo）退出多倫多湖濱董事會，坦言自己與字母控股不太合拍。她質疑，要是未來這項智慧開發案的居民不同意分享他們的數據：「你會把他們趕到其他地方，並告訴對方：『你不能住在這裡』嗎？」[36]

加拿大科技重置（Tech Reset Canada）公司的科技政策顧問兼共同創辦人碧昂卡・懷莉（Bianca Wylie）表達出許多當地人的看法：「我們需要可以對人民負責的組織，而不是由民營企業做出決定。」懷莉明白表示，自己並不反對智慧基礎設施具備「合理監視」居民、企業和社區的功能，但她補充：「我們必須清楚、毫不含糊地聲明，這套基礎設施屬於大眾。」[37]到了十月，安大略省前信息及隱私專員（information and privacy commissioner of ontario）安・卡沃基安（Ann Cavoukian）也退出這項計畫。她的請辭具有特別重大的意義，因為她原本是受人行道實驗室委託，參與協助開發一套「量身設計的隱私」通訊協定，後來她赫然發現，第三方竟可以盡情取用「可識別的個人資訊」。卡沃基安在辭職信中表示：「我原先設想，我們是要打造一座保護隱私的智慧城市，而不是受到監督的智慧監控城。」[38]

問題不在於人行道實驗室的專業度，它自誇延攬最頂尖菁英，打造具備數位串聯、高效節能、環境永續的智慧城市。一切都很美好，唯獨錯誤的商業模式搞砸了。就像任何公共—民間的合夥關係一樣，開發商的商業利益主要是長期保住源源不斷的收入金流與豐厚利潤，大多數時候會因此放棄一道觀念，即基礎設施應為人人賴以生存的公共物品與服務，因此最好交給可以代表所有公民意願的地方政府之手。（在第六章中，我們將探討能源服務企業的公共—民間合夥商業模式，它讓民營企業可以為政府融資、建造和管理基礎設施，並能安保合宜的收入金流，同時地方政府還能掌控部署、管理工作的性質，提供全體公民受益的公共服務。）

杜魯道和人行道實驗室合開記者會不久後，我在渥太華拜會聯邦政府部門首長，討論將聯邦政府建築園區改造成數位零碳智慧物聯網的人造環境前景。在某一場會議中，一位副部長問起我對多倫多市發表會的看法，我說其實不意外：我們的全球團隊在協同七大地區擴展智慧型第三次工業革命基礎設施的過程中，聽到公民發出的心聲十分明確。雖說公民歡迎企業協助擘劃智慧社區，甚至樂見它們參與擴大、管理這些平台，但監督和決策權限仍必須掌握在主管機關和公眾手裡。即使在那時，一般共識仍是，第三次工業革命的數位基礎設施應該比照公共開源共有財的性質治理並使用；尤有甚者，在任何情況下，監督和規管都必須確保，每一名公民隨時都明確享有參與或退出任何智慧服務的權利。

在過渡至綠色智慧城市或地區的整道過程中，確保公眾全程參與的方法是，從構思到後續部署的所有發展階段都要牢牢嵌入「深度公眾參與」與互動型態。這是我們從谷歌與多倫多市的智慧城市災難中學到的教訓。

我們團隊在歐盟的經驗足供借鏡。目前我們在歐洲成立三處綠色測試區，都已制定全方位第三次工業革命路線圖，並將其中涉及的管轄範圍變成一套為期二十年的建築預定地，此際正如火如荼布建基礎設施計畫。我們先前在其他四個地區的工作經驗顯示，採用傳統模式與這些轄區交涉難以成事，同時也了解到，決策過程和治理都必須與基礎設施的布建計畫並行，也就是要以分散式開放、可橫向擴展的架構發展。

上法蘭西地區（Hauts-de-France）（先前稱作北加萊海峽地區Nord-Pas-de-Calais）就是最先加入這批前導計畫的代表，徵詢我們TIR諮詢集團，以期發展一套綠色零排放的第三次工業革命布建計畫。起初我們婉拒。上法蘭西地區是法國的工業鐵鏽帶，以前曾是煤礦開採區，聚集法國內陸九%以上人口。後來我向當地長官建議，政府應該揚棄「最高決策者」的傳統角色，在一套可橫向擴展與共享的治理體系中，反過來擔任「推動者」。這套體系應由數百名成員先成立基層委員會，再由數千名來自公共部門、商業部門、公民社會和學術界的成員組成次要非正式網絡，眾人齊心運作「同儕大會」，便足以反映一套他們被要求展望、布建得更分散、更橫向擴充的基礎設施。

我們力求清楚明確，不僅止於談論徵求想法、建議，並徵求焦點團體與利害關係人團體首肯，尤有甚者，我們談的是跨越各世代都能持續進行的同儕大會，無論哪一個政黨上台執政，它都將在建設預定地上持續運作二十年，以便保持連續性、團結性，這樣才能確保基礎設施轉型可以取得長期成功。上法蘭西地區同意這套全然不同於以往的全新治理協議，於是雙方展開協作。

這個地區隨後接獲歐洲區域委員會（EU Committee of the Regions）頒予不少地區夢寐以求的歐洲創業型地區大獎（European Entrepreneurial Region Award），此獎項共有二十八個成員國底下三百五十個地區角逐。上法蘭西地區正進入第三次工業革命顧問公司布建計畫第六年，目前雇用數千公民投入超過一千項專案，[39]儼然已是採用同儕大會這種創新做法以達經濟和政治賦權的典型代表。

我們的其他兩處測試區域也建立類似同儕大會的共同合作機制，包含鹿特丹大都會區（Metropolitan Region of Rotterdam）的二十三座城市、歐洲的石化綜合園區海牙，以及歐盟主要金融中心和政治首都盧森堡市。

這些同儕大會治理模式敦促區域加速進入基礎設施部署階段，同時循序漸進，遵循一體行動的方式開發建設預定地，卻不會引起公民強烈反彈。儘管全世界其他地方或區域都在嘗試小型的同儕大會，但往往局限在時程短暫卻相當具體的專案。據我們所知，上述三處前導計畫測試區域是目前唯一確實發揮作用又具備相當規模的同儕大會。

安格拉．梅克爾（Angela Merkel）當選德國總理後，在新政府上任的最初幾週就邀請我前往柏林，探討如何設計德國新商機的誘因並創造全新就業機會。我闡述第三次工業革命基礎設施的分散式、開放而且可橫向擴展的結構設計特點，也強調，當各級地方和地區必須根據個別獨有的情況量身打造時，才是設計特點最好發揮、布建的時機，之後它們與其他地區數位串聯了。

梅克爾總理論道，她想為德國打造這套分散、開放而且可橫向擴展的第三次工業革命基礎設施，我反問為什麼，她說：「傑瑞米，你得稍微了解德國的歷史。我們國家是區域聯盟，各個地區都高度自主管理經濟事務和治理業務。第三次工業革命的治理模式與德國合拍，確保經濟決策過程和政府監督在地方和區域層級都能站穩腳跟。」

同理，全美各級城市、郡和州也非常適合採用同儕大會的模式，擴展第三次工業革命基礎設施。美國和德國一樣是聯邦共和國，傳統上政權和經濟發展主要是下放各級城市、郡和州政府管轄。聯邦政府的本分應是代理並維護共有的國情論述、提供國家認同感、確保國家安全，並制定法律、法令、法規、規範和獎勵措施，敦促美國各州及地方能並肩齊步。

雖說聯邦政府在建構綠色新政轉型大計至關重要，但多數布建綠色基礎設施革命的重擔仍將落到各州、市和郡政府的肩上。這正是新興的全球在地化時代裡，橫向分布架構該走的方向。

2 還權於民：風．光，無價

值此歷史轉折點，我們置身何處？我們歡欣鼓舞打造出一座超過兩百年的化石燃料文明，現在卻陸續引爆一連串氣候變遷與難以揣測的異常事件，全世界漸醞釀一股共識，認為我們正為此付出慘痛代價。

人類正在經歷另一場大徹大悟的覺醒。我們開始看待自己是一門物種，如今才思索我們生活在一個律動與模式似乎漸趨異常的星球上，未來的共同命運將走向何方。

一群深陷如此黑暗環境的新一代正展現鋼鐵般的意志挺身而出，打算喚醒大眾，避免淪落星球危機的萬丈深淵。他們憤怒、堅定又積極，而且聽不進去為什麼我們這點辦不到、那點也做不到。他們面對現實主義本身看起來如此不真實、不適切的時刻，仔細考慮哪些方案確實可行、哪些虛幻無用。

然而，我們也並非完全山窮水盡、別無選擇，其實前方仍有活路，此路老早鋪好，橫跨歐盟、中國，甚至是美國本土的加州、紐約、德州、華盛頓州、新墨西哥、夏威夷，乃至散布在美國其他各地。它引領我們遠離第二次工業革命的死胡同，邁向生意盎然的第三次工業革命。

歐盟政治活躍份子如何發起綠色新政

綠色新政在全美國引爆的廣大迴響有如仙樂，終日在我耳邊繚繞不去，就像優美的副歌帶著我重溫二〇〇七年光景。正如亞莉珊卓．歐加修—寇提茲與日出運動，急切「打臉」般地查核現實，終於喚醒政府注意力，但那股急切、緊迫感早在十多年前就浮現並於歐盟擴散了。

歐盟當時已大步前進。二〇〇七年，歐盟已經超越美國，成為「創意工廠」與部署去碳社會的引擎。當年，歐盟在同一年最終確定了二〇—二〇—二〇脫碳方案（20-20-20 formula），將歐盟成員國與前進生態時代所需的大破壞結合在一起。這項嶄新協議要求，二〇二〇年前歐盟會員國必須提升能源效率達二〇％、減少二〇％全球暖化氣體排放（以一九九〇年為基準），而且還要達到再生能源占發電總量達二〇％。這一舉措將使歐盟成為第一個實施政治力達成正式、合法的約束承諾，以解決氣候變遷問題，並轉型幾億名公民賴以維生的經濟結構。[1]在往後的篇幅中，我將會回頭闡述這段調整路線的始末並解析過程中的變化。

這道二〇—二〇—二〇脫碳方案像是轉骨妙帖，提供歐洲轉型成零碳社會所需的框架。這帖對抗全球暖化病的藥方白紙黑字寫下來，墨水都還沒乾，第一株綠色新政運動的新芽已經萌發。

九位長期奉獻氣候運動的活動人士在英國成立綠色新政團體（Green New Deal Group），[2]廣納各領域人才，包括能源、財政專家、新聞工作者，還有環境科學家，恰恰切合跨學科集思廣益之所需，得以在面對氣候變遷時，重新思考這個世界所需的經濟典範。

二〇〇八年，綠色新政團體發表一份四十八頁的宣言，題名為《綠色新政：解決信貸危機、氣候變遷及能源價格高漲此三重危機的多面向政策（A Green New Deal: Joined-Up Policies to Solve the Triple Crunch of the Credit Crisis, Climate Change and High Oil Prices）》[3]。這套計畫採納當年新二〇—二〇—二〇脫碳方案的主要論點，並對如何達成零碳的第三次工業革命典範移轉，擘劃關鍵的框架與組成要件。

無可否認，這支團體的主要成員都是歐洲人，竟向美國前總統羅斯福的新政這套最偉大的公共政策取經，套用於展望歐洲經濟改革進入綠色時代，似乎有點諷刺，但這的確就是綠色新政的立足點。

一年後的二〇〇九年，德國綠黨的海因里希．伯爾官方基金會（Heinrich Böll Foundation）發布一份宣言，題名為《邁向橫跨大西洋的綠色新政：解決氣候和經濟危機（Toward a Transatlantic Green New Deal: Tackling the Climate and Economic Crises）》。我們的歐盟朋友受到歐巴馬當選美國總統鼓舞，明白美國與歐盟是「世界經濟體的要角」，因此十分期待這套綠色新政會是適時對症下藥的說帖，引領美國與歐盟締結強而有力的跨大西洋聯盟關係，攜手進入後碳（postcarbon）過渡期。[4] 同年十一月，海因里希．伯爾基金會在柏林舉辦研討會，討論綠色新政成為包山包海的說帖與行動方案的可能性，為幾個星期後的哥本哈根氣候變遷高峰會議（Copenhagen Climate Summit）預做準備。[5]

同年，歐洲綠黨擷取綠色新政的論點當作它的政治平台，並且發表題名為《歐洲的綠色新政：面對危機，邁向綠色現代化（A Green New Deal for Europe: Towards Green Modernisation in the Face of Crisis）》[6] 的詳細計畫。二〇〇九年歐洲綠黨將這份報告當作政策藍圖，在歐盟議會選舉時派上用場，而且被歐盟最舉足輕重的綠色領導人克勞德．

托瑪斯（Claude Turmes）和丹尼爾・科恩—班迪特（Daniel Cohn-Bendit）大力擁護。我曾與他們兩位密切共事多年。

同一年，聯合國環境規劃署（United Nations Environment Programme，UNEP）也端出美國經濟學教授愛德華・巴比爾（Edward Barbier）撰寫的學術報告《重新思考經濟復甦：一套全球適用的綠色經濟新政策（Rethinking the Economic Recovery: A Global Green New Deal）》[7]，加入倡議的陣營。這份報告在聯合國轄下各組織、單位之間推動全新的論述，很快就流傳世界各國，使更多新成員加入綠色新政的行列。

二〇〇九年，南韓也端出自訂的綠色經濟新政策共襄盛舉，簽署一套三百六十億美元的四年計畫，用以打造低碳專案，並創造九十六萬個職缺，主要選定建築、鐵路、高效燃料汽車、舊屋翻新與能源保護等領域。[8]

二〇一一年，我與西班牙知名綠建築權威安立克・路易斯—蓋里（Enric Ruiz-Geli）合著一本書《綠色新政：從地緣政治到生物圈政治（A Green New Deal: From Geopolitics to Biosphere Politics）》，聚焦這個氣候變遷的世界中建物樣式與人造環境正在綠化。[9]

幾年後，歐洲聯邦運動（European Federalist Movement）高舉綠色新政發起請願活動，名為「歐洲新政：為歐洲永續發展與就業的特別計畫發起活動」（New

Deal 4 Europe: Campaign for a European Special Plan for Sustainable Development and Employment）」，並據此發起二〇一五年全歐公民倡議，動員支持過渡到零碳的綠色經濟。[10]這套綠色新政論述源源不絕地獲得動能，終於在二〇一九年五月躍為歐洲議會選舉的主題。與此同時，在美國，「綠色新政」成為二〇一六年總統大選期間美國綠黨（US Green Party）和候選人吉爾・史坦（Jill Stein）的口號。[11]

二〇一八年，提供研究與左傾議題民調的智庫數據求進步（Data for Progress）更新綠色新政的最新進程，發表一份涉獵廣泛的自製報告，題名為《綠色新政：環境永續性與經濟穩定性的進步新觀點（A Green New Deal: A Progressive Vision for Environmental Sustainability and Economic Stability）》。[12]當年秋天，初生之犢日出運動與美國眾議員亞莉珊卓・歐加修－寇提茲各自發表宣言，投身綠色新政行列。[13]

總而言之，綠色新政運動花費超過十年打穩地基，如今這場運動正遍地開花結果，在歐盟與美國，都有勢力強大的新千禧世代和Z世代主導的政治改革力量大力擁護。

如前所述，綠色經濟新政策轉型的核心，在於支撐第二次工業革命基礎設施的四大支柱，即資通訊技術／電信產業；能源與電力設備；內燃機行動與物流產業；住宅、商用、工用與機構等所需的建築材料。僅僅十年間，所有四大基礎設施部門都已經開始與化石燃料文明脫鉤，轉與綠色能源、潔淨科技、永續效能，以及隨之而來的循環與回復流程掛鉤。這些都是生態社會的中心特質，反將擱置的化石燃料資產棄置各處。二〇一五年，花旗集團（Citigroups）對全體能源產業拋出震撼彈：要是巴黎氣候高峰會（Paris Climate Summit）的約束承諾能夠實現，也就是世界各國能限制全球暖化，不讓氣溫上升超過攝氏兩度，屆時將會殘留一百兆美元的擱置化石燃料資產。[14]

提到一百兆美元的擱置化石燃料資產，馬上引起全球企業注意。謹再次說明，擱置資產在常規的生命週期走到盡頭前，仍舊是清清楚楚記在帳上的資產，也依然是日常市場運作的一部分。但是在偶發的狀況下，整整一門資產也有可能在毫無預警的情況下悉數化為擱置資產。一旦某一門領域突然冒出革命性的新科技，伴隨著基礎設施平台一起進入市場時，通常這種情況就會發生，現有資產立即貶得一文不值，帳面上一整行資產欄全部要位移到負債欄。經濟學大師約瑟夫．熊彼得（Joseph Schumpeter）稱這種情形是「創造性破壞（creative destruction）」。在傳播科技、能源來源、運輸模式、生物棲息地改變等領域，這類型的破壞最常見的特徵就是大規模典範轉移，舉例來說，從郵政通訊改為電話溝通，或是從騎馬和坐馬車轉成開車。

一般情況下，只有會計人員對擱置資產感興趣。但是，最近這個名詞突然爆量出現在公共場域，起碼在金融界和企業圈盛傳。經營階層正目睹一場史詩級的戰爭開打：垂死掙扎的能源和科技，以及二十世紀化石燃料文明發展的基礎設施，槓上新興的綠色能源，與二十一世紀隨之而來的智能第三次工業革命。

早期，檢視各門產業、跨供應鏈的擱置資產來龍去脈與影響的開創性著作，大多出自牛津大學（University of Oxford）史密斯企業與環境學院（Smith School of Enterprise and Environment）這座跨學科研究中心，特別是永續財務計畫（Sustainable Finance Programme）總監班・凱迪克（Ben Caldecott）的研究成果。

花旗丟出一百兆美元震撼彈沒多久，英國中央銀行英格蘭銀行（Bank of England）總裁馬克・卡尼（Mark Carney）參加一場勞氏集團（Lloyd's）在倫敦舉辦的晚宴。他發表演說時，鄭重知會在場業界領袖，投資者可能會受到世界各國認定的氣候變遷新標準而蒙受「潛在的巨大」損失，大量的石油與天然氣庫存將「完全不得燃燒」，因此也被迫擱置所有化石燃料文明資產。卡尼警告：「一旦氣候變遷成為維繫金融穩定所需的界定性議題，一切就太遲了。」[15]

三年後的二〇一八年，擱置化石燃料資產這項議題已經不再與國家層級的氣候目標協議掛鉤了，在那時，協議都是自發性行動，而且大多不獲支持。反之，現在被帶入公

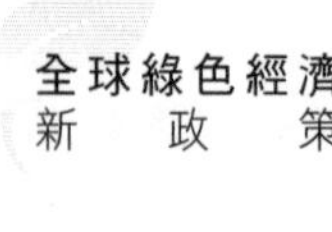

眾對話的更嚴肅問題是，市場中的太陽能與風能技術、綠能發電與儲存成本降低，驅動第二次工業革命的四大支柱與化石燃料基礎設施脫鉤。這道過程的速度與規模在幾年前根本連想都不敢想，可能導致高達幾百兆美元的化石燃料資產棄如敝屣、無人聞問。接下來且讓我們看看，當今攤在眾人眼前的崩解現象。

資通訊產業與傳播網路脫鉤化石燃料

當我們思索，全球經濟中的哪一門領域使用最多能源、排放最多全球暖化氣體，通常我們會想到電力、建築物、暖氣設備、運輸，也可能再把農業這項稍有疑慮的後見加入前述組合中。不過涵蓋電信、網路、資料中心的資通訊產業，卻鮮少被提起。事實上，由於缺少實質的研究證據，即使是監控能源使用、全球溫室氣體排放的學者，也幾乎不曾留意資通訊產業相關產業。但是最近情況改觀了。

如今，隨著資通訊產業各種裝置有如指數般爆炸性成長、廣獲採用，特別是平板電腦與智慧型手機、更多連網設備問世，加上到處都在興建資料中心，連同內嵌幾十億顆感測器的物聯網；數據資料不斷產生、儲存與發送的數量逐步升級，用電量也隨之步步高升。

一份發表於二〇一八年評估全球暖化氣體排放足跡的論文列舉數據，並警告：「如果不加以約束，資通訊產業的溫室氣體排放相對貢獻額度將從二〇〇七年的一%至一．六%，到了二〇四〇年，將會超越二〇一六年全球溫室氣體排放一四%的水準，相當於目前整體運輸業一半的貢獻度。」[16]

這個預測值甚至沒有納入應該要包括的項目，亦即製造所有這些電子裝置所耗用的能源與碳排放；而且也沒概括業者為了追求更大的淨利率，每兩年就得強推新世代產品，結果衍生出短暫的產品生命週期，特別是智慧型手機與平板電腦。光是製造這些裝置所耗用的能源，就高占產品生命週期年度碳足跡的八五%到九五%。[17]如果我們繼續退一步檢視供應鏈，這道預測值還排除了提煉和處理稀土，並將它們嵌入裝置所耗用的能量與碳排放，更不曾提到製造這幾十億裝置所產生的廢棄物成本。

雖然智慧型手機與平板電腦是使用能源的大戶，而且成長曲線陡峭，但是資通訊產業的基礎設施才是消耗最多能源、耗費最多電力，並且排放最多溫室氣體的禍首，幾乎高占整個資通訊產業碳足跡七〇%；其中，如雨後春筍般湧現的資料中心更要為能源使用與碳足跡負起大半責任，預估到二〇二〇年，將耗用四%的全球電力，占全體資通訊

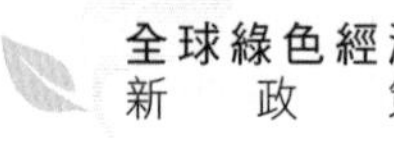

產業碳足跡的四五%。[18]當資通訊產業持續加重全球電力的使用比率，綠色新政的議程必須當心資通訊產業的去碳化。

在資通訊產業裡，全球網路大廠正帶領全體與化石燃料脫鉤，繼而投資綠能產業，蘋果（Apple）、谷歌、臉書都各定步調。二〇一八年四月，蘋果宣布，全球所有的資料中心都使用再生能源，更宣稱它的全球關鍵製造合作夥伴中，有二十三家已經同意使用百分之百的綠能生產所有蘋果的產品。蘋果執行長提姆．庫克（Tim Cook）就這一道深具意義的里程碑評論：「我們對於產品使用的材料、回收利用的方式、使用的設備，還有與供應商的業務，都將持續向外推展各種可能性的邊界，為再生能源建立起有新創性、高瞻遠矚的活水源頭。因為我們知道，未來將會依賴它。」[19]

谷歌的資料中心在二〇一七年達到百分之百使用再生能源，而且投資於再生能源基礎設施的總金額高達三十五億美元，目前正在執行多達二十項再生能源方案。[20]臉書則在二〇一七年七月宣示，往後「所有」新建的資料中心百分之百都會改由再生能源驅動。[21]

在與化石燃料文明脫鉤的大戲中，網路這隻龐然怪獸還坐在觀眾席上，但許多其他資通訊產業和電信業的龍頭老大倒是跑得飛快，成績單也很漂亮。軟體大廠微軟

（Microsoft）的資料中心在二〇一八年有一半是使用再生能源，預計到二〇二三年會達百分之百。[22]電信業者AT&T、晶片商英特爾（Intel）、網路設備商思科（Cisco）和其他許多公司，也正迅速整合再生能源與商業營運。[23]

有鑒於如今太陽能與風能已經比燃煤便宜，而且足與石油和天然氣抗衡，再過幾年還將更便宜，再加上產出太陽能與風能的邊際成本幾乎是零，於是預先注資脫鉤化石燃料並轉向投資再生能源方案，簡而言之是聰明的商業決定。這也是基於在電網和電線中斷（原因較可能是氣候意外、網路恐怖主義事件的發生率提高）的狀況下，這些公司需要保障資料中心與其他較敏感設備運作的安全，再生能源方案可以確保這些公司的離線資料中心與其他設備運作安全。

再生能源建構的能源網路

儘管多數政府領導人、不勝枚舉的企業家與普羅大眾尚未聽聞，太陽能與風力發電的成本其實早就已經像指數暴跌般狂瀉，與我們早期經歷過電腦產業有如指數般崩跌的走勢毫無二致。電子數位積分電腦（Electronic Numerical Integrator And Computer，

ENIAC）是第一部賓州大學在一九四五年發明的電子電腦，[24]據說當時國際商業機器（IBM）總裁湯瑪斯．華生（Thomas Watson）曾預言，全世界對電腦的需求不會超過五部，因為有如天價一般昂貴。任誰也沒料到，一九七〇年代英特爾的研發成果會讓電腦晶片成本像是指數一般陡降，而且每隔兩年，英特爾的工程師還能成功翻倍放入每一顆積體電路的零組件數量。時至今日，超過四十億人可以連網，主要得歸功智慧型裝置價格平易近人。[25]

同理，一九七七年，應用在太陽能發電面板的矽太陽能池每瓦固定成本是七十六美元，至今，成本已經不到五十美分。[26]當前，電力和公共事業企業都悄悄地以每千瓦小時（kilowatt-hour）僅二．四二美分的單價簽訂太陽能的長期合約。[27]根據國際再生能源總署（International Renewable Energy Agency，IRENA）二〇一九年發布的一份報告，岸上風力發電的發電成本已經可以低到每千瓦小時三到四美分，[28]若以產出新一代綠能成本呈指數般急挫的趨勢來看，這數字還沒觸底。[29]

當我們深思太陽能與風能龐大的潛在來源時，接近零邊際成本的太陽能和風能對社會的影響更加顯著了。太陽每八十八分鐘就會輻射四百七十艾焦（exajoule；編按：exa意指十的十八次方，故一艾焦即十的十八次方焦耳），相當於人類一整年的能源用量。要是我們可以汲取太陽輻射到地球能量的千分之一，就相當我們全球經濟用量的六倍了。[30]風能儘管強度與頻率因地不同，但基本上就像太陽輻射一樣無所不在，吹拂世界各地。美國史丹佛大學（Stanford University）發布全球風能容量研究報告顯示，如果能採集全世界二〇%的現有風能，產出的電量將比當前我們用來維持全球經濟運作所需總量的七倍。[31]

二〇一七年，史丹佛大學攜手加州大學柏克萊分校（University of California at Berkeley）研究團隊在能源期刊《焦耳（Joule）》發表一份鉅細靡遺的報告，美國有能耐供應幾乎滿足百分之百能源需求的再生能源，其中太陽能占五七．二八%、風能占三八．四一%，剩下的四%由水力、潮汐、地熱包辦。[32]

美國有超過三千家電力供應商，其中兩千家是公營公用事業者、一百八十七家是民營電力公用事業、八百七十六家是合作社經營電業；九家聯邦經營電業，外加幾百家電力行銷商（Power Marketer），共同服務一億五千一百萬名消費者。[33]

歐盟與中國的電力領域開始與化石燃料產業脫鉤不是秘密，不過在美國，這項趨勢尚處於幼兒學步階段。再生能源網路由五大支柱組成，全都必須保持同步，以便系統高效運作。

第一，建築物有必要重新整修、改造，以期更高效節能，這樣才能安裝太陽能技術以便發電立即使用，或是回輸電網換取補償金。

第二，有必要設定具備強烈企圖心的目標，即採用太陽能、風能及其他再生能源取代化石燃料和核電廠；為此，有必要對早期就將建築物和地產改造成微發電器設備的參與者端出獎勵方案。

第三，有必要將包括電池、氫燃料電池、抽水設備等儲存技術內建在當地的發電站與整套電網，這樣才能同時管理間歇性綠能電力流量，並穩定尖峰與基本負載。

第四，每一棟建築物都有必要安裝高功能電表和其他數位科技，以便將電網型態從當前的伺服機械運作轉型成數位連線，賦能它具備管理源自各處地方發電廠、最終流入電網的綠色電能。這種分散式的智慧型電力基礎設施能夠讓原本處於被動地位的電力消費者，轉型成主動的自有綠色電能管理者。

第五，各地停車場有必要配置充電站，讓電動車可以從全新的能源網路充電。連上能源網路的幾百萬部車輛還可充當儲存系統，在尖峰需求時段將電力回輸電網，這樣一來，就算電價上漲，但因為車主貢獻自己的電力給網路，依然可以得到補償。

覆蓋全國的智慧電網建設將擔綱能源網路的骨幹角色，美國的電力研究院（The Electric Power Research Institute，EPRI）針對國家智慧電網的構成要素提供全方位定義：

今日的電力系統……主要是由高壓電路或格網連接的大型中央發電廠組合而成，輸送電力到當地的配電系統，再依序供應家庭、商業與工業使用。就當今的電力系統而言，電流絕大程度是採取機械控制單向從發電廠輸出……智慧電網仍舊倚賴大型的中央發電廠，但也涵蓋為數眾多的電力儲存模組裝置以及再生能源發電設備，兩者皆達大型輸電系統層級而且遍布各地。除此之外，智慧電網大幅提升感測與配置的控制能力，以便調節這些分散式資源以及電動車，導引消費者參與能源管理與高效通訊設備。這套智慧電網既能強化網路安全，又能確保幾百萬處節點構成的複雜系統能長期運作。[34]

回顧二〇一一年，電力研究院曾估計，打造全國智慧電網與儲存科技將可能耗費二十年，支出高達四千七百六十億美元，卻可創造一兆三千億美元至兩兆美元的整體經濟效益。它同時也估計，安裝全國智慧電網有可能「比二〇〇五年減少排放達五八％」。[35]

不過這項研究距今已久，可說是在電力產業從化石燃料轉型成再生能源的早期階段，當時公用電力事業、運輸、建築等其他能源網路才剛剛要與化石燃料文明脫鉤，改與再生能源掛鉤。還有，二〇一一年時電動車尚處於嬰兒期，物聯網更僅是一道概念，根本還沒傳遍全世界，形塑一個乍隱乍現的智慧數位基礎設施，讓萬物皆與人相連。二〇一一年當時也鮮少討論有關全國的民生住宅、商業大樓、工廠及機構建築園區，全面改用電力發熱的做法取代天然氣與燃油暖氣。

這些全新發展將會大幅提升電力需求，以便強化、推動經濟和社會活力，接著就是需要更精熟的能力管理再生能源，以及源自四面八方並隨時輸入、輸出的全國電網發電作業。依照目前變革發生的速度來看，我們至少得在十年內完成骨幹能源網路建置工作，而非電力研究院在報告中預測的二十年，要不然，這套系統光是下一個十年的更大用電需求量都將無法滿足。要是辦不到，將會阻礙甚至斷送綠色新政轉型大計。倘若這一切不幸發生了，美國就無法實現去碳化目標，以期達成跨政府氣候變遷專門委員會白紙黑字寫下來的大限，避免地球溫度上升超過攝氏一．五度。

除此之外，對全國電網的需求與日俱增，加上整合所有元件與服務的複雜度提升，都大幅提高智慧電網在全美順利上線運轉的花費。

舉例來說，二〇一九年一月，能源與電力領域內頂尖的顧問公司布瑞妥集團（Brattle Group）發布一份研究，預估二〇三一年至二〇五〇年，光是打造、擴充全國智慧電網的「傳輸基礎設施（transmission infrastructure）」每年就得花費高達四百億美元。根據全國再生能源實驗室（National Renewable Energy Laboratory，NREL）二〇一六年發表的研究報告，即使全國每一棟「適合的」建物都安裝太陽能發電面板，這種分散式能源也只能供應全國大約四〇%電力需求，[36]這意味著，美國西半部具有充足日照與風場，而且人口較少的鄉村地區，已達公共事業規模的太陽能與風能必須可以上線，並將產出的綠能輸往美國東半部，補足都會區分散式太陽能與風能不足的缺口。這些工程都需要先打造一套遍布全國的高壓傳輸系統。根據布瑞妥集團，這筆電力傳輸基礎設施的投資至關重要，以便「確保電網穩固、靈活，並維持高度可靠性，以及面對能源威脅時的適應能力。」[37]

其他研究也針對全國智慧電網基礎設施有必要擴充規模、預測不同的評估結果，就這一點而言，考慮到全國智慧電網正從化石燃料為主的中央式系統，轉型至基於幾百萬座太陽能與風能發電廠，並且輸入、輸出智慧型高度數位化覆蓋全國的電網，所有研究結果最後都給出最理想的假設條件。未來有必要集合所有聯邦、州，乃至地方不同層級的利害關係人，展開微調全國電力系統基礎設施優先順序的作業、隨著時間增加的成本，以及如何將它們整合至未來二十年覆蓋全國的運作系統。

前述五大支柱組成再生能源網路的運作平台，逐步導入並整合它們，就會將整套電網從集中式轉型成分散式電力系統，並從化石燃料與核能發電轉變成再生能源。在這套全新體系中，每家企業、鄰里與屋主都變成潛在的電力製造商，在開始延展全國、橫跨洲際土地的智慧型能源網路中，與其他人分享他們的多餘電力。美國的綠色新政必須留意我們在歐洲學到的經驗，打從一開始就確保再生能源網路五大支柱無縫整合，否則就得冒著挫敗的風險，耽誤成功部署第三次工業革命典範的進程。

在德國，聯邦政府提出固定價格收購制度（feed-in tariff），針對全國上從大型企業，下至一般公民，只要安裝太陽能發電面板和風力發電機組，便以優於市場行情的價格收購綠能，再回頭賣給電網。這套獎勵辦法奏效，中小企業、地方鄰里協會、農夫創辦電力合作社、向銀行貸款，現在都自行產出太陽能與風能，回頭賣給電網。二〇一八年，所有再生能源占德國總生產電量的三五．二%，其中幾乎二五%是太陽能與風能，多數都是小型電力合作社所產出。[38]二〇一八年二月，聯邦政府宣布一項新令，要求二〇三〇年以前全國六五%電力要由再生能源提供，再次為歐盟其他國家與全世界定下風馳電掣般的步調。[39]

德國當地曾風光一時的電力大廠意昂集團（E.oN）、萊因集團（RWE）、巴登符騰堡電力公司（EnBW）與瓦騰福（Vattenfall），約莫僅生產二十一世紀全新總綠能產量的五%，在這場「產出」綠色電力的競賽中幾乎可說是出局了。[40]我們要給這幾家企業公允評價，它們非常適合早期集中式的能源原料發電模式，也就是燃煤、燃油與天然氣，因為需要龐大的資本在電網中提煉、運送、傳輸電力。天價資本門檻無可避免得建立龐大的垂直整合商業運作機制，因而創造規模經濟，並回饋投資者利潤。

但是，全新的綠能是分散式而非集中式。陽光無處不照、強風無處不吹，代表它們上自屋頂下至地面隨處可採，因此適合幾百萬座微型發電廠據點。從化石燃料轉換成綠能，可說是「還權於民（power to the people）」，這句話中的power是雙關語，既可說是電力，也可說是權力，因為幾億人民搖身一變，成為住家與職場中自需能源與生產商。這一步堪稱全世界社群民主化力量的開端。

評論家長期主張，德國獨鍾綠色再生能源背後有一段暗黑故事：這個國家至今仍放不掉黑漆漆的煤炭。事實上，儘管太陽能與風能約占德國總發電二五%，而且現在還比煤炭便宜，但德國燃煤發電占比仍然超過整體的三分之一。[41]為何德國還繼續燃煤？一切與政治脫不了關係，因為政府仍須紓困依賴採煤地區，維持當地的經濟與就業。德國政府下轄的委員會為了處理這道問題，二〇一九年一月宣示即將推行一套雄偉計畫，未來二十年將提撥四百億歐元協助煤礦地區，輔導當地經濟轉型綠能時代，藉此完全下架燃煤的能源。[42]全世界其他依賴燃煤的國家都緊盯著德國推行這項實驗，同時它們自己也明白，必須盡速拋棄燃煤，並協助產煤地區有一天可以自立自強。

國際工會聯盟（International Trade Union Confederation，ITUC）由散布一百六十三國的三百三十一個工會組成，共代表兩億零七百萬名會員，已經呼籲國際關注，值此化石燃料文明可能加速退出市場之際，應解決遭到擱置的員工與社群淪於困境的需求。這個聯盟已經建立起「公正轉型中心（Just Transition Center）」，在這個乍現的綠色能源經濟中張臂擁抱全新綠色商機與大量就業機會的同時，協助遭到擱置的員工與弱勢社群。

國際工會聯盟秘書長雪倫．布洛（Sharan Burrow）警告：「我們面臨的產業和經濟轉型，規模之大、速度之快，都是史上絕無僅有。」[43]所幸，統計數字顯示，即使是從化石燃料文化轉型至再生能源社會初期，綠能所需的半技術、全技術與專家等級的工作機會還多過傳統能源產業的雇員數目。不過，布洛明確表示，地方與中央政府有必要「在所有國家為脆弱的社群、地區、產業，設立單單只提供過渡時期所用的基金」，以便支應「教育、學習新技能、職能再訓練的投資；延長或擴充勞工與家庭的社會保障；以及多元化社群與地方經濟的補助、貸款與種子資本方案」。[44]

能源民主化肇因於採集太陽能和風能的科技成本大降，加上普獲新成立的電力合作社所採用，不只有損化石燃料界的勞動力，也撼動發電廠和公用電力產業，進而破壞整體產業的營運模式。全球許多大型發電廠和公用電力企業正迅速擺脫化石燃料產業，轉向建立嶄新的能源服務商業模式，同時管理電力合作社內幾百萬名員工產生的綠色能源。

在新能源這一行，電力公司會導入大數據探勘，分析每一名客戶電力消耗的價值鏈，並應用分析論述創造規則系統與應用程式，協助客戶提升總體能源效率與生產力，並減低它們的足跡與邊際成本。反之，它們的客戶也會分享回饋總體效率與生產力。電力公司雖然販售電力總量較少，卻因更有效率地管理能源賺更多錢。

二〇〇六年，巴登符騰堡電力公司執行長伍茲．克拉森（Utz Claassen）分別兩度邀請我到德國與資深員工會面，協助制定棄用化石燃料和核能，改採再生能源的轉型策略，以及隨之而來的第三次工業革命能源服務。[45]克拉森劍及履及，很快就在大會上告知五百名資深員工，將領導德國的電力與公共事業邁向後碳分散式再生能源服務新時代。二〇一二年，巴登符騰堡電力公司宣布轉型計畫，將與化石燃料和核能脫鉤，更聚焦再生能源以及能源服務。[46]

二〇〇八年，我收到意昂集團的類似邀請，與總裁約翰奈斯．泰森博士（Dr. Johannes Teyssen）參加一場公開談話，討論在新興的綠色社會中，管理能源服務的新商業模式。八年後，意昂集團拆分成兩家公司，一家沿用傳統化石燃料與核能的老式商業模式，另一家則聚焦再生能源服務，以因應典範轉移促使德國能源與電力公用事業被迫發生巨變。[47]

德國另外兩家能源與電力巨頭瓦騰福與萊因集團，則是根據我們引進歐洲的新商業模式宣布類似的轉型策略。[48]僅僅十年前，在歐洲電力產業中，德國業者還是所向披靡的巨人，如今也已改弦易轍，認清自己正面對老舊過時的能源體制，而且常伴左右的擱置化石燃料資產基礎設施也已非可行的商業模式了。

德國能源公司的轉型並非罕見孤例。中國早已涉足再生能源領域，如今製造與安裝太陽能與風能採集技術領先全球。二〇一七年，在全球投資再生能源總量中，中國占比超過四五％。[49]

二〇一二年十二月，中國新華社報導，時任國務院副總理李克強閱畢筆者前一本著作《第三次工業革命：世界經濟即將被顛覆，新能源與商務、政治、教育的全面革命》，之後便指示國家發展和改革委員會、國務院發展研究中心必須讀完後透澈研究書中提倡的想法和主題。[50]廣東省是中國的工業重鎮，時任省委書記汪洋也是中央政治局委員，不久後就被擢升為國務院副總理，也曾公開稱揚此書，並協助在國內推動書中理念（目前汪洋在七人組成的中央政治局常務委員會中排名第四）。

隨後我分別在二〇一三年九月、二〇一四年十月、二〇一五年十月與二〇一六年三月正式走訪中國四次，拜會汪洋與國家發展和改革委員會、國務院發展研究中心、工業和信息化部、中國科學院等其他高層政府人員，商議中國轉型成第三次工業革命經濟之道。副總理在前兩次會面期間強烈表達政府的決心，確保中國走在全球部署綠色第三次工業革命的領導梯隊。

二〇一三年十二月，距離我第一次走訪中國已隔三個月，中國宣布大型財政方案，用以建構跨全國的數位能源網路，這樣一來，幾百萬棟屋主和居民、幾百家企業都能在自己的住處、商業大樓、工業場所自力生產太陽能和風能綠電，還能藉由國家電網互通有無。

政策布達之際，時任中國國家電網公司主席劉振亞公開撰文〈智能電網承載並推動第三次工業革命〉，描繪中國要將電網數位化，轉型為智能電網的雄心壯志。這套分散式、各方協作、點對點、橫向擴充的能源基礎設施將會改變中國的經濟面貌，同時也在下一場浩大的經濟革命中建立起呼風喚雨的領導地位。劉振亞的公開聲明將智能電網視為下一個經濟世代的洲際骨幹網架，將是中國歷史上的關鍵一步，根據他的說法，我們

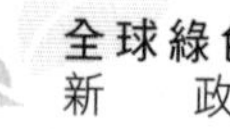

是否「能牢牢把握住第三次工業革命的歷史機遇，很大程度上將決定我國在未來全球競爭中的地位」。[51]

二〇一四年十一月，中國國家主席習近平宣布，二〇三〇年之前，中國承諾將提升使用以太陽能和風能為主的非化石燃料能源比重達到二〇%。[52]這項承諾讓全球都大為震驚。彭博新能源財經（Bloomberg New Energy Finance，BNEF）的年度長期全球能源經濟分析預測，二〇五〇年以前，中國將有六二%的電力來自再生能源，[53]這意味著，推動中國經濟所需的能源總量中，大部分的邊際成本趨近於零，將有助中國和歐盟成為全球最高生產力與競爭力的商業戰場。

中國正遵循歐盟腳步踏上第一代太陽能和風能轉型之路時，漢能行動能源控股集團創辦人兼董事局主席李河君是當地極具遠見的綠能先驅，已經早一步挑戰第二代綠能標準，現在成為太陽能薄膜發電業的全球龍頭。二〇一五年，他出版自傳《中國領先一把》，書中坦承，《第三次工業革命》提出的強力論述與深刻洞見讓他「深為折服」，尤其對太陽能更適合未來獨立、分散式發電的論點印象深刻。[54]

二〇一三年九月，李河君也兼任中華全國工商業聯合會副主席，邀請我走訪北京，與二十位關鍵政策領導者、思想家與企業家分享彼此對再生能源的願景、理論與實際應用，以及中國在下一場能源革命可能扮演的角色。這是一場深具開創性的會議，有助激勵中國領導高層許諾在生態時代中，建立綠能商機的當口提供強力支援。[55]

時間快轉到二〇一八年。在太陽能薄膜發電業中，漢能執全球牛耳。它的新式「全太陽能動力汽車」配備薄膜電池組，每天已經能上路奔馳一百公里。[56]這家公司常保二九．一％太陽能轉換率的世界紀錄，也應用薄膜技術發電自駕飛行器、背包、遮陽傘和其他一系列產品，讓每個人都可以隨身、隨地攜帶太陽能，並隨時為設備充電。[57]

中國的再生能源產業已經聘雇三百八十萬勞力，[58]展望未來三十年，太陽能與風能領域將會製造、安裝並為全國電網提供服務，從化石燃料與核能電廠的伺服系統運轉模式轉換成數位再生能源網路，屆時會再新增幾百萬個新職缺。

美國的電力與公用事業才剛要開始追趕歐洲與中國對手。德州聖安東尼奧市是美國人口第七大城市，公共電力供應商CPS能源（CPS Energy）是全美最大市立能源與電力公司，也是全市稅收的主要來源。[59]二〇〇九年，CPS能源和市政府邀請我們的TIR諮詢集團協作一項大計畫，將這個大都會區轉型成全美第一套零排放的第三次工業革命基礎設施。我們的團隊成員是二十五位來自世界各地不同領域的英雄好漢，包括資通訊產業、再生能源產業、全球運輸與物流、建築、營造、都市計畫、經濟建模和環境設計。[60] CPS能源則由時任總裁歐蘿拉．蓋絲（Aurora Geis）掛帥，永續發展部門主管克里斯．尤斯特（Cris Eugster）主導日常事務，後者如今高升為營運長。

規劃藍圖階段費時數月。當時，聖安東尼奧市正在兩道不同的未來能源取向之間猶豫。一九七九年美國賓州三哩島（Three Mile Island）核電廠曾經出事，在那之後，它是第一座授權建造兩座核電廠的電力公司，而且在我們的團隊介入前也正要從規劃階段進入施工期。[61] CPS能源同時也大膽押寶，風能和太陽能發電可以擴張版圖到全州，因此也開始進軍綠能領域。

當時反對興建核電廠的聲浪早已不絕於耳，此外還有稅收可能短少的考量，因為幾乎所有核電廠都躲不過成本超支的噩夢。CPS能源委外進行的成本超支潛在風險研究結論指出，如果核電廠授權被終止，就要面臨成本比原先預估高出一半的情況。

當時我們的顧問團隊強烈遊說CPS能源選擇綠能，主要論述是，單單德州幾乎零邊際成本的風力，就足以推動德州跨入零排放的綠能未來。

在第二次工業革命時代，德州素以全美最大產油州聞名，一度是全球之冠。我們建議CPS能源，在第三次工業革命的初始階段，放膽轉向風能與太陽能將可能讓德州搶占美國再生能源的領導地位。在這場內部對談中，CPS能源得知，日本東芝（Toshiba）公司不久前才評估它監造的核電廠，造價可能會提高到一百二十億美元，比原始預算超出四十億美元。[62]

一場危機接踵而來，市政府和CPS在塵埃落定後張臂擁抱風能，以便擺脫核電蒙受的巨額財政損失，結果證明這是明智決定。目前，核電廠包括建造和營運在內，最低每百萬瓦小時的單位發電成本是一百一十二美元，但如前所述，風能是二十九美元，公共事業規模的太陽能則是四十美元。[63]但是，顯然不是每一家能源與電力公司都曾留意這則訊息。近三十年，美國唯一新建的核電廠是喬治亞電業（Georgia Power）的瓦格托（Vogtle）發電廠，原本施工預算是四十四億美元，現在不僅進度落後五年，預算更膨脹至二百七十億美元天價！依照任何擱置資產的標準來看，都只能說是嚴重成本超支。[64]實在很難理解，為何全國還有一些民意選出來的政府官員至今仍擁護建造新的核電廠。

與此同時，近八年來，CPS能源四處和德州的大牧場主人打交道，說服他們將風場安裝在平原上。當今，牧場主人放牧牲畜的同時也能享受身為風場房東的第二道收入。

德州是目前領先全美的風能生產州，放在國際上相比，已經安裝的產能也僅遜於五國。二〇一七年，德州的風能發電占比大約是一五％，與歐盟當前的綠能產能相比堪稱平分秋色。[65]二〇一六年三月三十一日，CPS能源報告，「聖安東尼奧市每天四五%的能源需求……是由七座簽約風場產出的風能供應」。[66]

這道案例說明，德州不到十年內就實現今日成就，靠的是冒險一搏、堅持聽從直覺，認定風能可以再次擦亮「孤星之州（Lone Star State）」招牌。德州緊隨加州提高門檻，向其他四十八州證明，它們也可以加入同一座綠能競技場，二十年內憑藉太陽能與風能提高能源效率，引領美國成為幾乎百分之百的綠能社會。

安．普拉瑪喬芮（Anne Pramaggiore）是另一位重量級美國領導人物。多年來，她擔綱芝加哥最大電力公司聯合愛迪生電力（Commonwealth Edison）總裁兼執行長，現在則是艾塞龍公用事業（Exelon Utilities）執行長，下轄涵蓋聯合愛迪生電力在內的六大事業體，是全美國最大天然氣和電力分銷商。

二〇一六年，普拉瑪喬芮在德州奧斯汀市舉行的能源思想峰會（Energy Thought Summit）上發表主題演講，提到兩年前她的公司召集能源事業的利害相關人腦力激盪，思考如何讓電網更聰明。雖然許多與會者提出彌足珍貴的建議與想法，但是她總覺得太發散，無法形塑一道統整的概念，直到讀了《第三次工業革命》一書才豁然開朗。[67]她研究我們在歐盟努力二十年的經歷，從介紹再生能源網路基礎設施、綠能管理，到伴隨著典範轉移的全新供需能源服務商業模式。她思索如何將這些方法應用在美國的電力網路中。

席間她比喻：「有點像是在玩拼圖遊戲，所有的紅色圖片都收在一個角落，所有的藍色圖片則在另一個角落，你有點感覺，它們好像可以兜在一起，但就是不得其法。突然間，我們聽到平台經濟說，開始可以把拼圖兜起來了。這本書打通任督二脈。」[68]在美國電力產業的新世代領導人中，普拉瑪喬芮是第一位精通將數位平台功能導入生產和分配再生能源流程，也對帶領社會通往零碳未來的破壞性商業模式安之若素的代表。

被太陽能與風能左右夾擊，對化石燃料產業以及電力事業來說，轉型的破壞力究竟有多強大？德國為了準備二〇一七年在漢堡舉行的G20峰會，曾委託國際再生能源總署製作一份報告，比對未來化石燃料和再生能源在生產與消耗的預測，其中包含一套模擬結果，預測如果從化石燃料推動的文明加速轉型到再生能源推動的社會，可能產生的擱置資產成本。

國際再生能源總署採用再生能源、能源效率部署速度為參數，預測兩套時程表的情境，從上游能源（即源頭的能源）、發電廠以及建築物和工業等不同領域，評估每一套時程表影響擱置資產的程度，結果發現，「至今，全球直接跟能源有關的二氧化碳排放，以下三大產業幾乎就占了四分之三」。第一種情境稱之為重新定位（REMap），即假設二〇一五年到二〇五〇年，「加速進行」再生能源與能源部署，那麼，「以工業革命之前的情況為基準，全球溫度上升幅度小於攝氏兩度的機率約為三分之二」。第二種情境稱為「延遲政策行動」（delayed policy action），是指截至二〇三〇年為止一切照舊，但之後就加速部署綠能，確保直到二〇五〇年前碳排放與第一種情境相同。[69]

在第二種情境下，若至二〇三〇年為止都維持目前投資化石燃料能源的力道，上游能源的擱置資產總計共約七兆美元，但是第一種提早加速轉型的重新定位情境則是三兆美元損失。與現今上游能源的假定資產估值相較，擱置資產大概占四五％到八五％。[70]發電廠方面，第二種情境的擱置資產會達到一兆九千億美元，但第一種提早加速轉型的重新定位情境則會減半，約九千億美元。[71]

每每談及偉大文明的存亡關頭，高達幾兆美元的預期損失是一記當頭棒喝，因為過去的資產變成未來的包袱，恐將債留子孫。歷史殷鑑，一旦看不到全新的傳播、能源、運輸和物流科技革命曙光，就注定文明終將瓦解。所幸，就這次而言，強而有力的嶄新綠能基礎設施革命正掃除老舊的基礎設施，創造可以永續、輕鬆生活在地球的機會。

3 零碳生活：電動車、物聯網節點建築和智慧生態農業

有一點值得一再提醒，汽車是第二次工業革命的支柱。二十世紀期間，全球極大比率的國內生產毛額，都可回推至幾億輛內燃機汽車、幾百萬輛公共汽車和卡車製造、上市，以及所有支撐它們製造、上市的其他產業與行業。再加上所有那些受惠於「汽車時代」的產業與行業，最後還有新興城市和郊區應運而生，包括房地產業、購物中心、速食連鎖餐廳、觀光旅遊業、主題公園和科技園區等不一而足。

幾近於零邊際成本的行動工具

運輸和物流業燃燒大量化石燃料，一向是全球暖化氣體排放大戶，但現在也與化石燃料業脫鉤，向電動車、太陽能和風能等發電設備所產出的電力發動的燃料電池車靠

攏。包括德國、中國、印度、法國、荷蘭和愛爾蘭在內的十八個國家已經各自宣布，今後幾十年內將逐步禁售、登記掛牌使用化石燃料的新車。[1]

隨著汽車製造商轉向電動車和燃料電池車，多數原本用於運輸用途的石油將繼續留存在地底下。美國銀行（Bank of America）預測，至二〇三〇年，電動車銷量將占整體四〇％；惠譽國際信用評等（Fitch Ratings）是美國三大信用評等機構之一，根據它的一項研究顯示，至二〇四〇年，全球電動車數量可能高達十三億輛。美國銀行據此總結：「電動車可能在二〇二〇年代初期就開始攻克石油需求成長的最後一座大堡壘，進而導致全球石油需求在二〇三〇年攀抵最高點。」[2]

當今的預測都指出，汽車業正迅速從以化石燃料為動力的內燃機汽車，轉型至綠色再生電力驅動的電動車，全球許多主要城市都將此納入考量。二〇一九年四月，洛杉磯市長艾力克．賈西提（Eric Garcetti）公布一項影響廣泛的綠色新政總體規劃，將交通運輸的未來發展當作這個城市轉型成零碳排經濟的首要目標。賈西提宣布，至二〇二五年，洛杉磯市所有車輛當中，電動車的占比將達二五％，二〇三五年更會上衝八〇％。這些預期目標為這座向來以汽車文化聞名的城市投下一顆震撼彈。[3]

石油龍頭企業並非無感這一切會對其產業帶來什麼影響。二〇一七年七月，荷蘭皇家殼牌集團（Royal Dutch Shell）執行長班・范伯登（Ben van Beurden）曾表示，隨著電動車開始全面取代二十世紀普遍使用的內燃機引擎，全球石油需求到了二〇二〇年代末期可能就登頂了。范伯登在接受彭博電視（Bloomberg TV）採訪時更補充，他將加入使用再生能源行列，下次換車時就會改買電動車。[4]

荷蘭皇家殼牌集團執行長會不會只是空口說白話？其他一些全球石油龍頭仍不鬆口。美國康菲石油（Conoco Phillips）首席經濟學家海倫・克莉（Helen Currie）表示，她的公司已經根據電動車預期需求、其他可能影響石油工業未來前景的因素模擬未來情境，想在石油需求面「找出峰值卻不可得」，而且至少不會「在未來二十年到三十年內」看到。她補充：「我們承認這個狀況有其可能性，不過我們確實傾向看到石油需求更強勁充沛的一面。」[5]但其他人並不苟同。

革新運輸業很大程度取決於三大因素：汽油發動的汽車轉向以綠色能源發動的電動車和燃料電池車、共享汽車服務普及，以及自駕車合法上路。單看每一項變革都算是深具革命性意義，而且都足以撼動交通運輸業；三合一則更是相輔相成，預示全球的行動、物流產業徹底變革，徒留規模龐大到難以完全理解的擱置資產。

傳播網路結合再生能源網路，讓打造、擴建自動化的行動及物流網路有可能實現。

前述三大網路聚合後共同構築物聯網平台，在第三次工業革命經濟鏈中管理、推動並交付商品與服務。

自動化的行動及物流網路由四大支柱組成，它們就和能源網路的支柱一樣，必須同時逐步採用才能使系統高效運作。首先，有必要在全球各處的廣大路面普設充電站，讓汽車、公共汽車和卡車型態的電動車得以啟動或將電力回送電網。其次，整套物流網路相關裝置都有必要內嵌感測器，以便工廠、倉庫、經銷商、零售商和末端使用者，從上游到下游都能充分掌握物流價值鏈中的最新數據。

第三，供應鏈上所有實體貨物進入倉儲和運輸過程後有必要標準化，也就是數位化處理智慧裝櫃，以便它們能有效裝載到任何運輸工具並沿途發送；同時也能在整套物流系統中運行時，一如全球資訊網上的資訊高效率流動自如。

第四，物流管道的倉儲作業將有必要整合成合作型態的網路，以便利用橫向一體化的規模經濟，將所有優勢集中於共享的物流空間，優化貨物運輸。舉例來說，成千上萬的倉儲配送中心可以在共享閒置空間的前提下建立區塊鏈合作社，這種做法允許運輸業者能從任何倉儲中心卸貨，接著轉手給裝載更多貨物要送往鄰近目的地的運輸同業。這樣可以確保所有運輸業者自始至終都能滿載出貨，並依循最高效率的路線送抵目的地。

物聯網平台提供有關取貨與交貨時間表、天候狀況和交通流量的即時物流數據，連同行進路線中當下的倉儲空間。自動化快速處理系統將套用大數據分析創造規則系統與應用程式，以便確保優化物流路線的總合效率，進而提高生產力並減少碳足跡，同時還能降低每一批貨物的邊際成本。

至二〇二八年，最少會有部分道路、鐵路和水上運輸將應用自駕電動和燃料電池運輸工具執行任務，它們的動力來自零碳排和幾近於零邊際成本的再生能源，交由複雜的分析方法與演算法運作。使用近乎零邊際成本再生能源的自駕電動和燃料電池運輸工具將會加速總合效率和生產力，並基於智慧型自動化行動及物流網路基礎上，將貨運的邊際勞力成本降至幾近於零。

現在，行動及物流科技的重大變革正如火如荼地改變運輸公司開國立業的本質。二〇一六年，我應時任戴姆勒卡客車（Daimler Trucks and Buses）公司負責人沃夫岡・伯恩哈德（Wolfgang Bernhard）之邀，在德國杜塞道夫向來自世界各地的記者展示戴姆勒打造的全新行動及物流商業模式。[6]

我花幾分鐘闡述行動及物流網路的操作原理，之後伯恩哈德向記者群宣布，戴姆勒投資數位解決方案與服務（Digital Solutions & Services）這門新業務五億歐元，專為企業客戶提供最先進的智慧物流服務，協助它們更完善控管物流供應鏈。戴姆勒宣布消息當下早已在旗下三十六萬五千輛商用車中配置感測器，讓駕駛區能夠追蹤、搜集有關天候狀況、交通流量模式以及倉儲可用空間的最新大數據。伯恩哈德觀察：「即時數據對於高性能物流解決方案至關重要，我們的卡車恰恰會提供這些數據……將有助提高客戶的績效，並協助它們以更安全、更環保方式經營業務。」7

伯恩哈德隨後調暗室內燈光，即時連線一架盤旋在德國高速公路上的直升機，開始直播它正追蹤的三輛戴姆勒長途運輸卡車，這段直播讓當天出席的記者嘖嘖稱奇。只見鏡頭被拉近到卡車的駕駛室，由伯恩哈德直接和司機對話，他要求三名司機的雙手全都放開方向盤，也把雙腳抬離油門踏板；當下卡車即進入自動駕駛模式，瞬間自行組合排成火車般的隊形。合體後的加長車輛搖身一變成為行動大數據中心，一邊奔馳在高速公路上，同時即刻搜集物流的相關數據。因此司機還得身兼物流分析員的雙重角色，追蹤感測器回報的數據，並透過網路將大數據回饋到物流合作業者手上。一年後，戴姆勒邀請內部資深工程師前往柏林，我們在那進一步升級行動及物流業務部門的工程模型。

福特汽車公司（Ford Motor Company）推出智慧移動解決方案（Smart Mobility），也順勢切入行動及物流服務業務。福特正與一批前導計畫的代表城市合作，串連城市規劃師和公民組織並肩開發全新的運作模式，以便跳脫以私家車運送人類與貨物的思維。它的目標是與各家運輸合作夥伴共同開發無縫的交通服務，亦即推動福特的自動化自駕電動車與公共運輸、自行車與滑板車共享服務以及人行道規劃聯手實驗，毫不費力地切換各種運輸方式，以期順利運送乘客和貨物到達最終目的地，並實現減少交通壅塞和碳排放的目標。[8]

二〇一七年一月，我與福特執行長馬克．菲爾茲（Mark Fields）一同參加在底特律舉辦的北美國際汽車展覽（North American International Auto Show）開幕式，共舉這套嶄新的商業模式。福特還贊助《第三次工業革命：激進的新型共享經濟》（The Third Industrial Revolution: A Radical New Sharing Economy）在翠貝卡影展（Tribeca Film Festival）首映，並包辦邁阿密、舊金山和洛杉磯等大城市的首映。這部電影是我們辦公室與全球最大獨立媒體商反思媒體（Vice Media）共同製作。

建構自動化的行動及物流網路，改變我們看待乘客移動的固有看法。當今是行動及物流網路的發軔階段，年輕人透過行動通訊技術和全球定位系統，連結主動提供汽車共享服務的司機。至少都市年輕人是偏愛「擁有行動力」而不是「有車」，在智慧自動化交通時代，未來世代可能不會再成為有車階級；不過，每一輛車加入共享圈，相當於減產五至十五輛車。[9]通用汽車(General Motors)公司研發及戰略規劃前任副總裁賴瑞·伯恩斯(Larry Burns)曾研究美國密西根州中型城市安娜堡(Ann Arbor)的行動模式,發現汽車共享服務可能淘汰目前道路上八〇%車輛,同時以更低成本提供一樣或更好的機動性。[10]

在當前全世界人口稠密的城市地區,共有十二億輛汽車、公車和卡車在緩慢的車流中龜速行進。[11]一百年來,以汽油為動力的內燃機汽車爆量生產,吞噬地球的大量自然資源。伯恩斯的研究指出,汽車共享服務會顛覆現況,在下一個世代蔚為主流。不僅是各地行駛的車輛中,八〇%可能會被淘汰,[12]剩下的兩億四千萬輛汽車將是電動和燃料電池運輸工具,由趨近零邊際成本的再生能源提供動力。因此,這些共享車輛將以自駕方式暢行在自動化智慧道路系統。

從有車到擁有行動力,僅需坐上行駛在自動化智慧道路系統的自駕車裡,這項長期變革將改變運輸產業的商業模式。未來三十年,全球大型汽車製造商在減產汽車的同時,也正為自己在全球自動化行動及物流網路中找出新定位,也就是成為管控新世代行動服務的整合者。

讓我們跳回荷蘭皇家殼牌執行長班·范伯登那一段語出驚人的預測,即隨著電動車開始取代二十世紀的內燃機引擎，石油消耗量可能在二〇二〇年代後期達到顛峰。對此，全球能源業和運輸業其他主要玩家怎麼說？

二〇一八年，瑞典智庫斯德哥爾摩環境研究所（Stockholm Environment Institute）發布一份報告，預測歐洲運輸產業所面臨的擱置資產風險，讓人連帶想起美國及世界各地即將發生的情況，頗值得關注。這項研究開門見山就說，隨著歐洲一步步推展運輸革新，單單汽車業恐怕就得面臨兩千四百三十億歐元的擱置資產風險。謹在此提醒，二〇一七年，歐洲汽車業的產業價值總共是六千零四十億歐元。[13]

電動車銷量急劇上升的部分原因，歸功鋰電池價格持續快速下降的大利多。二〇一〇年鋰電池價格是一千美元／千瓦小時，二〇一七年底卻跌至兩百零九美元／千瓦小時，等於是短短七年就暴跌七九％。不僅如此，電動車電池的平均能量密度，也正以每年五％至七％的速度上升。[14]

各國政府正為汽車制定更嚴格的燃油效率標準，在敦促汽車朝向大規模電氣化發展同時，也慷慨獎勵電動車新購族。中國實施這套軟硬兼施的做法，二〇一七年光是六大城市的電動車銷量就高占全球總數的二一％。歷史重演，歐洲將再與中國正面對決。戴姆勒、福斯（Volkswagen）和富豪（Volvo）相繼針對未來十年內電氣化旗下車隊的部署

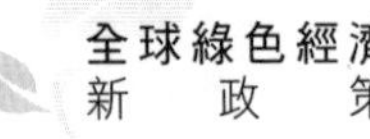

行動提出雄圖大略，背後同樣也有歐盟會員國恩威並濟的政策配合。[15]

截至二〇一八年，電動車銷量僅占全球汽車總量二％。然而，彭博新能源財經預估，電動車售價將下調至遠低於內燃機汽車的製造成本，推升全球電動車銷量從二〇一七年微不足道的一百一十萬輛，大幅躍升至二〇三〇年的三千萬輛。這道變化不可小覷。如今中國正超前領先，預計二〇二五年時，它在全球電動車總銷量的占比會暴衝至五〇％，但是二〇三〇年會回降三九％，因為其他國家的銷量也會爆增。[16]

在這場過渡到電動車的銷售競賽中，歐洲車商正急起直追。福斯發出驚天豪語，承諾將在市場轉型過程中投入八百億歐元，預計二〇二五年時將發表有五十款純電動車[17]；戴姆勒則投入四百二十億美元，預計幾年內就要量產電動車；寶馬也打包票投入五百億歐元，二〇二五年時推動十二款電動車問世，[18]這些未來的電動車在兩次充電期間將可行駛七百二十五公里，也會裝載不含稀土金屬的第五代電池。[19]幾家車廠異口同聲表示，至二〇二五年，電動車售價將會庶民化，與同級的內燃機汽車並駕齊驅[20]。福斯還說，二〇二六年將會生產末代汽油和柴油引擎，意味著內燃機引擎的時代即將告終。[21]它更宣布廣設電動車充電站，預計二〇二五年將在全歐布建三萬六千座。[22]

根據彭博新能源財經的說法，電動車的「零補貼成本」比內燃機汽車成本更具競爭力的「轉折點」，會在二〇二四年發生。這份報告也預測，至二〇二五年，中國的電動乘用車將占總銷量一九％，美國、歐盟則分別為一四％、一一％。這一年也是電動車真正的元年。從二〇二〇年代中期起，使用汽油或柴油的內燃機汽車年均銷售數會開始下行，依循歐洲電力產業二〇一〇年至二〇一五年經歷的破壞式轉型路徑發展，意味著內燃機引擎開始走向末日，綠色電力發動的電動車則是迎向曙光。[23]彭博新能源財經更預測，至二〇二八年，電動車銷量將占全球總量二〇％。[24]福斯發布的銷售預測也符合這道趨勢，即單單就福斯自己的電動車銷量來說，至二〇二九年便將達兩千二百萬輛，預料占汽車總量二五％。[25]與此同時，我們可能會看到化石燃料文明崩潰出現破口。無可避免的是，全世界每天消耗九千六百萬桶石油，光運輸就占所有用量的六二．五％。[26]這個數據說明一切。

轉向綠色能源電動車這道趨勢本身就是全面顛覆，堪稱汽油車問世以來一場撼動全球經濟的最大規模破壞行動，隨之而來的巨變還有汽車共享服務轉向無人駕駛自動車，它的影響更相當於改變我們整體社會的行動及物流模式。

這場轉型的速度已經快到讓產業界和社會措手不及。二〇一七年，重量級交通研究預測機構RethinkX發布研究指出，當前的汽車共享服務將在二〇二〇年代迅速轉變為共乘服務和電動車隊。[27]這道變革將大幅提升車輛使用效率。舉例來說，歐洲的私家車上路時間平均僅占全天五％，甚至車內五個座位只用到一．五個。這份研究還預測，自動化電動車衍生的共享式機動性將提高車輛使用率十倍，延長汽車的行駛壽命八十萬公里，至二〇三〇年甚至可能達到一百六十萬公里。它還指出一項至關重要的事實：當機動性即是服務時，運輸成本將遠低於現有選擇。至二〇二一年，「每一．六公里的移動成本比購置新車低廉四至十倍、比使用現有車輛便宜二至四倍」。[28]

另一項更驚人的發現是，自動化車輛的「提供者—使用者」運輸模式，是在人力邊際成本幾近於零的情況下運作，因為它由邊際成本接近零的太陽能和風能提供動力，大幅降低打造機動性所付出的成本，還能讓供應商依照乘客搭車時間長短，提供選購各種線上娛樂和商品，等同是乘車時間商品化，類似航空公司提供長途飛行乘客的服務。RethinkX總結：「從廣告、數據貨幣化、娛樂和銷售產品等其他收入來源賺錢的做法，將為免費運輸開闢一條新道路。」[29]

由於每輛車的平均使用量是個人名下汽車的十倍，必須上路的車將會變少，以往因為交通打結浪費掉的時間也會減少。單就美國來說，二〇一七年交通壅塞導致的經濟損失就高達三千零五十億美元。[30]

這樣研究也發現，至二〇三〇年，個人名下的手控內燃機汽車，大約將占所有路上行駛車輛四〇％，更僅占所有乘客行動里程數的五％。屆時，這些改變所代表的額外效益，將幫助美國家計單位提升高達一兆美元的年收益。這項說法並不出人意料之外。[31]

至二〇三〇年，乘用車和卡車產量將大減七〇％，這幕光景如同把整體運輸和物流業捲入亂流，業內擱置資產的規模堪稱前所未見。另一方面，研究指出：「平均每個美國家庭每年將省下五千六百美元以上的交通運輸費用，相當於加薪一〇％。」這又是美國家計單位可額外拿回來的一兆美元。[32]

RethinkX報告中的所有預測結果是否會按照時間表一一兌現，尚且有待商榷。可以肯定的是，運輸業、能源業和社會都將切身感受，在構思、布建具備機動性的嶄新交通模式過程中，這場大破壞將造成超強後座力。

現在，我們回頭比對美國銀行的預測，也就是電動車「可能在二〇二〇年代初期就開始攻克石油需求成長的最後一座大堡壘，進而導致全球石油需求在二〇三〇年攀抵最高點。」以及荷蘭皇家殼牌執行長班·范伯登說全球石油需求可能到了二〇二〇年代末期就登頂。[33]他們都是對的嗎？其他大型石油公司同意嗎？還是說，在擱置資產成為現實之前，它們對產業的未來仍然充滿信心？

我們心中可能自有答案了。二〇一八年七月，能源產業界最備受推崇的市場分析機構之一伯恩斯坦研究（Bernstein Research）公司曾在一份研究報告中警告，全球經濟可能遭逢每桶一百五十美元的油價衝擊，甚至超過二〇〇八年七月的一百四十七美元歷史高點。當時引爆次貸風暴，導致全球經濟陷入大蕭條。美國消費者新聞與商業頻道（CNBC）節錄伯恩斯坦研究的說法解釋，目前於可開採石油儲量的再投資金額，跌至二十多年來的最低點，現今儲量很可能只夠維持十年左右。[34]如果十年儲量聽起來很耳熟，那是因為它和其他研究報告預測全球石油需求將攻頂並開始走下坡的時間點雷同。這是巧合嗎？不太可能。

伯恩斯坦研究承認，石油大廠已經意識到，應用再生能源和電動車的趨勢迅速攀高，也掌握全球石油需求將在不久的未來登頂的相關研究，現在有些公司因為擔心探勘、採集可能永遠再也用不到的石油會導致嚴重虧損，也就是擱置資產，有意喊停「回補十年以上的石油儲備量」政策。伯恩斯坦研究表示，由於金主紛紛要求石油公司退還資金，而非繼續燒錢備足可能永遠再也沒機會燃燒的石油，所以「供應短缺將導致油價飆升，甚至可能會遠高於二〇〇八年每桶一百五十美元的高點」。[35]

建築即為物聯網節點

當資通訊技術產業、電力、行動和物流業都正步上與化石燃料產業脫鉤的道路時，耗能巨人房產業身為全球暖化氣體排放的主要源頭也正迷途知返。

全球各大城市、地區和民族國家，正在授權、鼓勵既有建物減少耗能與升級改造，同時也頒布法令要求所有新蓋住宅、商用和工業建物，必須進化成零排放或使用建設性供電的太陽能、風能、地熱。美國加州積極提出相關議案以便推動建物群減碳，二〇一八年九月，州長傑瑞・布朗（Jerry Brown）簽署一項法令，推動加州現有住宅和商用建物的溫室氣體排放量安全過關，達成至二〇三〇年降到比一九九〇年還少四〇%的目標。[36]加州公用事業委員會（California Public Utilities Commission）也正在制定新措施，確保所有「新」住宅、商用建物，分別在二〇二〇年、二〇三〇年，都能入列淨零能源建築。[37]

二〇一五年，全球房地產市值高達二百一十七兆美元，幾乎是全球國內生產毛額總量的二・七倍，更高占全球經濟總投資資產的六〇%。[38]展望未來，至二〇三〇年，營造市場將會再成長八兆美元。[39]

如前所述，通訊、能源和交通的典範轉移改變人造環境的本質。第一次工業革命憑恃樞紐對樞紐的鐵路運輸系統興起，密集的城市建築環境於焉形成；第二次工業革命則是開枝散葉，推動郊區環境沿著州際高速公路交流道往四面八方蔓延；第三次工業革命中，在物聯網環境下，既有建物和住宅、商用、工業和公共機構建築等新建物，則是仰仗零碳節能的智慧節點和網路內嵌而脫胎換骨。在未來智慧綠色的美國，每一處建築節點只要可以連結物聯網基礎設施，都能夠充當分散式架構的邊緣資料中心、綠色微型發電站、儲能據點，甚至是運輸與物流樞紐，以利管理、推動和發展經濟活動。

建築物本身不再是圍牆裡被動的私人空間，而是積極參與的實體；住戶可以自行決定共享再生能源、能源效率、儲能、電力流動以及其他各項經濟活動。但是，擘畫所有數位基礎設施的前提是，每一棟建築物都必須脫碳化。

美國大量的既有建物必須升級改造，諸如密封內牆、極小化能量損失、優化效率以及扶壁加固等，以期因應氣候所導致的相關破壞時能具備復原韌性。同時，有鑒於建物內部安裝的天然氣與石油加熱設備，是全球暖化氣體排放的元凶之一，住宅、商用、工業和公共機構建物群均需要改為採用電暖系統。投資於提升建築物能源效率和節能改造計畫，在相對較短的幾年內就可以回收，此後數十年間，屋主或房客將長期享有實際省下能源費用的好處。

翻新建物群也代表將有幾百萬份工作機會應運而生。若是粗估它創造的直接、間接和衍生就業機會，每投入一百萬美元更新建物相關的製造與安裝工程，就會創造十六・三份職缺。[40]接下來我要分享德國經驗，為美國開展全國性改造計畫可能創造多少就業機會的潛在價值提供一道衡量標準。德國職場與環境聯盟（The German Alliance for Work and the Environment）是公認規模最大的再造計畫，總共翻新三十四萬兩千套公寓，過程中創造兩萬五千份新職缺、拯救十一萬六千個飯碗，兩者合計超過十四萬份。[41]雖說德國的就業數據可能和美國不盡相同，但也可用來預測美國住房大舉翻新創造的潛在就業機會。

這些建築非得密封內牆才能嵌入智慧物聯網基礎設施，並轉變成可以與當地或全球各地鄰居協作的智慧節點，以收提高能源效率之效。早期，物聯網比較像是產業輔具，協助加強設備監控、提升生產線與供應鏈的績效。舉例來說，在飛機內部嵌入感測器，就不必等到標準的零件維修體檢，反而可以早一步向公司發送更換需求的警報。

雖然「物聯網」一詞是英國科技創新先驅凱文・艾希頓（Kevin Ashton）在一九九九年提出的概念，但因為感測器、致動器的成本居高不下，往後十三年間，物聯網或可廣泛應用於各領域的可能性無人問津。接著，二〇一二年至二〇一三年的十八個月內，應用在監控和追蹤實物動向的無線射頻識別系統（RFID）價格暴跌四〇％，為了全體社會內嵌感測器的可能性開啟一扇門。[42]

一年後的二〇一四年，我們的辦公室出版《物聯網革命：共享經濟與物聯網革命的崛起（The Zero Marginal Cost Society）》，[43]主張物聯網若是擔綱改善商業和社會生活的智慧神經系統，方可真正物盡其用。物聯網的終極應用是嵌入住宅、商用、工業和機構建築內外，如此一來，我們棲住的所有據點都將變成智慧建築節點。這些節點可以在許多平台上相互連結，進而在分散式架構下創建一套全球大腦和神經系統，孕育比以往更多元而且具流動性的社會經濟網路環境，讓人類真正實現四海一家。

矽谷創業家和全球諮詢企業大都接受「節點建築」的概念，然而真正迅速實踐這套概念的企業，是董事長兼執行長張瑞敏領軍的中國海爾集團。儘管中國有不少房舍、辦公室、商業空間和科技園區，可能都已安裝這家企業的智慧技術，但海外大眾可能對此毫無所悉。海爾是領先全球的家電製造商，在各大區擁有品牌家電，包括幾年前收購的美國奇異（General Electric）的家電部門。

二〇一五年九月，這家集團慶祝全球化擴張計畫滿十週年，我很榮幸有機會拜會訪問張瑞敏。[44]他閱讀《物聯網革命》之後對於建築物產生新構想，亦即可以在社群平台上匯聚，以利豐富家庭生活和商業活動的智慧分布式節點。[45]如今，海爾是家電業裡嵌入式智慧物聯網技術的領導業者，正將這套技術導入世界各地的建物中。張瑞敏告訴我，他的商業模式目標在於，為家庭、企業和社區提供可以減少用電量和碳足跡的物聯網技術。

此際，美國有意利用智慧網路環境將建物群轉變成互相串連的智慧數位節點，雖說所有建物中的物聯網基礎設施仍處於萌芽階段，預料未來幾年將倍數成長。每投入一百萬美元在物聯網技術，便會創造十三個直接、間接和衍生的就業機會。[46]

展望未來幾十年，從任何角度來看，房產業都是最容易成為全世界規模最龐大的擱置資產代表。住宅、商用、工業和公共機構建物群不像預做發電準備的能源容易轉賣，每年換手的數量占總持有財產中僅二%，可說是全球最沒有彈性的資產。[47]你若想實際了解推動改造建物群成為幾近零排放的工程有多困難，請牢記一點，就算到了二〇五〇年，英國目前的建物群還會有八七%不動如山。[48]

我們在歐盟的經驗顯示，真正硬起來全面改造建物群是綠色新政中難度最高的工程。為了克服社會和心理層面不願日常生活與工作遭到破壞的頑固思維，必須吃了秤砣鐵了心貫徹到底。但事實上，這道阻力往往還是有辦法克服，尤其是中、低收入戶棲身的社會和公共住宅。一旦住戶明白，未來他們每個月占租金以外最大支出的水電費可望直線下降，口袋裡面還會多出可自由支配的收入，就會提高配合意願。

翻新建築是為了敦促美國和全球經濟同步脫碳，絕對有必要，並且在綠色新政轉型期間必須審慎為之。如果我們不積極推動這項任務，全球建築業將因資產遭到擱置蒙受損失，規模之大會讓人目瞪口呆。在國際再生能源總署遲遲不動作的情況下，全球建築業的擱置資產將達到十兆八千億美元，這個預估值是重新定位預估的早期加速轉型情境兩倍之多，驚嚇指數簡直破表。[49]

二〇一八年，美國市長常設委員會（US Conference of Mayors）在波士頓舉行年會，期間通過一項嚴格決議，呼籲美國城市「聚焦美國既有和新建的住屋、集合住宅、商業和政府建築的能源效率上」。[50]一些提早起跑的城市接連響應這項呼籲，頒布更嚴格的強制規定與獎懲措施，好讓轄下建物群加快改造腳步，並限制碳排放，冀望能將全球暖化的程度限制在升溫攝氏一．五度或以下，與氣候變遷速度搶時間。

歐盟已經打造一套我們的美國市長常設委員會有意採行的公約，《建築能源績效指令（Energy Performance of Buildings directive，EPBD）》是一套基於參與建築升級的所有相關各方設計的監測與獎懲機制，包括建物翻新、實地安裝再生能源以及打造合乎儲能需求的智慧能源基礎設施等；公約並強制要求二十八個會員國的所有建築物都必須申辦能源效率認證（Energy Performance Certificate），以便自行負責監測冷暖空調。英國諾桑比亞大學（Northumbria University）建築與環境規劃系講師凱文．莫東—史密斯（Kevin Muldoon-Smith）、副教授保羅．格林浩克（Paul Greenhalgh）解釋了這道法令的重要性：

> 能源效率認證與氣候變遷衍生的房產擱置資產息息相關，它是改善建築物的重要推手，不僅影響房地產交易決策，還可在能源使用效能方面提供最具成本效益的改善建議……它讓政府有機會強制執行最低能源效率標準，對物主、住戶和房地產利害關係人來說，更是重要的訊息工具。51

英格蘭和威爾斯兩地政府遵照能源效率認證為非住宅私人租賃建物制定新規定，即強制性容許耗用能源基準（Minimum Energy Efficiency Standards）報告卡，要是建物最低能源效率標準評等低於E級，也就是得到F或G評級，法令將禁止出租。住宅建物也得遵循類似規定。現在約有價值總計五千七百億英鎊的一〇%住宅建物、一千五百七十億英鎊的一八%商用建物未達標。兩邊政府為了獎勵居民改善建物內部環境，正考慮逐漸抬高最低門檻。[52]

發布強制性容許耗用能源基準報告還有許多其他額外的重要好處：舉例來說，公開點名會讓擁有不合格建物的主人丟臉，更不用說導致建物市場行情貶值的負面效應。對於各座城市、州或國家的每一棟建物來說，能源效率認證發放後，後續若能持續更新評等，當相關機構評估財產稅、必須確認建物價值時，這份資料集便能派上用場——建物的能源效率評等較高或安裝太陽能發電設備，可獲減稅；反之，能源效率評等較低則列入加稅清單。

這套強制性容許耗用能源基準附帶的融資機制有個好玩的名稱：綠色交易融資模型（Green Deal Finance Model），用以獎勵舊屋業主大破大立，改善住宅的能源效率表現。遺憾的是，政府根本還沒導入商用建物前就自行取消這套機制，徒留懲罰業主的規定，無從激勵他們升級建物。[53]謹再次強調，我們一再吸取的教訓是，若想確保建築環境脫離化石燃料文化，並全面成功轉向綠色再生能源文化，有必要軟硬兼施。

整備美國勞動力迎接綠色時代

在美國，傳播、電力、行動與物流以及建築產業才正開始與化石燃料文明脫鉤，不過這四大產業現在就已經展現就業成長的趨勢，直接反映出第三次工業革命經濟轉型將引爆勞動力組成變化。統計數字很亮眼，美國能源部發布《二〇一七年美國能源與就業報告（US Energy and Employment Report）》，近一百萬名美國人任職能源效率、太陽能、風能和電動車產業，約當化石燃料電力產業就業人數的五倍；[54]如果納入建築業中專門翻新建物的兼職工人數量，將可上調至三百萬名美國人「在能源效率、太陽能和風能產業兼職或全職工作」。[55]隨著美國關注綠色新政，並訂於二十年內轉型至零排放的第三次工業革命基礎設施，這些就業人數將呈倍數成長。

這一整道國家基礎設施轉型為智慧綠色典範的過程，需要各種職能全力配合，勢必得大規模培訓和／或再培訓，才能讓全國勞動力動起來。這場動員規模將有如美國在第二次世界大戰初期，緊急調度男性上場參戰，同時召集婦女在後方支援美國工業的情景；當時，各行各業不到十八個月就完成這項看似不可能的任務。近來，這種類似於二戰召集令的做法引發熱烈討論，即社區和產業界以學徒形式動員、培訓高中和大學畢業生，進而導引這些勞動力投入綠色基礎設施的擴建計畫。

根據智庫布魯金斯研究院（The Brookings Institution）的研究，目前美國五十州共一千四百五十萬名工人投入基礎設施，而且多半是男性白人，無法反映構成美國廣大人口的種族和性別。事實上，在綠色能源和能源效率領域，僅不到二〇%女性就業，有色人種更占不到一〇%。[56]

布魯金斯指出：「基本上，若想轉向潔淨能源經濟需要三百二十份獨立行業，橫跨三大主要產業領域：潔淨能源生產、能源效率和環境管理。」其中，大多數工作落在設計、工程和機械常識方面，得經歷一定程度的職業和專業培訓。有趣的是，綠色新職缺的時薪比全國平均值高出八%至一九%；同樣重要的是，低端收入工人的時薪也將比舊經濟中性質類似的工作高出五至十美元。[57]

問題是，許多既有的基礎設施人力將屆退休，免不了得提前整備新世代的必要技能，進而順利推動美國轉入後碳時代。各州、市和郡政府才剛要設立基礎設施學院，打算再培訓既有勞動力，並使年輕世代能夠勝任第三次工業革命經濟轉型創造的基礎設施職缺。舉例來說，二〇一八年，華盛頓特區市長穆莉兒・包瑟（Muriel Bowser）設立公辦民營的華盛頓特區基礎設施學院（DC Infrastructure Academy），合作夥伴包括華盛頓天然氣（Washington Gas）公司、華盛頓特區水務局（DC Water）和波多馬克電力公司（Pepco），共同培訓當區最弱勢社群的工人，爭取新的綠色就業機會。[58]

綠色新政已在全國點燃各方對話的火花，尤其是關於建立以州和國家服務計畫為形式的綠色學徒制，包括綠色軍團（Green Corps）、保育軍團（Conservation Corps）、氣候軍團（Climate Corps）和基礎設施軍團（Infrastructure Corps）等，只要完成服務就會頒予生活工資和專業認證，促使年輕世代的美國人在投身綠色經濟中同步開創職涯。事實上，這些新措施早有和平工作團（The Peace Corps）、美國服務志工（Volunteers in Service to America）和美國志工團（AmeriCorps）等組織先行，它們鼓勵公共服務、提供年輕人機會學習新技能，並協助他們釐清職涯道路與順利就業，這方面貢獻彌足珍貴。在整備二十一世紀的綠色新勞動力過程中，工會、地方政府、大學、社區大學和專科學校將共同擔負起攜手各類服務性社團合作的重責大任。

智慧生態農業轉型

儘管四大關鍵產業支撐一套社會所需的關鍵基礎設施，成為管理、推動、發展經濟活動、社會生活和管理體系的巨大力量，也都製造相當可觀的碳足跡，但如果我們略過農業這門能源的主要消耗產業不談，那就太輕率大意了，畢竟它也貢獻龐大的碳足跡。

從種植、灌溉、收割、儲藏、加工、包裝到運送食物給批發零售商，這一整道過程都消耗大量能源。石化肥料和農藥占能源支出中很高比重，操作農場機械也不例外。以歐盟來說，種植農作物、飼養動物是整道食物價值鏈中消耗最多能源的環節，占能源支出三分之一；其餘則是工業加工占二八％、包裝和物流占二二％，處理廚餘垃圾約占五％。[59]美國農場的統計數據可能與此相差不遠。

讓我們暫且回頭檢視畜牧業。根據聯合國糧食暨農業組織（United Nations Food and Agricultural Organization）公布的數據，牛是人為製造農業溫室氣體的主要排放源。[60]人們若得知這項事實可能群起譁然。全球有二六％不凍土地用於放牧以牛隻為主的牲畜。[61]當前地球上約有十四億頭乳牛，即為甲烷的主要排放源。甲烷這種溫室氣體貢獻全球暖化的力量是二氧化碳的二十五倍。[62]此外，乳牛排便時還會釋放俗稱笑氣的一氧化二氮（nitrous oxide），催化全球暖化的威力又比二氧化碳高出二百九十六倍。[63]

問題不止於此。美國環境保護署（Institute on the Environment）的研究指出，依據總量來看，境內超過一半的農作物都用於餵飼動物。[64]與一般以植物為基礎的蛋白質來源相較之下，「牛肉和其他反芻類動物每單位蛋白質……需要的土地比莢豆一類的豆作物多出二十倍，溫室氣體排放量更高出二十倍以上」。這些數據意味著，密集式生產、飼養牛隻和相關畜牧業的效率極低。[65]另一項令人遺憾的事實是，全世界許多國家砍伐森林以支應畜牛業的草地需求，也就是說，可以吸收全球暖化氣體排放的樹林又更少了。

儘管如此，振奮人心的好消息是，現在千禧世代、Z世代已意識到牛肉不宜，因而改變飲食方式，傾向多吃蔬果甚或純素，連鎖速食店也引進素食餐點。二〇一九年四月，漢堡王（Burger King）宣布，年底前將在全美七千三百家分店提供以植物為基礎的漢堡肉。[66]

遺憾的是，全球農糧業與化石燃料脫鉤的步伐仍遠遠落後其他產業。舉例來說，歐洲農業所消耗的能源中只有七％來自再生能源，相較之下，再生能源在整體能源結構中占比已達一五％，[67]兩者形成強烈對比。在歐洲、美洲甚至全世界，糧食產業依賴化石燃料和石化農業甚深，戒癮談何容易。

然而，糧食產業正開始著墨這道難題。美國至今仍拖拖拉拉，但歐洲各地正改採有機生態耕作方式取代石化耕作，特別是取代石化肥料和農藥正蔚為風氣。目前在歐盟二十八個會員國中，六．七％耕地已轉成有機耕作，美國僅〇．六％。[68]

不過在零售市場中，有機食物需求日益成長，二〇一七年，光是在美國的零售額就高達四百五十二億美元。[69]消費者需求正推動轉型，越來越多美國人願意花更多錢購買有機和永續食物。隨著有機食物市場日益成長，就有更多農民願意轉向生態農作，進而帶動有機食物調降零售價。

農民也正攜手開辦電力合作社，動手安裝太陽能、風能和生物氣能源技術。[70]他們自行生產綠色電力，一部分供農場使用，其餘則回售能源網路，等於又創造第二筆收入來源。

農民也許還能採行「碳農業（carbon farming）」再開發第三份收入來源。農業實作經驗早已證明，覆蓋作物、輪作和免耕農業等方式都能輕易將碳保存在土壤中。例如，在成排的蔬菜間簡單栽種黑麥、豆類、燕麥等農作物，可以增加土壤中的碳、氮和其他有機營養物質。碳農業有雙重好處，讓植物吸收大氣中的二氧化碳，還能轉存於土壤中，這種做法有助植物後續生長，並能進一步提高產量。[71]

要是美國農業部（US Department of Agriculture）可以從目前總額達八千六百七十億美元的大型農業援助計畫撥出一小筆錢，獎勵農民在自家耕地推行碳農業，將收碳捕獲與碳封存立竿見影之效，讓小農在因應氣候變遷的同時還能增產獲利。[72]此外，農民還可能願意讓出一部分農地，擴大林木覆蓋面積，搭上利用碳捕獲與碳封存，創造更多碳匯（carbon sinks；編按：從大氣中清除二氧化碳的過程、活動或機制）的列車，進而享受聯邦和州級的稅收抵免。

雖說在農場安裝太陽能和風能設施以生產綠色電力，再加上納入碳農業封存二氧化碳，將貢獻建立綠色社會良多，但其實更大的商機是在聯邦公有地上擴大發展這兩項計畫。全美國大陸及離岸土地有三分之一仍掌控在聯邦政府手中，[73]近年來，租給化石燃料產業開採煤炭、石油和天然氣的土地比重日益增加；出人意料的是，二〇〇五年至二〇一四年，在聯邦公有地上開採化石燃料產生的溫室氣體排放量竟高達全國總量的二三・七％；[74]但是公有地上產出的再生能源目前僅占五％。[75]

綠色新政應當反轉優先順序，將開採化石燃料排除在聯邦公共地的租賃名單之外；與此同時，政府應開放更多公有地，鼓勵擴增太陽能和風能，如此才能確保足夠的綠色能源推動美國安渡二十一世紀。此外，在美國公有的森林、草地和灌木林土地上開採化石燃料產生的溫室氣體排放量，目前僅封存大約一五％。[76]在為期數年的綠色時代轉型期裡，完全斬斷化石燃料開採、酌情重新造林，可以讓公有地成為努力吸收工業碳排放的美國之肺。

農場的運作模式由機械操作轉移至數位化管理，使得糧食作物從種植、收穫、儲藏到運輸等方面都與以往大不相同。對美國農民、食品加工業者、批發商及經銷商來說，農場逐步導入物聯網基礎設施可望大幅提升總合效率和生產力。現在，農民已經可以應用安裝在農地的感測器監測天氣狀況、土壤濕度變化、花粉傳播及其他影響產量的因素，這套農場物聯網也正搭配自動化回報機制，以便確實掌握農作物的適當生長條件。

隨著整道供應鏈都逐步植入感測器，循線追蹤農作物從落地生根到抵達全美零售商店、農民、加工業者、批發商和經銷商等各段終點的漫長農業旅途，物聯網基礎設施也一步步架構而成。全體業者都可以採集整道價值鏈的大數據，還能在過程中提升總合效率，並在管理、供應農場電力、加工與運輸食物期間，降低邊際成本、減少生態足跡，終至帶領食品工業在全新的智慧數位網網相連加持下，走出化學舊時代、邁向生態新時代。

韌性時代來臨

我們傳布、開發地球能源、四處行動、遮風避雨，乃至於吃喝方式都是組成經濟和社會生活的必要條件，以至於我們將它們視為理所應當，直到我們思考和運用它們的方式遭到強大外力破壞，引爆一場變革，顛覆我們自身的社會取向和對周遭世界的理解。在更數位化的生態社會中，我們的生活方式大為改觀，與生活在機械式化石燃料文明中的先祖截然不同。就這層意義而言，綠色新政的基礎設施不僅僅跟我們所認知的再也不一樣，它本身也徹底質變。

化石燃料時代登場之初，法國啟蒙運動時期思想家孔多賽侯爵（Marquis de Condorcet）曾寫下這段鬥志昂揚的短語，真切掌握法國大革命鼎盛時期的新思想精髓，如今仍言猶在耳，時時刻刻提醒我們，謹記兩個世紀以來，我們如何走到今天這一步。當時他這麼說：「人的能力浩瀚無邊……人的完美性永無止境……這種完美性的進展自此掙脫所有羈絆它的力量，除了自然賦予我們活在地球的這段時間，別無所限。」[77]

孔多賽的遠見被喻為進步時代（Age of Progress）的哲學框架。如今陷入化石燃料文明所掀起的腥風血雨，我們更明白了。我們少有聽聞富含進步時代和「人的完美性」精神的頌歌，即使在當時，這道呼求也遭到打壓。此際，韌性時代已經到來。綠色新政基礎設施便是專為韌性時代設計。地球正籠罩在不斷加劇的極端氣候事件，建構、應用和操作綠色新政基礎設施將賦予我們能力，適應曾經馴化但現今正在野化的自然環境，也讓我們即使置身這般窘境也有機會絕地逢生。

這就是為什麼數百萬名年輕美國人組成，充滿希望的綠色軍團、氣候軍團、基礎設施軍團和保育軍團，在即將到來的時代中，不僅僅只是找尋新商機和新就業機會的梯隊。這些隸屬於聯邦、州和地方等各級政府的建議機構，將是因應氣候事件救災與復原任務的第一線應變人員，畢竟這一類極端事件將成為越來越常見的新常態，而非什麼罕見異象。倘若我們想要成功適應眼前正在野化的未來，每一個社群都得繃緊神經，開展新的災難救助模式。

在這個新世界中，國家安全所面臨的威脅將更頻繁來自氣候災難，而非軍事威嚇。美國國防部所在的五角大廈（Pentagon）、軍隊及各州國民兵正在重整任務，並逐步優先部署因應氣候事件的關鍵行動。美國面對的新現實是，所有社群都無法自外於急劇變化的氣候。在韌性時代，任何人的家園都可能變成弱勢社區，沒有人可以真正擺脫地球的怒火。綠色新政的智慧化第三次工業革命基礎設施，是我們適應氣候變化的第一道防線。就某種意義而言，它也是我們邁入未來的命脈。

4 引爆點：化石燃料文明約於二〇二八年瓦解

四大主要產業得為全球暖化氣體排放負起大部分責任，它們與化石燃料脫鉤、重新與綠色新政的新興再生能源產業密切合作，正迅速把社會逼向化石燃料文明的崩潰邊緣。二〇一八年六月，英國劍橋大學的劍橋環境、能源與自然資源治理中心（Cambridge Centre for Environment, Energy and Natural Resource Governance）科學家在期刊《自然氣候變遷（Nature Climate Change）》發表一份內容詳實、涉獵廣泛的研究報告，總結這道碳泡沫（carbon bubble）問題已不再與政府的排放目標連動，而是與進行中的科技革命息息相關，甚至「即使美國等主要化石燃料生產國拒絕採行減緩氣候變遷相關政策，這股浪潮依然聲勢強勁。」[1]

報告作者群分析：「我們的結論是，如果不早一步讓這顆泡沫消風，繼續支持它存在，很可能會折損全球財富一至四兆美元，與二〇〇七年金融海嘯的規模旗鼓相當。」

不過，「倘若我們能夠盡早脫碳，就可免除蠢蠢欲動的泡沫破裂所引爆的嚴重經濟損害」。該文進一步闡述：

> 無論是否採納全新的氣候政策，就當前的技術轉型來看，全球對化石燃料的需求成長已然放緩，接下來的問題便是，在當前的低碳技術擴散速度下，化石燃料資產是否必定會在再生能源、運輸燃料效率與交通運輸電氣化等發展軌跡之下被擱置一旁。實際上，由於投資和政策決定都是往日遺物，因此現今正如火如荼上路的技術轉型對化石燃料的價值具有重大影響。被擱置的化石燃料資產極可能占比龐大，金融產業面對低碳轉型的因應之道很大程度將取決於，碳泡沫破裂是否可能引發類似二〇〇八年的危機。

報告的作者群建議，太陽能、風能價格的競爭優勢，可能迫使疲軟的石油產業無視虧損，調降全球市場的石油價格，以便盡可能從地表下、海洋中開採最大量的剩餘石油，並最小化剩餘被擱置的資產。以下說法引自報告：「低化石燃料價格可能反映在生產國打算『出清』資產的意圖，也就是說，儘管市場對化石燃料資產的需求下降，依舊維持或提高產出水位。」若此，便意味著全球暖化氣體排放可能會激增至引爆災難的程度，輕易越過溫度升幅最高攝氏一．五度的門檻數值。

在二〇二〇年實現二〇一二〇一二〇脫碳方案

且讓我們暫停一下，回顧歷史上的相關事件。一開始是政府強行制定減少全球暖化氣體排放的目標，隨後而來則是發展迅速的科技創新導致再生能源成本急速崩跌。

正如第二章詳述，二〇〇七年時，歐盟委員會、歐洲議會便逐漸凝聚出一道共識，若欲引導歐盟脫離化石燃料文化，有必要橫跨三大相關領域，制定出具有法律約束力的目標，而且所有成員國都必須接受並採用：急速提高能源效率、歷史性轉向再生能源、大幅減少全球暖化氣體排放量。每一道強制性目標都與其他相輔相成，協助歐盟朝向二〇五〇年完全轉型成後碳經濟的終極目標邁出第一步。

二〇〇五年十一月，梅克爾當選德國總理，全世界迎來重要的頓悟時刻。這場聯邦選舉最引人矚目之處是，梅克爾所領導的基督教民主聯盟（Christian Democratic Union，簡稱基民盟）與社會民主黨（Social Democratic Party，簡稱社民黨）合組大聯盟政府，提拔法蘭克─華特．施泰因邁爾（Frank-Walter Steinmeier）接任外交部長，擢升西格馬．加布里爾（Sigmar Gabriel）擔綱環境、自然保護及核反應爐安全部長。

德國在解決氣候變遷、期盼將境內經濟從化石燃料轉型為綠色能源方面，無庸置疑已是領跑全球的國家，尤其是一九八〇年代才乍然崛起、嶄露頭角的綠黨，如今已成為舉足輕重的政黨，時時敦促前述兩大政黨採取企圖心更強烈的立場。綠黨的表述最終演變成綠色議程，社民黨和基民盟擷取大部分內容作為己用。基民盟和社民黨在綠黨助攻下合組龐大的聯盟，敞開政治破冰可能性的大門，或許得以進而改變歐洲的立場表述與未來方向，最終成為轉型綠化的全球領袖。

純粹出於機緣巧合，二〇〇七年一月一日至六月三十日止，德國正好輪值歐盟理事會主席；按照規定，每個會員國都必須輪流擔任。德國一向是歐盟區的主力推動國，加上二〇〇七年時，五大政黨中的基民盟、社民黨與綠黨意識形態趨於一同，因此提供一道獨一無二的大好機會，得以改變歐洲的路線，推動這塊古老大陸邁向後碳時代的綠色典範。所有我們需要完成的任務就是，促成歐洲議會五大主要代表政黨齊心協力合組類似聯盟，並通過一份書面聲明，用以呼籲歐盟為各個成員國的脫碳進程強制執行嚴格的法律目標。德國擔綱主席這半年便將成為決定性時刻。

安傑羅・康索利是我們布魯塞爾辦公室主任；我也拜會歐洲議會資深成員尤・萊

能（Jo Leinen），他同時是德國社民黨的權威先進，制定聯合歐洲議會內五大主要政黨的行動策略，它們分別為：歐洲人民與歐洲民主黨團（European People's Party–European Democrats），主要是由歐洲各地的基督教民主政黨聯合組成的黨團；社會黨團（Party of European Socialists）；綠黨與歐洲自由聯盟黨團（Greens–European Free Alliance）；歐洲自由與民主聯盟黨團（Alliance of Liberals and Democrats for Europe），以及歐洲聯合左派與北歐左派（European United Left–Nordic Green Left）。這套行動計畫的目標是合縱連橫制定一套歐洲議會宣言，以提高能源效率、產出綠色能源、減少全球暖化氣體排放，並強制要求所有成員國落實目標。

在歐洲議會中拍板正式書面聲明的情況實為罕見，相關規定要求必須在極為緊迫的九十天之內通過，光這一點就讓整樁任務變得極度困難、無比艱鉅。我們的議會團隊在歐盟五大主要政黨廣召支持者，並開始登門拜會差不多數百位議員、他們的立法主任和參謀長，以便尋求支持。這份宣言最終是在截止日期前幾天正式通過，內容如下：

歐洲議會

——關於《議事規則（Rules of Procedure）》第一百一十六條，

A、有鑑於全球暖化、化石燃料成本持續上升，並顧及歐洲議會和委員會已就能源政策與氣候變遷的未來展開辯論，

B、有鑑於後化石燃料、後核能願景應該是歐盟的下一項重要專案，

C、有鑑於能源獨立性的五大關鍵因素為：最大限度提高能源效率、減少全球暖化氣體排放、優化再生能源的商業導入程序、建立氫燃料電池技術以便儲存再生能源，以及打造智慧電網以利分配能源，

一、呼籲歐盟各機構應：

力求至二〇二〇年可提高能源效率二〇%，

至二〇二〇年減少溫室氣體排放量三〇%（與一九九〇年的水準相比），

至二〇二〇年，再生能源將產出三三%電力、二五%總能源，

至二〇二五年，所有歐盟成員國均開始使用可攜式、固定式和運輸用途的氫燃料電池儲存技術與其他儲存技術，並打造分散式、由下而上的氫能基礎設施系統，

至二〇二五年，智慧、獨立的電網上路，以便各地區、城市、中小型企業與公民得以根據現行網際網路採用的同一套公開取用原則自行產出、分享能源；

二、責成主席轉發這份宣言連同簽署國之名給委員會、各成員國政府及各國國會。[2]

歐洲議會這份宣言強化歐盟委員會幾樁正在制定中的類似強制法案，因而提供德國必要的支持，確保歐盟這套二〇一二〇一二〇脫碳方案得以實現。

二〇〇七年六月，於德國的主席任期結束前幾天，西格馬．加布里爾請我參加任期閉幕會議，並且共同對二十七位環境部長發表主題演講，正式宣布歐盟的新後碳之旅即將啟程。

有必要強調的是，歐盟拍板定案的三大強制性目標引領每一個會員國打造自己的計畫，以便實現設定好的所有目標；這些目標中最重要的一道，是強制規定二〇二〇年歐盟區所使用的能源中，二〇％得是再生能源，特別是太陽能和風能。[3]其他國家為求實現這項目標，紛紛開始效法德國的先行經驗，導入再生能源固定價格收購制度，可促使早期採用者產出綠色能源，並採高於市場行情的價格回售電網。

這套固定價格收購制度的真實價值，遠遠超出歐洲達成自訂的再生能源目標，它所提供的誘因不只鼓勵大量的小型綠色能源生產商進入市場（主要採取電力合作社的形式），更促使企業加快研發速度直達火熱地步，進而催生全新的技術創新，並大幅降低太陽能與風電的固定成本；十年後，在某些情況下，使用新能源的價格可望接近、甚至低於傳統的化石燃料能源。設定合法的強制性目標，佐以固定價格收購制度以便促進有競爭力的再生能源產業發展，便是掀起一場偉大的破壞行動，將當前的化石燃料文明更推向崩潰的邊緣。

能源供應大破壞：綠能即將越過底線

但是我們如何知道在這個碳時代中，歐洲與全世界距離最後階段還相當遙遠？首先，由於太陽能與風能的研發技術、部署工程湧現各式各樣創新，因而壓低再生能源價格，使得這套問世不到十年的固定價格收購制度已在歐盟與全球其他地區逐步取消；[4]再者，中華人民共和國也緊隨歐洲之後加入這場賽局，補貼自家的太陽能和風能技術產業，助長它們成熟壯大，甚至遏制產出再生能源的價格，順勢推升太陽能和風能成為促進社會發展的主要動力。

雖然補貼太陽能、風能和其他再生能源的措施，從導入到逐步取消大約僅花短短十年，但已經主宰市場兩百年的化石燃料能源仍享有讓人瞠目結舌的稅後補貼。儘管它們現在正快速移至全球會計表上的擱置資產欄目，但截至二〇一五年，全球每年補貼金額高達五兆三千億美元。在大多數情況下，稅後補貼的計算定義是：「能源消耗造成的環境危害與供應成本一樣真實……而且如果未能完全內部化便意味著，使用化石燃料所造成的某些災害，並非由使用燃料的消費者承擔，這便構成一種形式的補貼。」[5]

有一道問題引起某些人急切的好奇心，但其他人則十分存疑：二〇一七年，儘管太陽能和風能有如旭日東昇，但僅占全球能源產能的三%，在此情況下，它們如何能逼退化石燃料文明？[6]

經濟學中有一道鮮為人知的基本原則，甚至多半被金融圈、商業界龍頭集團忽略，但是它在預測熊彼得的「創造性破壞」方面卻非常先進準確。

總體而言，企業或部門的規模對投資者的影響不如成長曲線來得大，只要他們的投資成果顯示持續成長，就會繼續與企業同在；要是成長頓失動力，他們不僅會注意到，往往還會因此意興闌珊。一旦全新挑戰者橫空出世，即使看起來無足輕重，只要開始展現加速的成長力道，甚至是像指數暴衝般的成長曲線，投資人的忠誠度就跟著變心了。

關鍵在於臨界值，也就是說，當挑戰者從現存玩家手中搶下僅三%的市場占有率時，後者的銷量往往已經登峰造極，即將盛極而衰，走到這一步便是預示最終消亡。[7]在前文提過的碳追蹤計畫專門追蹤氣候風險，首席能源策略師金斯密．龐德（Kingsmill Bond）觀察到，這道創造性破壞原則適用所有商業領域，但用於分析歷史上的能源典範轉移時格外顯著有力。舉例來說，當電力僅占照明需求的三%時，煤氣照明需求便成長緩慢。[8]

再次聲明，我們必須思考的關聯性不在於現有玩家與競爭者之間的規模差異，而是每一名玩家的銷量成長幅度。即使挑戰者的市場占有率僅僅是微不足道的一%，若能創造出二〇%的成長率，很可能十年後它就能一口鯨吞所有遞增的成長。我們也可以換個角度檢視，要是競爭者的成長率高達三〇%，但整體市場成長率僅為一%，那麼，競爭者搶下三%市占率的關鍵時間點來臨時，很可能同時間現有玩家的銷量已達極限。[9]

金斯密．龐德細述當前歐洲與全球能源轉型的四大階段。第一階段是太陽能和風能逐步提高電力供給率直到二%，這是初始的創新階段；第二階段是太陽能和風能包辦五%至一〇%電力供給率，這是攀達尖峰階段；第三階段是太陽能和風能囊括一〇%至五〇%市占率，[10]這是快速變化的階段。喪鐘敲響的時刻是當太陽能和風能主宰超過五成市場。攀達尖峰的第三階段是金融市場轉折點，因為這時市場對化石燃料能源的需求達到頂峰，這門產業也開始流失市場。

在此有必要在方程式中加註一項附加要素，以利理解能源領域中一場龐大破壞行動的完整意涵。二〇一七年，全球未經轉化的初級能源（primary energy）中，四三％用於發電；[11]在未來幾十年中，隨著交通運輸產業與化石燃料脫鉤，移向電網供電的電動車，電力產業將使用越來越多的全球初級能源。

根據碳追蹤計畫所做的預估，過渡期的關鍵時刻是當太陽能和風能供應全球一四％電力。[12]歐洲在二〇一七年已突破一四％的臨界值，當時太陽能和風能所供應的發電量已達一五％；同一時期，這兩者僅供應美國八％、中國六％、拉丁美洲五％、印度五％、非洲二％，中東則不到一％。總的來說，二〇一七年，太陽能和風能供應全球總電力達六％。[13]

這個過渡期的關鍵時刻與引爆點何時將在全球發生，一舉擱置數兆美元的化石燃料資產並戳破碳泡沫？就預測全球未來的能源供應層面而言，兩大關鍵變數是全球能源需求成長率，以及太陽光電、風能供應的成長率。[14]金斯密．龐德的觀點如下：

如果我們拿這兩大因素提出假設，有可能算出哪一天化石燃料需求將會攻頂……假設總能源需求成長率是一．三%，比五年平均值略低，太陽光電與風能供應的成長率則為一七%，前提是供應成長持續呈現S曲線走勢，成長率就會隨著時間拉長從二二%往下修正。最終我們會得出，化石燃料需求尖峰將落在二〇二三年。[15]

龐德坦承，碳追蹤計畫假設的「總能源需求成長率是一．三%、太陽光電與風能供應成長率為一七%，尚有討論餘地」，因此他基於全球能源需求成長率介於一%至一．五%、太陽光電與風能供應成長率為介於一五%至二〇%之間，提供好幾套應用場景，結果所有情境「都會歸納出化石燃料需求尖峰將落在二〇二〇年至二〇二七年間的結論」。[16]

在美國，至少太陽能結合風能的成長率精準地與碳追蹤計畫同軌。二〇一三年，太陽能與風能占總體發電量四%，自此每一年都再往上增加大約一個百分點；到了二〇一七年，太陽能與風能占總體發電量已達八%，估計二〇一九年底將達一〇%。[17]假設這個增速不變，美國的太陽能與風能占總體發電量可能會在二〇二三年底達一四%，或是很接近這個引爆點。

這場血淋淋的大屠殺已觸手可及。在許多情況下，太陽能和風能的成本已經低於當前燃煤與燃氣發電廠的營運成本。[18]隨著每天越來越多太陽能和風能併入電網供電，營運中的燃煤和燃氣發電廠顯得缺乏競爭力，電力公司將被迫關廠，至此便意味著這筆投資資本將永遠無法回收。

早期，天然瓦斯業者主張，有必要安裝新世代的燃氣發電廠，為此還提出兩大看起來讓人信服的理由：首先，天然瓦斯是化石燃料中最不費事處理的類型，而且二氧化碳排放量低於煤炭與石油，因此很適合當作邁向低碳社會過程中的過渡期燃料；其次，當太陽下山、平靜無風的時候，我們就需要天然氣發電廠待命上陣，以便提供儲備用電，特別是遭逢用電尖峰期。電力公司擔心這種狀況可能發生，便開始安裝全新的燃氣發電廠，檯面上的說法是為了支持容易生變的再生能源。

電力公司理當心知肚明實非如此。二〇一一年時，歐洲所有新產出的電力六八%源自太陽能和風能；[19]實際上，二〇一一年時，已經有充足的太陽能和風能匯入歐盟電網，因此急就章安裝落成的燃氣發電廠只會偶爾使用或根本派不上用場，再次證明它們的資金成本將永遠無法回收。綠能路線已經開通了，現在大家也已體認到，當太陽能與風能打底的電力系統跨過一四%至一五%的滲透率門檻時，便將從化石燃料打底的電力系統手中接過匝道出口的地位。如前所述，二〇一七年歐盟已經率先實現。

「未來幾十年，由於太陽能和風能容易生變，仍需要傳統化石燃料發電做備援，以應付斷電的不時之需」，這種觀念已經變成一則現代的城市神話，很大程度是天然氣產業到處放送所致。但實情並非如此——電池、氫能燃料電池的儲存成本正急速下降，因此可以輕而易舉地提供備用電源，足以彌補太陽能和風力發電的善變天性。選擇適當的太陽能混合風能產品組合；認識所有綠色能源類型在不同季節的變異性，並對比全年不同時期電力需求的變化情形，亦有助維持可靠的電力流；更嫻熟管理需求層面、升級電網規則，並加快從伺服節能機械系統轉型至數位電網的過程，然後訓練它更聰明、更高效地整合基本及尖峰負載時段的電力調配，同樣也適用於維護電力所需的電網穩定性這項任務。[20]

當「擱置資產」、「碳泡沫」等字彙被胡亂誤用，這些新近冒出頭的現實可能為全世界的經濟與文明帶來的可怕影響，往往在喧囂之中被淹沒忽略。然而，知道壞消息的嚴重程度很重要，這樣人類才能做好心理準備，面對化石燃料文明即將崩潰帶來的震撼及隨之而來的社會破壞。

我們也應謹記在心，在這種情況下，壞消息就是好消息。化石燃料時代越早崩潰，人類可能更迅速拓展智慧化全球綠能基礎建設的前景就越光明，引領我們進入碳生態文明，但願能及時拯救我們的物種、與我們同在的生物以及我們居住的地球。

錯失崩潰警告的代價

那麼，舊時代能源秩序崩潰、新能源體制誕生的景況，將是何種面貌？我們已有先例，因此可以略窺一二早就等在我們社會前方的未知前景。歐盟目前正處於轉型期，正好是潛在危險的預示。

我們太晚才體認到，龐大破壞力即將席捲歐洲，這是第一道系統性故障。在二十一世紀的第一段十年期，一場雙重危機就發生在全球機構、國家政體和商業界的眼皮底下，但它們絕大多數天真無知或漠不關心各方湧現的暗黑勢力。一九八〇年代中期至二〇〇三年秋季，原油價格一向穩定落在每桶二十五美元左右，勞資雙方與各自的家庭都幾乎不曾費事多心。但二〇〇三年秋季以後，油價便開始穩步攀升，直到二〇〇八年七月攀抵每桶一百四十七美元的歷史高點才終於停下來。21

在這段期間，全球規管機構、國家政府與商界對此依舊視而不見，直到二〇〇七年油價衝破每桶九十美元才驚覺苗頭不對。同一時間，全世界最貧窮國家爆發糧食暴動，部分原因是小麥、玉米、大豆和稻米等大宗商品價格飆高所致。稻米的平均價格暴漲二一七％、小麥一三六％、玉米一二五％，大豆則是一〇七％。[22]全世界幾百萬名窮人沒有足夠食物可吃，導致恐慌蔓延。

其他人漸漸明白一件事，當油價開始突破每桶九十美元時，經濟活動中所有產品的價格也都隨之水漲船高。雖說在工業化程度較高的國家裡，油價上漲影響交通運輸甚鉅，但一般公眾其實不甚明瞭，化石燃料的價格會影響幾乎所有我們生產、消費的商品價格。我們的農藥和化肥、建築材料、成藥、包裝、食品防腐劑和添加劑、合成纖維、電力、暖氣、照明等琳瑯滿目的用品，都是我們從地底下、海底層提取碳沉積物所製成或運送。

二〇〇七年春季，油價上漲導致購買力放緩，全球經濟運作失靈。油價泡沫絕非無關緊要的小事，而會反向拖累企業成長、削弱全球各地消費者的購買力，尤以開發中國家最明顯。不用說，國際石油企業的獲利屢創新高，但同時所有產業的供應鏈使用的原材料價格一飛沖天，幾百萬家公司無力負擔，紛紛宣告倒閉。[23]

在此謹提供第一手經驗。家父創辦一家小規模製造公司，主要業務是將聚乙烯薄膜轉製為塑膠袋。這家資歷超過五十年的公司聘雇大約十五名員工，但是就在二〇〇七年、二〇〇八年間油價直衝雲霄之際，聚乙烯薄膜的價格也一路飆升，隨後經濟急速崩盤，意味著包裝需求銳減。結果是，在金融海嘯期間這門家族企業破產收攤，半個世紀的經營史劃下句點。

二〇〇八年夏天，次級房貸泡沫爆破，經濟再次大受打擊，金融圈、商業界全都聲稱此情此景前所未見，但我難以苟同實為如此，也對它們的道德可信度深表懷疑。更可能的情況是，它們置身象徵榮景的多頭市場，成長曲線看似能一路向上、無從阻擋也不會逆轉，於是被英國經濟學家凱因斯（John Maynard Keynes）所說的「動物本能（animal spirit）」上身，對警告充耳不聞。銀行家轉瞬之間大賺一筆。

全球經濟癱瘓，連同隨之而來的金融海嘯壓抑全球各地的電力需求，導致已經挹注前期廠房投資的發電與電力部門乏人問津，部分停工擱置。

另一道系統性失靈是，不理解二〇〇七年歐盟做出能源轉型的全部意涵：除了要將這個全世界最大的經濟體，從化石燃料轉變成再生能源，同時也要達成更高的能源效率、減少全球暖化氣體排放。歐盟端出具有法律約束力的政策，鎖定再生能源產出，而且慷慨補貼還採取固定價格收購制度的形式，吸引成千上萬的新玩家一窩蜂投入能源產業，在屋頂上架設太陽能發電面板、在地面豎立風力發電機組，將集成的綠色電力回售電網。

據我所知，我的辦公室是第一個使用「零邊際成本再生能源（zero marginal cost renewable energy）」這個說法的代表。這套概念似乎未獲電力生產商認同，多年來它們氣急敗壞地向我解釋，堅稱太陽能和風能的邊際成本不可能為零，儘管太陽和風力顯而易見幾乎是免費唾手可得，和煤、石油與天然氣非得人工開挖不同，一旦還清硬體設備所有的固定成本就是源源不絕的收益。

零邊際成本的再生太陽能、風能，很快成為發電和電力產業聞之色變的名詞。不僅是產出太陽能電力的邊際成本趨近於零，更因為通常下午時段是發電需求尖峰，帶動輸出也攀升尖峰，電力公司因而獲取最大利潤。在德國，太陽光電將尖峰用電價格壓低四〇％至六〇％；整體而言，二〇〇七年至二〇一六年，每日平均電價下降三〇％至四〇％，因而侵蝕電力公司的利潤。[24]

隨著太陽能和風能發電的固定成本，有如指數曲線一般崩跌，產出全新綠色能源的邊際成本因而趨近於零；加上固定價格收購制度提供綠色電力高於市價的優惠高價，整體條件已臻成熟，足以引爆完美風暴。天然氣和燃煤發電廠的利潤閃崩，利用率連帶狂跌，最終成為擱置資產。

請謹記一點，正值再生能源僅占整體市場一四%時，歐盟國家中以化石燃料為基礎的發電和電力公司便幾乎潰不成軍，徒留大批擱置資產。二〇一〇年至二〇一五年這五年間，歐洲電力產業的損失總額超過一千三百億歐元（約合新台幣四兆六千億元）。未來幾年，歐洲發電和電力公司市場的亂象將更失序無度。

就歐洲領先的十二家電力公司而言，不動產、廠房設備和商譽的「帳面價值」與「企業價值」之間不一致早已引起人們關注：市場價值僅達帳面價值的六五%，其間差異頗大，意味著驚人虧損仍待引爆。有鑑於這十二家規模最大的電力公司列舉的帳面總價值達四千九百六十億歐元（約合新台幣十七兆五千五百億元），當一項研究指出「價值三千億至五千億歐元的資產面臨經濟上陷入困境的風險」，[25]這個數字並非危言聳聽。

顯然，全世界許多其他地方都沒注意到發生在歐盟的事。幾大天然氣生產國還在繼續提高產量、在各大洲安裝輸送管，並在激烈競爭中打造跨洋供應管線，以期在全球市場分一杯羹。美國官方機構能源資訊管理署（Energy Information Administration）預測，美國的天然氣產量「二〇一八年至二〇二〇年，每年成長七%」。[26]很大一部分來看，當今天然氣價格比煤礦便宜，因此這股成長力道來自電力部門為了減少二氧化碳排放量、降低成本，正從燃煤發電轉型成為天然氣發電，推升需求不斷成長。雖說這一點無可否認，但更重要的發展是，太陽能和風能現在的價格足與天然氣相提並論，甚至在某些情況下還更便宜，這一點便再次改變遊戲的方程式，而且這次獨厚更清潔的再生能源。[27]

產研機構彭博新能源財經二〇一八年的研究顯示：「不僅是風能和太陽能的技術成本持續降低，儲存這些容易生變的再生能源電池成本也一再減少，煤炭與天然氣在全世界各種發電組合的地位正面臨與日俱增的威脅。」能源經濟領域負責人艾琳娜．雅娜可普魯（Elena Giannakopoulou）指出，有些已化為沉沒成本的燃煤和天然氣工廠可能偶爾會被使用，但她繼續說明：「隨著電池開始侵蝕化石燃料工廠具備的靈活性和營收尖峰，建造全新燃煤和天然氣產能的經濟學典型教案正在崩壞。」[28]

撇開價格競爭，發電和電力產業繼續辯稱，若是少了天然氣發電廠為它們儲存能源以便支持電網的可續性，容易生變的再生能源根本毫無勝算。天然氣產業不僅毫無愧色，還信心十足地看好天然氣的未來。美國天然氣協會（American Gas Association）政府事務部門主管理查．梅爾（Richard Meyer）說：「我敢打賭，採用天然氣將可持續支持低碳未來，天然氣在電力領域有機會提升比重。」[29]

當然，天然氣輸送管、發電廠和附屬設施的所有支出都顯示，至少就目前為止，「天然氣開採熱潮（gas rush）」氣勢如虹，但倘若他所言屬實，那便意味著，踩紅線的行為著實嚴重——紅線指的是《聯合國氣候變化綱要公約（United Nations Intergovernmental Panel on Climate Change）》規定，全球暖化排放保持在攝氏一．五度以下的門檻數值。

但是天然氣用量增長的情況不太可能發生，這不是因為全世界政府已經設好一道具有約束力的二氧化碳排放目標（事實上多數政府根本沒這樣做），而是由於市場機制已經確立這項過程的最終成果，也就是太陽能和風能的技術成本，緊隨著電池儲存成本下降而大幅探底。我們可以為此感謝歐盟。十年前，歐盟成員國承諾實施具有約束力的法律目標，輔以短期的固定價格收購制度以便鼓勵早期採用，進一步大幅放寬業務，好改進太陽能和風能的營運績效及效率，終而顯著降低成本。中國亦步亦趨，境內各家企業導入創新效率之道，進一步降低太陽能和風能發電成本。

如前所述，中國很快就超車歐洲，躍為低價、高效的太陽能和風能技術領先生產商，並開始出口全世界。二〇一六年，中國推出十三五計畫，同時政策大轉向，改在國內市場大量生產、銷售和安裝便宜的太陽能和風能技術。[30]中國這次聚焦境內安裝、集成太陽能和風能，恰恰躬逢中國的電網數位化升級大計，使得中國企業和社區得以自主生產接近零邊際成本的再生能源，同時也可以不再依賴公共事業，甚至可以回售電網。

全世界的能源、發電和電力公司，是否有可能完全不把這道在歐盟、中國引爆的超大破壞放在心上？頗讓人懷疑！我定期拜會歐洲、亞洲和美洲的能源、發電和電力公司，他們其實心知肚明，因為數字會說話，他們自己算得出結果，而且還會觀察歐洲和中國的發展進度。但是他們還是不為所動，繼續推動為時四十年的跨洲天然氣管道基礎設施建設工程，並安裝全新的燃氣發電廠，徒增全球暖化氣體排放和未來擱置資產的總和結果。

北美對化石燃料崩潰視而不見

「天然氣開採熱潮」方興未艾，全世界名列前茅的兩大玩家就在北美。美國是全球頭號天然氣生產國，北方鄰居加拿大則是第四大生產國。[31]川普政府立誓要盡可能利用一切機會，將天然氣推上檯面，一邊供應國內消費、一邊外銷出口；加拿大政府卻是善用一切公開機會，炫耀自己在脫碳方面的領導地位，以及在積極對抗氣候變遷的行動中發揮卓越貢獻。不過，每當談到發放許可證、承銷天然氣相關專案時，加拿大政府也沒錯過任何機會就是。這些誤導性政策就像是在北美地區大開化石燃料外溢的水龍頭，唯恐在美國、加拿大和全世界造成負面的經濟後果。

這些逐漸成型的新興軌跡，對擱置的化石燃料資產、北美碳泡沫，以及美國和加拿大的經濟不穩定，有什麼意義？先看美國方面。曾為美國政府下轄的國防部、能源部以及全世界其他政府提供建議的洛磯山研究中心（Rocky Mountain Institute）發表一份鉅細靡遺、包羅廣泛的二〇一八年報告《清潔能源組合經濟學：再生與分布式能源資源如何在競爭中脫穎而出並可壓抑天然氣發電投資（The Economics of Clean Energy Portfolios: How Renewable and Distributed Energy Resources are Outcompeting and Can Strand Investment in Natural Gas-Fired Generation）》。

這份報告回溯過去，並歸納瘋狂搶進美國電力系統中的天然氣開採熱潮，「可能到了二〇三〇年便有一兆美元費用受困此領域」。讓我們從頭看起。曾招致全球豔羨的美國電網正在老化，到了二〇三〇年，逾半服役超過三十年的火力發電廠將被淘汰。當前的家用天然氣價格低廉，早已刺激業者大手筆投資新一代天然氣火力發電廠，預期二〇二五年將達到一千一百億美元規模。到了二〇三〇年，電力產業將被迫花費超過五千億美元汰舊換新，同時還得斥資額外的四千八百億美元購進維持發電廠繼續營運的燃料，前後總成本大約是一兆美元。但在太陽能和風能價格暴跌的時代，它們的價格競爭力足與天然氣相提並論，甚至再過短短幾年成本還會更便宜，屆時邊際成本幾乎為零，全球暖化氣體排放量也為零。[32]

最終損失將讓人瞠目結舌、不容樂觀，不僅使美國發電和電力產業深陷困境，徒增上兆美元的擱置資產，更可能到了二〇三〇年時排放出五十億噸二氧化碳，二〇五〇年則激增至一百六十億噸。[33]

洛磯山研究中心執行一場比對研究，拿計劃中已經準備好在尖峰時段營運的複循環氣渦輪機發電廠（combined-cycle gas turbine power plants）和燃氣輪渦輪發電廠（combustion turbine power plants），與已經優化、針對特定地區的再生能源和分布式能源等相似服務來比較，研究結果顯示，在所有四種情況下，優化過的清潔能源組合，比計畫中的煤氣廠更具成本效益、營運風險更低。

這項結論隱含的意義相當驚人。數據顯示：「再生能源產業中，過去曾促使早期燃煤發電廠退役的同一套技術創新與價格下跌，現在正對天然氣投資產生威脅。」[34]對美國發電和電力產業來說，洛磯山研究中心的研究成果可說是一記潛在的晴天霹靂，如果這門產業能夠及早醒悟，可能在短短十年內就迅速從化石燃料轉向綠色能源。為此，有必要詳盡分享洛磯山研究中心的結論：

> 我們的分析顯示，廣泛檢視研究案例後，地區型態的特定清潔能源組合已經超越計畫中的燃氣發電機組，而且／或者可能在未來十年侵蝕後者的收入。因此，目前正處於計畫或興建中造價高達一千一百二十億美元的燃氣發電廠，連同所有服務這些電廠的三百二十億美元燃氣輸送管，都已經陷入淪為擱置資產的風險中。對公用事業與獨立電力生產商這些天然氣專案的投資方，以及負責批准得以在垂直領域進行投資的監管機構來說，這一點具有重大影響。[35]

美國的北方鄰國加拿大也大手筆投資探勘、開採與銷售天然氣，儘管它一向被視為致力保護環境與自然資源的國家，仍有高度與化石燃料能源息息相關的暗黑面。加拿大中央政府、數省地方政府、金融界和企業界，都和美國一樣滿腦子只想著化石燃料。

近年來，環保組織大部分的批評內容都聚焦西部的亞伯達省（Alberta）開採瀝青工程。他們三不五時就抗議、興訟，而且爭取修設法規，試圖遏止加拿大經濟上利潤豐富的此類企業。加拿大是全世界第四大原油生產國，僅次於龍頭美國、沙烏地阿拉伯與俄羅斯；它採掘、提煉的化石燃料比伊朗、伊拉克、中國、阿拉伯聯合大公國、科威特、巴西、委內瑞拉和墨西哥還要多。我猜想，這一點會讓全世界其他大多數國家非常驚訝。[36]鮮少人知道，西部的卑詩省（British Columbia）北部擁有豐富的天然氣儲量，因此早已涉足化石燃料領域。近十年來，天然氣的水力壓裂技術（fracking；編按：利用水壓粉碎岩石以提取緊附岩石的石油）取得重大突破，加上發現豐富的天然氣儲量，此地已經吸引各路人馬搶進，利用水力壓裂技術開採石油。

卑詩省是研究競爭願景的理想個案：一邊致力開創化石燃料的未來，另一邊則極力塑造綠色的後碳時代。溫哥華、周遭城市與位於卑詩省北方的許多第一民族（First Nations；編按：數個加拿大境內原住民的通稱）聚集地帶，都強烈支持「保護綠色加拿大」的目標，大溫哥華都會區常常被喻為全世界最環保的治理轄區之一。這些競爭願景讓這個地區成為新、舊能源戰爭的矚目焦點，其最終結果將有助我們判斷，加拿大其他陷於這兩道未來路線的地區會如何抉擇，

二〇一八年十月二日，加拿大推誠布公地展示它在化石燃料領域的力量。總理賈斯汀．杜魯道偕同卑詩省長約翰．賀謹（John Horgan）、加拿大液化天然氣計畫（LNG

Canada）數名代表召開記者會，宣布興建液化天然氣輸送管。這項大型專案背後有一批國際集團出錢出力，主導企業是荷蘭皇家殼牌集團，其他包括日本的三菱商事株式會社（Mitsubishi Corporation）、馬來西亞國家石油公司（Petroliam Nasional Bh）、中國石油天然氣公司（Petro China）與韓國瓦斯株式會社（Korea Gas Corporation）。[37]

這條輸送管總共延伸六百七十公里，將天然氣從卑詩省東北部的道森河市（Dawson Creek）傳輸到港口城市基蒂馬特（Kitimat）沿海的加工廠，再運往中國和其他亞洲市場。[38]加拿大液化天然氣計畫投資金額高達加拿大幣四百億元（約合新台幣九千三百億元），名列加拿大民間企業投資史上第一位。杜魯道宣布，聯邦政府計將提供加幣二百七十五億元資助整套計畫布建。[39]

液化天然氣輸送管遭逢環保組織和第一民族激烈反對與抗議。對於卑詩省與加拿大其他地區將被套牢在這項必須耗上幾十年才能分期攤還的計畫，參與其中的能源預測專家、分析家都絕口不提，甚至抱持悲觀態度，但一般民眾大多不得而知。

二〇一六年一月，就在加拿大液化天然氣計畫正式宣布前兩年又八個月，布瑞妥集團發布一份有關液化天然氣未來前景的詳盡報告；有鑑於中國境內太陽能與風能正如火如荼上演閃電戰，該報告對於加拿大輸送液化天然氣到中國表達高度疑慮。這種不表樂觀的態度理應引起關注，但顯然該論述被無視或不當一回事。這份報告指出，在德國與美國加州，「再生能源普及率一向很高，而且正深度滲入發電組合中，天然氣需求成長已經因此橫遭阻礙（導致發電用天然氣需求成長降低）」。[40]

如今，中國正走上類似的道路，也就是短期內推動天然氣生產，以便逐步淘汰煤炭，同時制定未來幾十年間把幾乎所有化石燃料從能源組合中剔除的目標，因此大推利多政策、刺激太陽能和風能提升產量。和歐盟的經驗如出一轍，很大程度取決於何時中國的再生能源成本將出現暴跌，屆時將迫使中國能源市場陷入類似心態所引發的混亂局面，徒增價值高達數十億美元卻遭擱置的天然氣資產陷入困境，緊接著便是踏上在全國開創綠色能源基礎建設的道路。

這場大破壞已經上路。如前所述，中國現在是太陽能和風能技術的頭號生產國，更自誇是全球最低價，順勢成為數一數二的出口國。[41]尤有甚者，中國當今的十三五計畫已經立下雄心壯志，要在全國每個地區安裝太陽能和風能設備，欲與歐盟早期布建工程爭美。

布瑞妥集團的報告暗示，中國的發展態勢正呈現歐洲能源市場早期動盪的變局，並指出如果境內生產、使用再生能源的成本繼續急墜，中國進口液化天然氣的需求可能會乾涸：「倘若再生能源發電成本夠低，少於燃燒新型液化天然氣的發電成本，就可能削弱源於北美的液化天然氣身為發電燃料的吸引力。」[42]

這份報告最終以警語做結，論及卑詩省投資布建對外出口液化天然氣到亞洲市場的基礎建設，可能存有潛在的長期影響：

> 計畫中的液化天然氣出口專案投資風險正一路攀高，因為在這一紙長達二十年的典型液化天然氣合約中，有一種情境極可能發生，那就是即使已經事先免除排放溫室氣體的價值不納入考慮，使用再生能源發電的成本或許也會變得比位於上游的液化天然氣合理賣價更低……液化天然氣發電與再生能源之間的競爭，代表投入液化天然氣產業的玩家將面臨風險，因為高於預期的再生能源滲透率，可能會使某些重要海外亞太地區市場未來的天然氣、液化天然氣需求成長趨緩。投資液化天然氣基礎建設的金主、簽訂長期液化天然氣合約的買家都會希望，做出重大與長期的買賣液化天然氣承諾前，得以再三考慮前述風險。[43]

對美國和加拿大來說，因為太陽能和風能發電的成本變得越來越低廉，繼續引入大規模天然氣專案的商業理由已不復存在。然而，化石燃料業者卻繼續捍衛這些投資，一再辯稱天然氣至少不像煤炭那樣會排放大量二氧化碳。同樣令人驚愕的是，這門產業繼續吹捧一套名為「碳捕集及封存（carbon capture and storage）」的「技術」，當作繼續使用化石燃料卻不會排放有害二氧化碳氣體的做法，但實際上這門技術已是擱置資產。碳捕集及封存技術不應與自然的碳吸存（carbon sequestration）混為一談，後者指的是碳農業、更新造林（reforestation）與其他從空氣中吸收二氧化碳的自主過程。上谷歌快速搜尋迄今為止的每一場碳捕集實驗，挖出大量公開探討技術與商業化毫無可行性的科學報告後，你會知道這門技術所謂的承諾不足為信。

十幾年來，我們已多次辯論碳捕集及封存技術，值此美國化石燃料產業與民選官員大力吹捧這項技術主題之際，或許我們分享自身的經驗將有所裨益。碳捕集及封存技術是一道三方過程，始於捕集發電、工業製造過程中產生的二氧化碳氣體；捕集到的二氧化碳隨後便集裝，經油罐車、貨輪與輸送管運到儲存設施，自此碳便儲存在地質岩層的深處。

歐盟花費數億美元打造小規模試驗以檢測可行性，終至明白這道過程其實無法達成科技或商業期望，最後只好舉雙手投降。[44]多年努力失敗後，能源歷史學家瓦卡拉夫·

史密爾（Vaclav Smil）總結商業共識，直指重點：「我們為了封存當今二氧化碳排放量僅五分之一的額度，就得打造一門全新的全球型產業，以便吸收─搜集─壓縮─運輸─儲存二氧化碳。它的全年生產率，必須比全球原油業當前每年處理的額度高出七〇%，而後者的油井、管道、壓縮機站和儲存設施等龐大基礎建設，前後花了幾個世代才完建。」[45]

遺憾的是，美國似乎正在重蹈歐盟失敗實驗的覆轍。二〇一〇年，南方電力公司（Southern Company）為了開發乾淨的燃煤電力，在密西西比河畔的肯珀（Kemper）郡電廠展開一場碳捕集及封存計畫，以便證明碳捕集及封存的可行性。南方電力努力實驗數年，預算嚴重超支，從最初的二十四億美元暴增至七十五億美元，最終只好封殺這項計畫，然後將十一億美元成本轉嫁給納稅人。[46]

無論是否出於跟風，在開採天然氣、發電設備或是碳捕集及封存技術投入天價金融資本，當天然氣與發電設備已不再具有成本競爭力，碳捕集及封存則是在技術、商業皆不可行時，我們都要謹記這句老話：懸崖勒馬。讓化石燃料就留在地底吧。

其他產業玩家不再關注無效、失敗的碳捕集及封存技術，反而開始轉移注意力，對付減碳願景中所謂不易滅除的產業區塊──指的是綠化難度最高的產業，因為在它們的製程、產品線與服務中，至今尚無商業上可行的替換選項足以取代化石燃料。

在這些產業中，減少二氧化碳額度的工程大部分得從他們的業務下手，加入智慧化、符合國際貨物運輸海關公約（Transports Internationaux Routiers）的基礎設施，這樣它們就可以利用再生能源提供生產所需的動力，同時兼用綠色電力供應的短途貨運車、綠色氫燃料電池供應的長途鐵路、水陸交通工具，管理運輸與物流供應鏈。掌理供應鏈、物流營運的大數據和演算法，也將提升這些公司在將來循環經濟流程中的整體效率。

每當談及塑膠包裝、鋼鐵、水泥及其他建築相關的材料產業，以及航空業時，也都有必要尋找纖維基底的生物性替代品。最近有些世界級的化學企業，已經開始聯手遺傳學、生命科學公司，加速研發腳步，以期找到生物基材的更平價替代性產品和製程。同樣的，化工企業領導人與其他產業一樣都熱中減少二氧化碳排放，以便減緩氣候變遷，而且他們也屢獲資產前景即將遭到擱置的警告。這些研發創舉所產出的產品即將開始進入市場，舉例來說，包括美國聯合航空（United Airlines）、澳洲航空（Qantas）與荷蘭皇家航空（KLM），都已經部分採用生物燃料提供航機飛行動力。不過未來仍必須更廣泛研發，才能完全轉變成使用具有成本效益的生物能源，為航空旅行提供飛行動力。[47]

生物基材正在各大關鍵產業取代石化產品，例如生物塑材、生物技術打底的食品和飼料成分、生物界面活性劑與生質潤滑油。以生物基材替代石化產品的市場潛力龐大無比，可應用的產品與製程範圍相當廣泛，包括服裝、薄膜、過濾器、飲料、動物飼料、休閒食品、家用洗滌劑、工業清潔劑、汽車和工業潤滑油等。[48]

全球第二大化工集團陶氏杜邦（DowDuPont）是積極投入研究諸多不易減除的製程與產品線的領導廠商之一。二〇一八年十月，我與陶氏杜邦的高階主管團隊一起參加在德國法蘭克福舉行的歐洲創新峰會（European Innovation Summit），商討嶄新的研發工作，以便加快將生物技術打底的替代品導入市場，好敦促產業過渡至零排放經濟。我們設計的第三次工業革命路線圖中有兩大測試區域，分別位於上法蘭西大區、鹿特丹與海牙大都會區（Metropolitan Region of Rotterdam and The Hague），目前都加入跨產業倡議計畫，將生物技術打底的替代品快速導入市場。我們應該對各地區與產業同時祭出大量賞罰相當的政策，以便推動關鍵的經濟轉型。

黑金的詛咒

近兩年左右，全球各企業的董事會、金融機構、政府部門和智庫，都越來越頻繁地探討遭擱置的化石燃料資產。這並不是有關市場週期起起落落、政府短期的經濟政策調整，或僅是簡單重啟議程的正規討論，而是更讓人惶惑不安的發展態勢，甚至已經不只是產業三不五時就會落入悲觀熊市的低迷現象或嚴重衰退。各界隱約感覺到，有一件更重大的事情正醞釀發生，不僅會影響全球經濟，也會衝擊我們的生存、我們理解的世界，以及我們視為理所當然的可靠未來。

擱置資產的概念不僅僅是經濟計算過程中遇到的一筆爛帳，它堪稱兩百年來燒碳打造工業社會的遺毒。血淋淋的現實是，超量碳排放的國家發展經濟時，極度倚賴開採、銷售化石燃料，因此日益加劇的莫名焦慮已經成為一種非常個人化的感受。

多年來，我走訪中東地區國家開會時，總會一而再、再而三地聽到一句個人鍾愛的古諺：「祖父騎駱駝、父親騎駱駝、我開賓士（Mercedes）、兒子開荒原路華（Land Rover）、孫子開荒原路華，曾孫回頭騎駱駝。」這句話出自杜拜邦長謝赫・拉希德・本・賽義德・阿勒馬克圖姆（Sheik Rashid bin Saeed al Maktoum），他同時身兼阿拉伯聯合大公國副總統與第二任總理。他一九五八年接任、一九九〇年去世才卸任。

謝赫・拉希德擔心，一九六〇年代後期大公國發現石油的那股狂喜情緒將捲土重來騷擾民眾，他並預言，境內石油可能在幾個世代之內就開採一空，到時候大家要靠什麼維生？他比其他人更視石油為一股癮頭或詛咒，因而憂心忡忡，如果他的國家變成倚賴單一資源的經濟和社會，終有一天油源會乾涸，屆時就只能坐等清算。他終其一生致力發展多元經濟，將杜拜轉型成東西方輻輳、全球貿易的區域樞紐。油源至今尚未枯竭，但很快就會變成擱置資產，多數剩下的石油將永遠埋藏在地底下。

不只是大公國境況告急，全球超量碳排放的國家也因為經濟極度倚賴開採、提煉和銷售石油、天然氣與煤炭岌岌可危。單單只說全世界的銀行、保險公司、主權財富基金和私募股權基金會都提心吊膽，那還真是太輕描淡寫了。二〇一八年，世界銀行發布一份《二〇一八版國民財富變化：打造永續未來（The Changing Wealth of Nations 2018: Building a Sustainable Future）》報告，超量碳排放國家的前景黯淡。

世界銀行指出，民間企業投資金主和化石燃料產業公司可隨心所欲撤銷投資案，另起爐灶轉投資其他更有利可圖、永續發展的事業，但是，與那些超量碳排放主權國家有領土邊界侷限，面對更多制約，靈活性遠遠不足。一百四十一個坐享一定程度碳財富的國家中，共二十六國至少有五％的財富源自化石燃料，其中大多數是取自石油、天然氣和煤炭。這些國家也位居全世界最貧窮國家之列，其中有十國位於中東和北非的高風險地區，國家機器失靈、專制政權失敗。[49]對這些國家來說，一旦資產陷入擱置、碳收入下滑，可能讓它們在長期發展的過程中突然失去能量，進而招致毀滅性的後果。

世界銀行為了具體顯示即將發生的危機有多嚴重，在報告裡說明：「在提煉、加工化石燃料相關的國有生產資產中，前十大碳資源國營企業共高占兩兆三千億美元。」[50]燃料需求從攀升尖峰轉向成長開始放緩的趨勢日益加劇，世界銀行也殷殷懇求，超量碳排放與碳依存國家應迅速多樣化經濟發展模式，以確保有足夠的稅收來彌補損失。

有些國家正試圖撤銷投資案，轉向投資綠色技術，不過他們的努力幾乎是微乎其微。世界銀行悲觀總結這份關於超量碳排放國家的報告，直指雖然撤銷舊投資、轉向新投資的做法，將是最正確的路線，遺憾的是，「正如數據所示，長期來看，各國政府未能永續利用自有的化石燃料財富」。[51]試想一下，短短五年至十年內，石油需求將達高峰，成長勢必放緩，中東和北非地區就會出現混亂局面。

金融界敲響警鐘

欲知化石燃料相關產業中資產遭到擱置的實際情況，跟著金流走永遠是最正確的做法，也就是緊盯著銀行業與保險業。美國花旗集團與馬克・卡尼兩者算是最早在二〇一五年就發出警訊的代表，現在警鐘已經在世界各地大響，堪稱全球經濟的起床號。

全世界有幾大金融機構一馬當先，試圖解決化石燃料相關的擱置資產，以及它們如何快速改變金融格局、投資界遊戲規則的諸多爭議，世界銀行只是其中之一。二〇一八年十一月，諾斯德發布自家報告，比較化石燃料能源與全新綠色能源的成本。這份報告和許多世界級的能源諮詢商，甚至石油業龍頭自製報告的內容大同小異：「在某些情況下……替代能源的成本已經大幅降低，等於或低於當前常規發電的邊際成本地步。」[52]

副總裁兼諾斯德電力、能源與基礎建設集團（Lazard's Power, Energy, and Infrastructure Group）全球主管喬治・比利契（George Bilicic）明確指出：「我們已經來到一處轉折點，在某些情況下，打造、營運全新的替代能源專案甚至比維護現有的常規發電廠更具成本效益。」[53]隨著類似上文的報告陸續問世，擱置的化石燃料資產已經變成氣候變遷辯論中不可分割的一環。

英格蘭銀行下轄的英國審慎監理總署（Prudential Regulation Authority）針對境內九〇%銀行業展開調查，隨後於二〇一八年九月公布調查結果，全產業資產總額為十一兆英鎊（約合新台幣四百四十兆元）。審慎監理總署發現，七〇%英國銀行體認到，氣候變遷如今正為幾乎每一門領域的眾多資產類型帶來風險：「它們已經開始評估，好比政

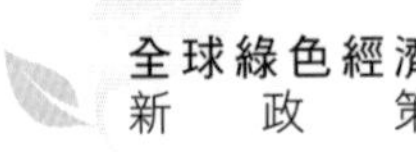

府政策與技術變革驅動經濟過渡到低碳未來，這道轉型過程可能將如何衝擊銀行企業客戶的商業模式。」然而，更讓人不安的是，儘管銀行業已經意識到這道問題，目前也僅有一〇％的銀行「全面性」管理這些風險、三〇％的銀行「仍然只是將氣候變遷視為企業的社會責任議題」。[54]

馬克．卡尼擔心銀行業可能沒有完整意識到，氣候變遷對全球經濟幾乎各個部門的投資風險有多快，包括化石燃料部門和緊密相連的產業中潛在的擱置資產，因此他第二次介入。

卡尼除了擔任英格蘭銀行行長，也身兼金融穩定委員會（Financial Stability Board）主席，直到二〇一八年底才卸職。這是一家針對監督全球金融體系獻策的國際機構，涵蓋所有G20重要經濟體與歐盟委員會。卡尼明白，銀行系統對於正蠢蠢欲動的擱置資產準備不足，便與金融穩定委員會成立氣候相關財務資訊揭露工作組（Task Force on Climate-Related Financial Disclosures），延攬前紐約市長麥可．彭博（Michael Bloomberg）擔綱主席。它的三十二名會員包括大型銀行、保險公司、資產管理公司、退休基金以及會計及諮詢顧問公司代表，受託要「開發自願、一致，與氣候相關的財務揭露，有助投資者、貸方以及保險承保人理解重大風險」。[55]

氣候相關財務資訊揭露工作組已在二〇一七年六月發布一系列建議事項，始自承認大多數銀行機構視氣候變遷為一種現象，它的影響長期存在，而且與當今所決定的金融投資無關。換句話說，破壞正大肆降臨但幾乎無人理解，而且有幾家世界級能源諮詢商也已經預測，即將到來的臨界點可能在二〇二〇年代冒出頭，於是沒有人感覺重新評估當前投資決策有其急迫性。

任務小組明白，提高能源效率、針對性地減少全球暖化氣體排放，若與加速採用更便宜的綠色能源汰換化石燃料能源行動合而為一，「對仰賴開採、生產並使用煤炭、石油與天然氣的組織來說，可能產生重大的近期影響」。不過這份報告的作者群也不忘馬上補充一句，「事實上，氣候相關的風險、預期過渡至低碳經濟的願景，會影響絕大多數經濟領域和產業」，並非僅有能源產業受衝擊。他們引用經濟學人智庫（Economist Intelligence Unit）發表的研究，預估未來八十年間，全球可管理資產的存量風險可能高達四十三兆美元。[56]

報告中也強調，大破壞「為聚焦緩解氣候變遷、採行解決方案的各方組織提供天大的好機會」。報告中更引述國際能源總署（International Energy Agency）的估計結果，在過渡至低碳經濟的過程中，每年必須挹注新投資案三兆五千億美元，以期在新能源領域中打造可預見的未來，這樣我們才能實現三十年內邁入低碳社會的目標。[57]

整體全球經濟所面臨的氣候變遷風險，與化石燃料產業擱置資產的風險緊密糾結，這一點在經濟學人智庫報告也一覽無遺。以下是它們建議的解決之道：

> 這意味著全球投資人目前正面臨嚴峻抉擇。倘若因應氣候變遷的行動大量開展。投資人的化石燃料公司持股便會蒙受虧損；但假使緩解措施幾無進行，投資人整套可管理資產投資組合都會受害。對長期投資人來說，為了避免陷入上述兩種困境，應該會有強烈動機去積極接觸投資組合中的企業，並將投資轉向有利可圖的低碳未來。[58]

氣候相關財務資訊揭露工作組領悟到，有必要打造一套供投資人、貸方、銀行和保險公司使用的指南，以便建立風險和機會模型，進而緩減擱置資產造成的損害，同時也倡議可與減少全球暖化排放步調更一致的專案，並準備好適當的評量標準與搜集數據資料揭露資訊，以利企業依法遵守。

它的揭露建議聚焦足以反映組織功能的四大領域：治理、策略、風險管理以及各種指標和目標。在這四大主題類別中，金融機構被要求揭露的資訊是「依據短、中、長期為別，監督氣候相關的風險與機會……」，同時也要描述組織如何「從識別推進到評估氣候相關風險的過程」，更得解釋「某一道指標是用在……以便評估氣候有關的風險和機遇」。[59]

二〇一八年，馬克·卡尼在紐約市登場的唯一地球峰會（One Planet Summit）公開宣布：「氣候揭露正成為主流，如今已有五百多家企業成為氣候相關財務資訊揭露工作組的支持者，包括全球幾大銀行龍頭、資產管理公司及退休基金。它們掌管的資產超過一百兆美元。」[60]這是再清楚不過的徵兆，金融界正開始領悟，大破壞正從四面八方朝著它一擁而上。

第2篇

灰燼中崛起的綠色新政

5 喚醒巨人：退休金勢力勇敢發聲

各界對氣候變遷的擔憂日益加劇、擱置資產的隱憂讓大家對化石燃料產業長期的財務穩定性失去信心。同時，太陽能、風能與其他再生能源的競爭優勢日益增強，以上種種因素都促使全球金融圈重估挹注資金的優先順序。越來越多基金選擇撤出化石燃料產業，轉進綠色能源與二十世紀潔淨科技相關產業。

英國永續投資與財務協會（UK Sustainable Investment and Finance Association）與氣候變遷合作組織（Climate Change Collaboration）在二〇一八年做了一項調查，受訪對象是英國基金經理人，這群經理人負責的投資組合資產總額達十三兆英鎊（約當時十七兆美元），調查結果發現，這些經理人相信「跨國石油公司（International Oil Companies）在幾年內就會因為氣候變遷相關風險被重估並降評」。報告指出，六二%的基金經理人「認為未來五年內，石油需求就會達到巔峰並影響估值，天然氣需求觸頂則將在十年內對估值產生衝擊」。過半的受訪者（五四％）表示，「跨國石油公司的名譽風險已經對它們的估值造成負面影響」。七九％的受訪者說，名譽風險未來兩年會帶來影響。

這些基金經理人也提出了幾項相關隱憂，「像是替代科技的競爭力增強，造成對化石燃料需求減少，導致投資人不相信跨國石油公司有辦法在維持財務無虞的狀況下成功轉型，進而改變市場氛圍。總共有八九％的經理人同意上述與其他轉型風險會在未來五年『嚴重』影響跨國石油公司的估值」。有一半的基金經理人表示，他們「已推出『排除（至少）二〇〇家煤炭、石油與天然氣存量最大的公司的主動式投資基金或客製化投資組合』」。[1]

翻轉馬克思的理論

在美國與世界其他地方，如何籌資以建立並拓展因地制宜、符合綠色經濟新政策的第三次工業革命基礎建設，是個日益迫切的問題。當我們想到綠色新政，「大筆聯邦政府支出」的議題無可避免地成為形塑遠大理想與論述時的第一個路障。即使當前危機已經嚴重得攸關地球上生命的存續，反對者依然常說，我們負擔不起，彷彿滅絕議題不過是眾多亟需政府關注的大事之中可以劃掉的項目。

建立新基礎建設的資金雖然需要各層級政府（城市、郡、州、聯邦）支應，但所需資金有很大一部分將會逐漸改由全球退休基金提供，這筆基金是來自公／私部門、數百萬工作者的遞延薪資，在退休時才能領取。

馬克思（Karl Marx）絕對想不到二十一世紀的景況，會是「全世界的勞動者」（the workers of the world）透過公／私部門的退休基金，成為全球投資資本的主要擁有者。一大驚喜或許是在二〇一七年以前，退休基金成了世界上最大的一筆投資資金池，總資本額達四一．三兆美元。如同前言中提到，美國勞工是最有力的聲音，退休基金總資產超過二五．四兆美元。[2]

美國退休基金因為擔心氣候變遷的問題，也擔心投資在化石燃料產業的資金會受到擱置資產的拖累，讓數百萬美國勞工的退休基金瞬間蒸發，於是領先全球啟動撤資程序。州政府與市政府旗下的公家退休基金，撤離化石燃料領域與提供服務和／或仰賴該領域的相關產業（如：石化業），轉投資打造智慧第三次工業革命經濟體帶來的綠色商機；私人退休基金也開始跟進。

同一時間，越來越多工會領袖開始推動勞動力再訓練，協助勞工在轉向綠色新政經濟的過程中，抓住新的就業機會。[3]可以想見未來退休基金會加碼投資美國與其他國家各區域的綠色基礎建設，且各項計畫至少會提供部分職缺給工會成員。

鉅額的退休金資本在短短七十年內就匯集了起來。雖然這並非傳統上的革命，而且多數人——包括擁有這些退休基金的數百萬人——不太會把自己視為代表這個投資全球的驚人資金池的社會階級，但這個現象已經是新的事實。某些層面上來說，這是當代資本主義史上隱藏得最好的秘密。

這四一．三兆美元如果完全由組成這個群體的個人資本家全盤接受並掌控，光是經濟上的力量，就足以從根基調整全球勞動力人口與掌管全球經濟秩序的經濟機構之間的關係。

因此要翻轉馬克思的想法，想像全世界的勞動者聚集在一起，成為一群「小資本家」軍團。截至二〇一七年，美國有一．三五億在公／私部門工作的勞動人口，其中五四％有參與退休基金計畫，換算起來，這個小資本家軍團包含將近七三〇〇萬名全職與兼職勞工。[4]進一步看，如果美國退休金資本家和世界各地的退休金資本家軍團聯手，開始對這個全球經濟中的超大資金池行使控制權，會發生什麼事？

不費一發子彈、沒有階級鬥爭，不用經歷罷工、叛亂或革命，局勢就翻轉了。至少帳面上看來，這數百萬名勞工已是時下主要資產階級。我說「帳面上」，是因為這幾百萬資本家中，幾乎沒有人認為他們同屬一個階級、甚或同個群體。但如果他們真的起身提出訴求（或說出手奪權），要決定他們的遞延薪資與退休收入該如何投資，那會發生什麼事？

日期是一九四六年五月十三日，美國國會山莊的長廊歷經極為平凡的一天。美國參議院開始審慎討論該由誰掌控新興財富型態——他們口中的「退休金資本」。臨時議長肯尼斯．麥凱勒（Kenneth McKellar）敲下木槌，辯論正式開始。面臨危急存亡之秋的是約翰．劉易斯（John L. Lewis）提出的協議要求。劉易斯是具影響力的礦工工會領袖，也是美國勞工運動領導者之一，他希望雇主在旗下礦工每挖出一噸煤礦的時候，就放十美分到健康與福利基金中，並將該筆基金交由工會管理。

維吉尼亞州的議員哈利．博德（Harry Byrd）率先發言，直白反對劉易斯的提案。放眼未來，博德警告，「如果那樣的特權延伸到全美所有雇主與勞工簽訂的契約……企業每年至少需要支付四十億美元」；如果勞工「把這樣的款項用來建立由勞工代表全權控管的基金……工會的力量就會大到沒有任何有組織的政府能夠掌控」。博德直言，由工會監管會員所擁有的基金並代為投資，最終會造成「美國的私人企業系統完全被摧毀」。[5]美國參眾兩院不顧博德的疑慮通過了法案，最終卻遭到杜魯門總統（Harry Truman）否決。

一年後，重要的共和黨領袖、參議員羅伯特．塔夫脫（Robert Taft）對規範工會運作的《塔夫脫─哈特利法案》（Taft-Hartley Bill）提出修訂案，要求所有由工會提出成立的退休基金，必須交給勞資雙方共同託管委員會（trusteed board）管理；委員會成員一半是工會代表，一半是雇主代表。塔夫脫擔心要是完全交給工會領袖管理，他們可能會用會員的基金進行腐敗之事，或動用這筆基金帶來的金融與政治影響力。

佛羅里達州民主黨參議員克勞德．佩珀（Claude Pepper）不滿塔夫脫修法隱射的意涵，認為共和黨議員反對工會掌控成員基金的真正原因，是擔心與共和黨關係良好的華爾街無法控制這筆前景看好的新投資資金池，畢竟這筆資金未來幾年必然會持續成長、成為一股不可忽視的勢力。

結果修正案通過了，國會也成功推翻總統第二次的否決，新法正式上路。最終版法案中，加入一項附加條件：退休基金進行投資時，必須使受益人的投資報酬率達到最大值。這項對於基金使用方式的限制，讓華爾街實質上成了資金的唯一掌控者，並確保這些錢只能用來促進資本市場發展。

一九七四年，國會通過《退休僱員收入保障法》（Employment Retirement Income Security Act，ERISA），並由福特總統（Gerald Ford）簽署。該法進一步限制退休基金的投資方式，加入所謂「謹慎投資者原則」（prudent man rule），表面上是要保障退休基金不受不肖理財顧問所害，實際上卻因由金融圈負責判斷謹慎投資的範疇與面向，確保了基金只能用來助長金融圈的利益。強而有力的機械人員工會（Machinists Union）領袖威廉・溫皮辛格（William Winpinsinger）代表工會勞工發言，指出「謹慎投資者原則」其實就是要掌控勞工的遞延薪資以加強銀行圈的利益，只是用法律的語言說出來而已。[6]

美國國會在一九四六年針對誰可以、該如何監管退休金資本的決定，在一九七〇年代末期反咬了決策者一口，改變東北部與中西部共十四個州與百萬勞動人口的命運，細節我將在後文中詳述。時至今日，後果仍餘波盪漾，好幾代的人再也無法脫離移動性下降、貧窮、被遺棄的世界，並被排除於偉大的美國夢之外。

要進一步了解這項美國經濟情勢的轉折為何而起，與它對數百萬美國人的生活造成什麼影響，我們需要探討新基礎建設典範（new infrastructure paradigms）為什麼如此重要。學界與政界在論述時，普遍低估了基礎建設的重要性。基礎建設在個人、家庭、社群、企業、勞動力的福祉以及社會果實的分配上，其實扮演了更關鍵的角色。

美國歷經第一次工業革命時，鐵道扮演關鍵角色，重塑經濟生活。連接各樞紐的鐵道在美國東北部與中西部長廊，催生了鐵道沿線密集、居民眾多的城市。電報系統也應運而生；電報最早是用在調節鐵道交通，因此系統沿著鐵道布建。燃煤則是第一次工業革命的能源供應來源，主要來自賓州與俄亥俄州北部的礦坑。鋼鐵業、出版業與其他第一次工業革命產業，也都是繞著連結北方繁華城市的鐵道基礎建設設立。

一九〇五年到一九八〇年代之間建立的第二次工業革命基礎建設，與第一次工業革命的基礎建設重疊，最終吸收或取代了多數老建設。在轉型過程中，美國經濟地理再度出現變化。汽車量產與全國公路系統的建置（特別是在全國各地縱橫交錯的州際高速公路），使機動性與物流更能散布各地。電力與電話線遍地開花，觸及人人、深入美國所有角落。

石油是推動汽車文化的關鍵能源，一八五九年首度於賓州泰特斯維爾市（Titusville）被發現，隨後德州、奧克拉荷馬州也挖到石油，之後是加州。石油讓飛機得以翱翔天際，空運也因此變得可行，大型貨櫃船跟著問世，貿易因此從國內市場轉向國際。

讓我們進一步來看美國二十世紀中葉經歷的經濟、社會與政治動盪。故事起源於梅森・狄克森線（Mason Dixson Line）之下（譯注：梅森・狄克森線是劃分美國馬里蘭州與賓州的界線），時間是一九四四年十月二日。那一天，密西西比州的克拉克斯代爾市（Clarksdale）聚集了三千人，驚嘆地看著一台新機器的展演。那是一台機械棉花採收機，一小時內就採收了一千磅的棉花，同樣的時間，一名黑人勞工只能採收二十磅。[7]到了一九七二年，美國南方的棉花田全面改由機器採收。[8]南方農田除野草的工作，幾世紀以來都是由黑人勞工執行，起初是當奴隸，內戰後轉為佃農。但在二戰結束後，南方農田馬上引進化學落葉劑，除野草這項工作因此消失。

南方的黑人勞動力人口一夕之間失去就業能力且顯得多餘。《應許之地》（The Promised Land）作者尼可拉斯．勒曼（Nicholas Lemann）在書中提到，那是「人類史上最大且最迅速的一次大型內部遷移」。那一次的「大遷徙」（Great Migration）中，超過五百萬個非裔美國人家庭向北遷徙，在北部與中西部州落腳。[9]男人在北部與中西部各處找到工作，像是底特律的汽車業、印第安納州蓋瑞市（Gary）與匹茲堡市的鋼鐵產業、芝加哥畜牧場等。一九七〇年代，已經有過半的南方黑人北漂，在北部工廠尋找就業機會，拋下受《吉姆．克勞法》（Jim Crow laws）規範的窮苦偏鄉生活。[10]（譯注：《吉姆．克勞法》是美國種族隔離制度的法令，在一八七六到一九六五年間施行，限制黑人不得在特定商店工作，也不能從事某些行業的工作。）

以全美汽車工人聯合會（United Automobile Workers）、鋼鐵工人聯合會（United Steelworker）、電工工人產業工會（Industrial Union of Electrical Workers）與機械工人工會（Machinists Union）為首的大型產業工會，在二戰後的二十年間聲量越來越大，並在與公司管理層進行勞資協商時提出更多迫切要求。這些大型國際工會樂於吸收剛從南方搬過來的黑人勞工。舉例而言，福特汽車位於底特律的旗艦紅河工廠（River Rouge plant）、也是全美汽車工人聯合會地方工會最活躍的地方，該會有三〇%的成員是非裔美國人。[11]一九五〇年代的底特律，克萊斯勒汽車（Chrysler）的勞工有二五%的工會成員是非裔美國人，通用汽車則是二三%。[12]

工會壯大後提出越來越多要求，管理層急著閃躲，因而發展出雙管齊下的撤離策略。首先，汽車公司的工廠導入了電腦與數值控制科技（第一代的自動化科技），多數半技術黑人工作者的工作因此消失。這項趨勢很快就擴散到北方其他產業，在一九五七到一九六四年間，美國製造業產出加倍，藍領工作者的人數卻因為生產線自動化而減少了三%。[13]

第二，託高速公路系統的福，三大汽車廠獲得了一條實體的逃生路線，逃往新的底特律市郊，在那裡設立高度自動化的工廠，交給急於逃出內城區（市內的低收入區）、技術較高的勞工操作。其他產業則是把新廠建在南方州，組成軍事／工業園區的產業尤其是如此。一九八〇年代初期，本田汽車、豐田汽車、日產汽車、寶馬等外國車廠進軍美國時，也幾乎全都沿著南方州的州際高速公路出口建廠。[14]南方州的「工作權法」（right-to-work laws）正是為了阻礙或禁止籌組工會而設計。因此在美國南方，跨國企業找到了安於現況的偏鄉白人勞動力，這些勞工不只願意接受低工資，又對組織工會毫無興趣。

州際高速公路系統連結全國各地，意味著企業即使坐落在反工會的南方州，依然可以享受全國供應鏈與通路，不再像過去要仰賴僅連結北部與中西部都會區的鐵道系統。這是一個轉捩點。很多黑人勞工失業後，因為沒錢買車，就此被困在自己居住的社區內。高速公路與州際高速公路系統創造了種族隔離的新形態，時至今日卻還是只有城市規劃者與部分學者會討論這個議題，除此之外鮮少被提起。大眾運輸是內城區的必要運輸工具，但在汽車時代極盛時期，北部的大眾運輸因此萎縮，內城區則為了汽車交通而限縮電車與公車系統。這項發展導致好幾代的非裔美國人無業、仰賴社福系統、缺乏移動性、被孤立與隔離，只能靠州政府養。販毒、幫派械鬥與其他問題由此滋生。

一九七七年，我與同事蘭狄・鮑勃（Randy Barber）談到美國東北部與中西部勞工及中小企業所面臨的困境。企業與產業大量外逃至太陽帶（Sunbelt，譯注：北緯三十七度以南的地區，涵蓋美國最南部的幾州）。我們親眼目睹這項轉變對內城區非裔美國人與勞動階層白人這兩個族群造成的傷害。我們不想面對卻清楚意識到，美國的商業活動已經從平民街（Main Street，譯注：原指城市中平民主要的生活場域，後來在政治上指涉普羅大眾）轉向華爾街與跨國企業，那些企業的效忠對象與連帶關係不再受限於美國，它們的利益、觸角與承諾延伸到世界各地。

我們尋找線索，試想未來要怎麼做才能激起深入的國家級討論，共同思考要如何建立更開放且民主的經濟。我們想重振做為美國創造力主要動力的中小企業、創造新工作機會、讓內城區再次享受蓬勃的社交生活，與這幾件事相關的構想和主題，我們特別感興趣。

這些年來，我們逐步與地方和全國性勞工領袖建立關係，他們跟我們一樣擔心勞工的權力被華爾街削弱。鮑勃聯繫了多名勞工領袖與學者，並編纂了豐富的研究內容，探討一個可能會改變美國與世界政經動態、日益鮮明的現象。鮑勃和我綜合考量後，發現資本主義的本質正經歷一項轉變，但我們至今仍未關注或發現它的存在。那幾個月討論的內容，最終都寫入一年後合著的書籍。書名辛辣——《北方將再次崛起：一九八〇年代的退休金、政治與權力》（The North Will Rise Again: Pensions, Politics, and Power in the 1980s）。

以下是我們在書中提到的理論。第一點顯而易見；十六個東北部與中西部的州被快速拋棄，拋棄他們的正是當年讓他們成為世界經濟發電廠的產業。第二，隨著企業與整體產業遷移到反工會且施行工作權法的南部及西部州，東北部與中西部州的勞工運動力道日漸衰弱。這可不是件小事，美國所有工會成員有六成在東北與中西部定居、工作，只有一五%在太陽帶定居、工作。[15]

在太陽帶中，聯合勞工籌組工會的嘗試一再受到反工會氛圍的阻礙，集中在郊區的勞工、當地政治利益團體與商會全部反對。南方企業員工成功組成工會的少之又少，影響力微不足道；工會處處受阻，幾乎沒辦法招到會員。

該怎麼辦？我們認為美國勞工工會領袖必須從長眠中覺醒，認清一個具潛力又前景看好的新事實，那就是在工會領袖沉睡時，他們任職於公、私部門的數百萬名的勞工成員的週薪，有一部分透過共同協商合約而遞延，改以存入退休基金的形式存在，等到退休才領取。世界各地的國家、省分、城市這些年來都跟隨美國的腳步，幫公務員與一般勞工設立類似的退休金帳戶。我們提到：

退休金是美國過去三十年來出現的新財富型態，儼然成為世界上最大的單一私有資金池。美國的退休基金總額已經突破五千億美元……目前持有二〇%到二五%的美國企業股票與四〇%的債券。退休基金是目前美國資本主義系統中，最大的投資資金來源。現在，有超過兩千億美元的退休基金資本，來自一千九百萬工會成員的遞延存款、以及東北／中西部長廊十六州的公務員退休基金。16

如果這還不足以撼動勞工運動與華爾街，我們做出了以下結論，用挖苦的口吻控訴美國勞工運動領袖，以及東北／中西部州和地方政府領導人：

過去這些年來，工會與州政府放棄了對這個強大資金池的控制權，拱手讓給金融勢力。接著，銀行利用這些資金將工作機會與生產移轉到太陽帶與海外地區，削弱有組織的勞工與美國北方經濟體。17

換言之，數百萬名北方工會勞工的遞延薪資，被銀行與金融圈拿來投資美國主要企業；那些企業拿了錢，卻拋棄了工會勞動力，遷移到南方那些施行「工作權法」的州。

數百萬工會勞工的儲蓄被拿來投資擺明要殲滅他們的工作的企業，居然完全沒有人發現。我和鮑勃接著將問題直接拋給東北部與中西部的州與城市，以及地方／全國工會，問他們是要「繼續放任自家資金被用來傷害自己」，還是「利用對這些基金的直接控制權來保障自己的工作與社群」？[18]

我們提出的問題相對務實且具策略意義，背後卻隱藏著一個意識形態上的問題，那個問題自從一七七六年亞當・斯密（Adam Smith）撰寫《國富論》（The Wealth of Nations）開始就揮之不去、始終籠罩著資本主義。我們想問的是：「應該由誰掌控生產方式？」[19]

我們發現這個問題近來較過往更為顯著，因為金融圈與全球企業把工會勞工存成退休金資本的遞延儲蓄用來搬遷，不只搬到太陽帶，更把營運觸手伸向世界各地，四處壓榨勞工，煽動各地勞工與社群相互競爭，他們才能招募到最便宜的勞工，同時找到可以享受寬鬆或根本不存在環保標準的地方落腳，那些地方也幾乎不會檢視工廠的勞動環境。

書籍出版後隨即引發迴響。讀者包括數萬名地方與全國勞工領袖以及一般工會成員、金融圈領袖與《財星》五百大企業高層，每一個人的利益都可能因爭奪這個超大資金池的掌控權而受到影響。過去四十年來，這本書多次被引述，並被指為加強社會責任型投資（socially responsible investment）運動的起因。現在該問問世界各國、城市、工會，到底有沒有真正採取行動，出手掌控幾兆美元的退休基金，明白這筆錢所做的投資，會決定資本主義體制中市場的走向？[20]還是說，種種努力僅是層層堆疊、從外圍開始奪回一點點權力，獲得小利小惠，卻沒能真正奪下那筆社會資本？

一九九八年，在這本書出版二十年後，美國勞工聯合會暨產業工會聯合會（AFL-CIO）時任財務秘書長（現任會長）理查·特朗卡（Richard Trumka）在拉斯維加斯召開會議，美國貿易工會的財務秘書齊聚一堂，我和鮑勃受邀到場檢視這些年的成果，我們客氣但沒有表達強烈讚賞。我應該趕快補充說明一下，針對我們在書中提到的各項議題，特朗卡是最直言不諱的擁護者之一。他曾說，「勞工運動的策略中，最重要的一項莫過於駕馭我們的退休基金並發展資本策略，才能不再被自己的錢害死」。[21]

加州州立大學組織行為與環境學助理教授麥倫斯（Richard Marens）在二〇〇四年發表了一篇名為「等待北方崛起：美國工會財務行動主義推動一世代後，再探鮑勃與里夫金之著作」（Waiting for the North to Rise: Revisiting Barber and Rifkin after a Generation of Union Financial Activism in the U.S.）的文章，刊登於《商業倫理期刊》（Journal of Business

Ethis）。那篇著作是一份慎重且邏輯嚴謹的分析，評論了我們提出理論之後出現的成敗案例，並提出應採取的下一步行動。

一個世代以前，鮑勃與里夫金兩位社群活動家在《北方將再次崛起》一書中，力推美國勞工運動新方向。他們的寫作動機是一九七〇年代勞工階層在政治與組織上歷經的挫折：成員占勞動人口比例連續二十年下滑，齊心協力改革勞動法規卻遭逢挫敗，因而士氣大傷。兩位作者看見公部門與工會掌控的退休金計畫資金快速累積，認為那是增長中的反動趨勢。勞工的任務是學習如何指揮這筆資金，用來投資、為工會成員創造新的工作機會，或是做為武器、對抗桀驁不遜的企業管理層。[22]

麥倫斯接著說，許多美國工會和其領袖採納了我們的分析與願景，在十年內開始與新成立的社會責任型投資組織合作，「固定參與各種形式的金融行動主義（financial activism）行動。再過十年，為工會服務的投資行動主義者已經可以列出一長串創新事項與顯著成就」。[23]過去總是在招待所內關門密談的主題，現在大幅出現在股東決議中，迫使企業改變管理方式。有些股東決議反對公司高層坐領誇張高薪，卻無預警開除員工又不漲薪水；也有些決議把焦點放在狄更生小說中形容的血汗工作環境（大多發生在亞洲），認為這種情況會破壞公司形象，進而降低股東價值（shareholder value）。

然而，麥倫斯在二〇〇七年的文章結論是，即便公／私退休基金都成為社會責任型投資與股東價值的關鍵推手、將監理美國企業的新職責機構化，「勞工的股東行動主義……雖然的確是誘人又似乎很有用的工具，但八成只會是戰術性工具，被用來衝撞企業管理層並公然宣揚不平之感」。[24]至於我們期待的情景——全世界的勞動者代表他們所在的職場、社群與家庭，負責決定全球退休金資本的投資方法——麥倫斯則認為，至少在二〇〇七年看到的證據反映這樣的願景不太可能成真。要說正面結論，他頂多語帶含糊地暗示，結果仍未明朗。但那已不再是現實了。

從理論到實作：改革真正開始

此際，由城市、州與國家級的公家退休基金帶頭，超脫股東決議，要真正掌控他們的鉅額投資，並把資金導向經濟體的去碳化（decarbonization）。一項全球運動已經萌芽，政府與公務員聯盟開始將公家退休金撤出化石燃料產業與相關產業，轉而投入再生能源、綠能科技與能源效率計畫。

在美國，這項改革從大學開始。學生發起請願，要求學校董事會「撤資並投資」（divest and invest）。美國環保倡議組織中的領頭羊——350.org總裁比爾．麥奇本（Bill McKibben）扮演核心角色，擴大這項運動的規模。起初，只有零星幾座小城市（多數是大學城）改變退休金的投資方式，那比較接近象徵性動作。但不久後，投資細流變成河流，現在又匯聚成洪水。世界各地的大城市都加入行列響應，包括：華盛頓特區、哥本哈根、墨爾本、巴黎、舊金山、雪梨、西雅圖、斯德哥爾摩、明尼亞波里斯、柏林與開普敦等地。時至今日，橫跨各大陸、一五〇座城市與區域已經採取行動，公家退休金撤出傳統化石燃料能源，轉投資再生能源、電動車、零碳排建物改造等組成第三次工業革命基礎建設的項目。[25]

轉捩點是二〇一八年。那一年，紐約與倫敦雙雙動用他們的影響力。一月十日，紐約市長白思豪（Bill de Blasio）與紐約市公務員退休基金受託人共同宣布，將在二〇二三年以前清空對化石燃料產業的投資，一舉讓這個美國領導城市化身為全球邁向綠色經濟新政策社會轉型之路上的主艦。紐約市公務員退休基金代表了七十一萬五千名成員、退休者與他們的受益人，總資產額達一千九百四十億美元。[26]

在記者會上，白思豪清楚說明這項決定既是道德考量，也是財務考量。白思豪傳達的訊息十分直白，他告訴紐約市民：

為了支持未來世代，紐約市要成為率先將退休基金撤出化石燃料的美國主要城市。同時，我們要將對氣候變遷的抗爭直接帶到化石燃料公司門前。那些企業明知道氣候變遷的影響，卻為了維護獲利而刻意誤導大眾。[27]

白思豪接著提醒紐約市民與其他美國群眾，二〇一二年十月，桑迪颶風（Hurricane Sandy）直衝紐約五大行政區造成多大的傷害：四十四人死亡，財產、基礎建設與經濟活動損失總額超過一百九十億美元。[28]全球民眾備感驚愕看著電視台實況轉播，眼見洪水肆虐道路、擊破窗戶衝進百貨公司、汩汩湧入地鐵。隨著海平面上升、暴風雪與颶風來襲的頻率和強度刷新紀錄，紐約是其中一個首當其衝的世界級都市，市民開始擔心到了下半個世紀，他們的城市會不會有一半已經永遠沒入水中。[29]

隨著時間推進，這座城市生命財產的損失可能難以估算。白思豪說，撤資的決定也是經濟考量，要確保這座城市的經濟穩定性與未來發展。市長辦公室預估，退休金投資組合有三%（約五十億美元）投資在化石燃料產業，撤出的資金會分配給城市各項退休金投資項目，並會優先找尋投資再生能源、建物改造與綠色基礎建設的機會。[30]

撤資行動是《一個紐約：邁向更富強而公正的城市計畫》（One New York: The Plan for a Strong and Just City）的一環，該減碳計畫的目標是在二〇五〇年之前，使溫室氣體排放量較二〇〇五年減少八〇%，與《巴黎氣候協定》的宗旨相符。[31]

倫敦市長薩迪．克汗（Sadiq Khan）提出了類似的計畫，要求公務員退休基金不再投資以碳為基礎的能源，撤資總額七十萬英鎊（約九十萬三千美元）。克汗表示會盡速斬斷倫敦的退休金投資組合與化石燃料產業最後的連結，完全不再持有化石燃料投資。倫敦也成立了市長的能源效率基金（Mayor's Energy Efficiency Fund），對市內社會住宅、大學、圖書館、醫院、博物館的綠化投資五億英鎊（約六．四五億美元）。[32]

兩位市長在《衛報》（The Guardian）共同發表一篇社論，內文寫到：「我們相信不再對開採化石燃料並直接造成氣候變遷的公司進行機構型投資，可以發送強而有力的訊息，告訴大家再生能源與低碳選項才是未來。」[33]

那篇社論見報後，加州州長傑瑞．布朗（Jerry Brown）隨即簽署、通過法案，要求加州最大的兩個公家退休基金——加州公務員退休基金與加州教師退休基金的經理人，必須「指出投資組合中的氣候風險，並且每三年向大眾與立法機關報告」。[34]這是美國首度通過類似的州法，該法案不只明文定義氣候相關的金融風險，也明確定義出州立公務員退休金計畫在進行投資決策時，必須遵循的法律義務，同時確保那些投資決策符合該州其他與氣候變遷相關的法律規定。該法有幾個段落值得快速檢視，因為它們提供了一個重估與了解政府信託義務的樣板條款，讓美國各地的州政府、市政府、甚至是他國政府參考，幫助它們管理公務員退休基金以資助綠色新政，並從仰賴化石燃料的文明轉向後碳綠色時代。

該法明確指出，「氣候變遷造成一系列重大金融風險，包括轉型風險、實體風險與訴訟風險，理性的投資人在進行投資決策時，必須將這些風險納入考量」。該法也警告，「如果沒有認清並應對這些風險，就會面臨隨之而來的負債與金融風險」。而且因為氣候變遷是隨時間演進的過程，在進行投資決策時必須「同時考量退休基金投資的短期與長期影響及風險」。[35]

該法做出嚴厲的結論，告訴管理那兩個強大投資基金的基金受託者，他們在做投資決策時，不能再只看短期市場報酬率，在投資本質上就會造成氣候變遷的企業或計畫時更是如此。法條寫到，「由於氣候變遷可能造成災難性的結果，且已有紀錄指出碳造成的社會與經濟成本，也有許多文獻探討氣候變遷的重大金融風險，退休基金董事會絕不能漠視氣候風險」。[36]

我們在這裡打個岔，了解一下這條新法的重要性。加州教師退休基金是世界上最大的純教育公家退休基金，總共有九十五萬名成員與受益人，總管理資產近二千二百四十億美元。[37]加州公務員退休基金則是美國最大的退休基金，成員包括一百九十萬名公務員、退休人員及家屬，總管理資產額三千四百九十億美元。[38]這兩頭巨獸加起來，共掌握五千七百三十億美元的資產（超過半兆），代表將近三百萬名公務員、退休人員與其受益人進行投資。

這個法案將公家退休基金的信託原則修得更加細緻，幫助資產管理者進一步了解為成員創造最大財務報酬的意涵。過去七十餘年，退休基金受託人始終依循「謹慎投資者原則」，對該原則的理解卻相對粗淺，認為唯一的投資標準就是投報率，並沒有考慮有些投資決策即便當下看起來是謹慎的決策，也可能對其他投資造成負面影響，最終反而使得信託成員總體投資組合長期投資報酬率無法達到最大值。

舉例而言，某些接受投資的化石燃料公司與電力業者排放溫室氣體，致使加州旱災惡化、引發野火，導致輸電線毀損，進而造成缺電與電力不足的情況，毀損財產並擾亂商業活動，部分加州企業可能因這些干擾與損失而受創，而基金可能也有投資那些企業。這樣的加乘效果並非假說，而是正在真實上演。太平洋瓦電公司是名列《財星》五百大企業的加州電力公司，二〇一九年申請破產，起因是加州政府宣布，二〇一七年加州二十一場大型野火中，至少有十七起是太平洋瓦電的設備引起的。[39]

這正是我和鮑勃在《北方將再次崛起》中想傳達的重點。退休基金的每一項投資決策不管短期收益如何，都必須考量投資後果，因為那筆投資造成的負面影響，可能會傷害資金所有者（即勞工）中長線的經濟福祉。我們先前指控銀行曾把居住在東北部與中西部州的勞工所擁有的公／私退休基金拿來投資，接受投資的企業卻逃離了那些州，轉往施行「工作權法」的太陽帶或勞工成本較低廉的亞洲國家。這件事情從一九六〇年代到一九九〇年代接二連三地發生，使數百萬工作人口與他們的家庭、社群、州變得更加貧窮。知道結果後回顧從前，即使基金報酬率不錯，現在還活著的勞工大概也不會認為基金受託人「謹慎」。現在這個時間點去投資那些排放溫室氣體、造成全球暖化的主要企業與產業也是類似情況，算是謹慎投資嗎？很難主張合理性！

如果還不相信公／私退休基金資產投資與評估的方式已出現根本性的改變，可以看看英國的例子。英國（二〇一八年全球第五大經濟體）在同年六月檢驗了「謹慎」投資

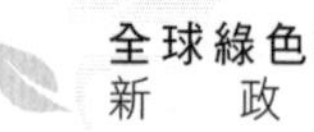

的意涵。[40]英國就業與退休保障部（Department for Work and Pensions）和加州差不多時間頒布新法，規範資產總額一．五兆英鎊的公部門退休基金日後的投資衡量標準。[41]和加州一樣，此舉的重點在於讓大家更清楚執行信託義務的含意。

發布新指導原則時，就業與退休保障部大臣艾斯特．麥克維（Esther McVey）不談法律規範和艱澀難懂的參考資料，而是直接對英國人民喊話，特別是年輕人。她說：「我們注意到年輕世代更在意他們的錢用在哪裡，也更常質疑他們的退休金投資是否符合自己的價值觀。現在，這筆錢可以用來為未來世代建立一個更永續、公正、平等的社會。」[42]法規內容包括警告退休基金受託人要「把氣候變遷視為特殊項目，因為那是系統性且縱橫交錯的風險……不只影響環境風險與機會，也關乎社會與治理考量……」她接著補充：「英國致力於達成《巴黎氣候協定》，彰顯我國政府十分重視氣候變遷議題。」[43]

有些人看到這些建議後，可能會說那只是「大政府」在展示立法權力，將自己的意識形態強行套用在退休基金受託人與數百萬公務員身上。但事實完全相反，許多狀況是公務員組織施壓政府，要求他們出面斡旋。

英國最大的工會公共服務業工會（UNISON），總共有一百三十萬名會員，在地方政府、教育界、國民健保署（National Health Service）與能源領域的公家機關及民間部門服務。公共服務業工會發現英國各地方政府總共投資一百六十億英鎊（約二百零六億美元）在化石燃料產業後，於全國性集會上決議動員各地會員發起請願，要求地方政府將他們的退休基金從化石燃料產業中撤出，轉而進行綠色能源與其他社會責任投資。該會秘書長普倫蒂斯（Dave Prentis）在給會員的公開信中提到，「依法，基金可以因財務理由而決定撤資。舉例而言，如果認為英國石油（BP）或殼牌石油（Shell）等公司的資產，未來可能『擱置』，變得一文不值，就是可接受的撤資理由」。[44]

二〇一八年七月，愛爾蘭成為第一個宣布在五年內將「所有」公部門的退休基金從化石燃料企業中撤資的國家。愛爾蘭國會立法強制愛爾蘭策略投資基金（Ireland Strategic Investment Fund）全面出清對全球化石燃料產業、總額三・一八億歐元的投資。愛爾蘭策略投資基金掌管總額八十九億歐元（約一百零四億美元）的政府基金。[45]八個月後的二〇一九年三月，挪威就宣布主權財富基金要出清所有對上游石油與天然氣生產者的投資；此話一出，引發金融圈震盪。挪威是西歐最大的石油生產國，他們的主權財富基金也是世界最大的一支。[46]意思非常清楚：挪威要開始撤離了！

有些政府不打算針對化石燃料撤資行動建立規章，或是不斷拖延，當地的公務員組織已經肩負起使命，單方面宣布組織成員的退休基金將進行撤資活動。南韓（二〇一八年第十一大經濟體）有四六%的電力仍仰賴燃煤，[47]教師退休金與公務員退休金體系受夠了政府不妥協的態度，挾著總額二百二十億美元的管理資產宣布，他們會「致力於終止投資新的燃煤計畫」，並將從燃煤計畫中撤出的資金轉投入再生能源，希望能拋磚引玉，使其他投資單位做出類似承諾並使國家政府投入撤資行動。[48]

各地區、區域、國家政府與它們的公家退休基金，很快地加入退出化石燃料產業並轉投資綠能的行列。同一時間，世界上前幾大保險公司也不落人後，而且行動的理由很充分。十八間（多數位於歐洲）保險公司各自持有至少一百億美元資產，已將資金逐漸撤出化石燃料產業，最大的幾間保險公司——安盛（AXA）、慕尼黑再保險（Munich Re）、瑞士再保險（Swiss Re）、安聯（Allianz）和蘇黎世保險（Zurich）——則限制或停止承保燃煤相關計畫案。安盛與瑞士再保險也限制了對油砂計畫案的承保。[49]

然而，美國前十大保險公司中，只有兩間因應氣候變遷修正投資策略，為美國國際集團（AIG）和農夫保險公司（Farmers Insurance）。這個數字低得驚人，畢竟美國西岸已經連年因氣候變遷引發的旱災與野火受創，光是二〇一七年就造成一百二十九億美元的保險損失。[50]不過十年之間，德州與路易斯安那、佛羅里達、密西西比、喬治亞、南

／北克羅萊納、維吉尼亞這些東南部州，都受到多起颶風襲擊，位處中西部的內布拉斯加州、愛荷華州、威斯康辛州、密蘇里州則每一年都淹水，屢屢創下千年來最嚴重紀錄的水災。這一切都是氣候變遷引發的結果，造成無數生命財產的損失。我預估，氣候變遷造成衝擊的事實，會讓美國保險公司在未來二到三年之間加入撤資、再投資的行列。

有些公／私退休基金受託者依然持反對意見，不願意從化石燃料及其相關產業撤資。他們的核心論點多半是不願意為了滿足外界對「社會責任投資」的要求而犧牲投資收益，因為「社會責任投資」雖然目標很神聖，在市場上的表現卻往往較差。這套論述通常還會提到，世界各地的退休基金長期而言都存在負債缺口（underfunded liability）的問題，暗指受託者最不樂見的就是投資報酬率低的社會責任基金，進一步消耗積欠工作者的福利。

退休基金的負債缺口確實是長久以來的問題，但就像之前提到的，那是因為某種程度上，銀行與其他機構一直把這筆錢當成可以任其宰割的資金池，用來投資表現不佳的股票以美化自家的資產負債表，這類惡行眾所皆知。

美國不管是公家或民間退休基金，近年都出現嚴重負債缺口，最主要是因為從二〇〇八年經濟衰退到二〇一二年經濟開始復甦前，投資受到整體性的傷害。這幾年來，受惠於過熱牛市，退休基金的金庫開始滿了起來，但我們要在此再次提出警告。二〇一八年年中，標普五百指數成分股平均價格比估值高出七三％，回顧過去股市走勢，股市只有兩度被高估的情形比現在更嚴重，就是一九二九年經濟大蕭條前夕，以及惡名昭彰、二〇〇〇年爆發的網路泡沫股災前夕。[51]

依據皮尤信託研究（Pew Trusts Research），國家退休金負債只有七二％有資金支持（有些分析師認為這個數字高估了）。目前在交易所上市的股票大幅高估，如果市場跌至熊市區間，退休基金的負債缺口會擴大，但其他投資工具也都會受衝擊。[52]反對退休基金撤出化石燃料的論點，在這件事情上錯得離譜。石油與天然氣股票其實很「突出」、是標普五百指數中表現最差的一個類股，這個事實應該讓人清醒，顯然無法作為持續投資化石燃料的理由。[53]

再細看，數據透露得更多了。二〇一六年，《企業騎士》（Corporate Knights）雜誌分析了紐約州共同退休基金（New York State Common Retirement Fund）的投資報酬率。那是美國第三大退休基金，總共掌管一百一十萬名成員的一千八百五十億美元資產。如果該基金先前撤回對化石燃料的投資，它的三年期報酬會提高五十三億美元，換算下來，每位領取退休金的人都可以多領到四千五百美元。[54]還需要多說嗎？

我們必須完全了解化石燃料文明即將崩解所代表的意涵。幾十年來，環保人士與支持社會正義的社運人士，不斷抵抗化石燃料文化在經濟上對全球市場、社會治理與生活型態的影響力。近年，我們越來越害怕化石燃料領域將我們推向失控的氣候變遷與滅絕邊緣。

現在的情況是長期累積的結果。一九七三年十月，石油輸出國組織（OPEC）對美國施行石油禁運，幾週內，美國加油站油價從每加侖三美元暴漲到十一．六五美元。加油站外大排長龍，車龍從各地加油站延伸好幾個街口，駕駛各個無助地等待著，等著輪到自己享受灌幾加侖石油到車子裡的時刻。那是大眾第一次感受到石油巨頭的毫不留情，指控那些公司與石油輸出國組織成員國共謀，利用禁運的機會大漲油價，確保能靠危機創造獲利新高。美國民眾的怒火，在各個社區沸騰。

當時距離波士頓茶黨事件兩百周年只剩幾週，兩個世紀以前的東印度公司讓人聯想到當代大型石油公司，引發共鳴。一九七六年，聯邦政府歡慶美國兩百周年生日。當時，我參加了前一年剛成立的人民兩百周年紀念委員會（People's Bicentennial Commission）。我們提供了另一個慶祝選項。

我們與波士頓和新英格蘭地區的社群行動主義者聯繫，發起對大石油公司的抗議行動。在暴雪中，超過兩萬名波士頓人加入我們的行列，踏上第一群茶黨人士走過的途徑，從歷史遺址法尼爾廳（Faneuil Hall）步行至波士頓碼頭，碼頭邊停泊著一艘東印度公司船隻的複製品，波士頓市長與中央政府官員正齊聚一堂準備慶典的開幕儀式。當地漁夫從格洛斯特市（Gloucester）航進波士頓港，並停靠在複製船旁邊，他們爬上船桅將空油桶投入港中，千名抗議者在一旁大喊「彈劾埃克森美孚」（Impeach Exxon）、「骯髒石油，汙染世界」，就此為隔日《紐約時報》稱為「一九七三波士頓石油黨」（Boston Oil Party of 一九七三）的事件揭開序幕。就我們所知，這是美國第一場對大型石油公司展開的抗議活動，但絕對不是最後一場。

對抗全球「大石油家」（Big Oil）四十年後，情勢突然翻轉了。曾經看起來無懈可擊的化石燃料產業忽然在我們眼前快速崩解。事情發生的速度與規模，是幾年前難以想像的。在我們持續保持警覺對抗石油產業的同時，也要趕快從死去的石油產業灰燼中開始打造綠色文化。在每一個社區與區域內，我們得為邁向零碳排經濟提供資金，政府也要採取行動，才能迎向環保時代。美國與世界各地都需要一場綠色新政。

6 經濟轉型：新社會資本主義

公／私退休基金將幾十億美元的投資從化石燃料與相關產業中撤出，重新投入智慧綠色經濟中。這項巨大的轉變標示著社會資本主義時代已臻成熟，社會責任投資從投資決策的外圍，移動到市場活動的核心，使最根本的轉型——脫離化石燃料文明的出場策略——聲勢高漲。

社會責任投資成為聚光燈焦點

是什麼讓社會責任投資從邊陲一躍而至資本主義投資的核心？答案是底線獲利！社會責任投資的概念始於一場全球運動，當時各地人士開始重思投資的意義、退出施行隔離政策的南非產業。一九七〇年代末期，美國也討論起相關議題，只是概念更廣泛。當各界討論勞工退休金被用來破壞他們的經濟安全與社群福祉的問題，社會責任投資的支持者指出，在衡量退休金該如何投資的時候，應該將社會責任納入考量。

已故諾貝爾經濟學獎得主、「芝加哥大學新自由主義經濟學派」的重要學者米爾頓．傅利曼（Milton Friedman）反駁，直指任何以社會責任為由，決定退休基金投資方法的想法，最終都會拖累資本主義市場的表現，因為「大政府」使資本主義投資的金流受制於意識形態限制。爾後幾十年，掌管日益累積的勞工社會資本的退休基金受託人，多數篤信傅利曼學派的說法。

表面上傅利曼的論述當道，至少在邁入千禧年後的前幾年是如此。但事實上，嬰兒潮世代中較年輕的一群、X世代、千禧世代，都在股東會戰場與工作者退休基金投資管理上，推動改以環境、社會與治理（ESG）為衡量投資的標準。

在經濟投資的場域中，公眾對話出現了新金句：「行善得福」（doing well by doing good），原句出自班傑明．富蘭克林（Benjamin Franklin）。「行善得福」的想法是指在企業營運上，提振獲利的做法與符合道德及社會性的做法，兩者之間不需要也不應該有明確區隔。那是錯誤的二分法，事實是「行善得福」反而可以提振獲利。

利用這個反面論述，工會和非政府組織持續在企業年會上提出股東決議案，要求將社會責任投資納入經營手法。在二〇〇〇年網路泡沫後，他們的遊說促成社會責任投資快速發展。年輕世代毫不留情指責不道德、讓人難以接受的企業行為，經常利用社群媒體與評價網站來羞辱並敦促企業，迫使他們改變做法。

時至今日，社會責任投資已經成為主流。依據摩根史坦利出具的報告，八六％的千禧世代對社會責任投資有興趣，顯然與老一輩不同。[1]美國社會責任投資額達到十二兆美元，其中有許多來自退休基金受託者，反映了這項新興的轉變。[2]雖然社會責任投資包山包海，橫跨所有產業與領域，但對全球暖化、環境、碳足跡、大型石油公司對地緣政治影響的擔憂加劇，使得撤出化石燃料產業、轉投再生能源與綠色產業的趨勢驟起。

新趨勢催生了「影響力投資」（impact investing），提供種子基金給將ＥＳＧ融入營運各面向的企業。摩根史坦利對資產管理產業進行多次調查，受訪者表達強烈信念，他們相信業內投資決策的本質來到轉折點，背後的原因是客戶對投資的要求出現變化。「行善得福」成為新口號。

這股風潮是否有合理論述支撐？答案很清楚。過去兩年出現多份深度研究，包括哈佛大學、鹿特丹大學、英國九章經濟管理公司（Arabesque Partners）與牛津大學都曾提出研究顯示，在價值鏈中緊密結合ＥＳＧ的企業，往往比對手表現好，部分原因是因為它們專注於提高總體效率、減少浪費、在供應鏈中加入循環性、減少碳足跡，每一點都會提升底線獲利，也都與公司離開化石燃料文明邁入綠色時代有關。[3]

過去經濟的各個面向都由化石燃料組成或推動。化石燃料是第一次與第二次工業革命基礎建設的命脈，經濟與商業進展都因其而生。沒有這樣的碳基礎建設，企業與（從這個角度來看）社會整體都不會存在。事實是，化石燃料基礎建設從過去到現在，是社會蓬勃發展與福祉的基石。

既然化石燃料是目前全球經濟的命脈，有誰相信現在化石燃料時代仍在日出、高峰、或平原期？撐起化石燃料文化的基礎建設又是如何？有人會聲稱那些基礎建設依舊強健嗎？這個時期顯然即將落幕。

基礎建設就像有機體；它們出生、成長、成熟，接著步入漫長的衰退期，最終邁向死亡，這正是以碳為基礎的第二次工業革命在經歷的事。可喜的是，靠著數位相互連結的後碳時代第三次工業革命基礎建設（也是綠色新政的核心）正在崛起，與此同時，總體效能提升了、生產力增加，碳足跡也大幅減低。到了二十一世紀，會需要新事業與勞動力來創建並管理綠色經濟。

至於低碳投資會不會符合社會責任但財務表現不佳，可以看看標普道瓊（S&P Dow

Jones）對指數所做的曝險分析。標普道瓊針對幾個版本的標普五百指數對碳風險的曝險程度後做出以下結論：「大部分的情況下，低碳版本的指數未來五年表現，其實會超越參考指標。」[4]

我們在第二章與第三章中提到，構成第二次工業革命基礎建設的幾個主要領域——資通訊、電信、電力、交通與物流、既有建物——現在都各自與碳文明脫鉤，並與世界各地萌芽中的綠色新政第三次工業革命基礎建設建立連結。如果各國的退休基金受託者希望幫助退休金所有者與受益人創造最大的終生財務利益，很難想像它們要怎麼靠著投資行將就木的第二次工業革命基礎建設達成目標；那些基礎建設滿手擱置資產，商業模型也在衰退中。

綠色經濟新政策的重點就是基礎建設。寬頻、大數據與數位通訊、幾乎為零的邊際成本、零碳排綠色電力、在智慧道路上奔馳的再生能源驅動自駕電動車、節點式連結的零碳排產能建築，這些綠色新政基礎建設的關鍵組成，必須在各個區域落成並規模化，而且區域之間的基礎建設必須相互連結，涵蓋世界各地。如果我們要將地球升溫控制於攝氏一．五度內，必須快速推動這項基礎建設轉型，並在未來幾年內至少完成一部分的工作。

退役與轉型要花多少錢？

要修補部分第二次工業革命基礎建設，並讓變成擱置資產的部分建設退役，需要投資多少錢？我們又需要花多少錢來建置智慧零碳排第三次工業革命基礎建設？牛津經濟研究院（Oxford Economics）的報告指出，世界各國花在基礎建設上的經費，必須從按目前趨勢預估的、每年國內生產毛額（GDP）的三％，提高到三・五％絕對可行。[5]

有些國家快速採取行動，有些卻仍在後面龜速慢爬。顧問公司麥肯錫的報告顯示，美國在二〇一〇到二〇一五年之間只投資了國內生產毛額的二・三％在基礎建設，才排全球第十二名，排名低得丟人，每一年投資占國內生產毛額的比例還越來越低。[6]

至少世界各地的群眾看來已經了解基礎建設對整體福祉的重要性。近期一份全球性調查顯示，有七三％的受訪者認為「投資基礎建設對『他們的國家』未來經濟成長至關重要」，並有五九％的人表示他們「並不認為目前的做法已經足以滿足國內基礎建設需求」。[7]

現在，美國或許即將急起直追。越來越多人意識到國內基礎建設搖搖欲墜、已經來到臨界點，造成美國經濟每年損失幾千億美元，演變為國安問題。政治圈內，基礎建設支出從幾乎無人關注的議題，轉為火熱的公共議題爭議焦點。氣候因素引發的災害危及已破敗的基礎建設，讓情況雪上加霜。

川普總統喊出十年投資一．五兆美元打造基礎建設，主要目標是修復老朽的二十世紀第二次工業革命基礎建設。實情卻截然不同，白宮僅提供兩千億美元的聯邦政府資金，而且大部分是以稅額抵減的方式提供，大部分的資金將來自於州政府。[8]民主黨提出由聯邦政府出資一兆美元進行基礎建設的方案，內容包括修繕第二次工業革命基礎建設，並加上智慧、數位、綠色第三次工業革命基礎建設的建立，讓美國進入零碳排社會，並回應氣候變遷問題。[9]

事實上，川普的計畫雖然不怎麼樣，但與過往聯邦政府對國內基礎建設資金挹注的比例相比，並沒有相差太遠。最近幾年，聯邦政府的基礎建設經費平均只占總支出的二五％，其他款項都靠州政府自籌。此外，川普現在要推的聯邦減稅方案也與傳統的做法一致，都是協助州政府，並且刺激伴隨基礎建設相關計畫而來的市場力量。

不幸的是，白宮屬意的減稅方案幾乎都是在加強過時的化石燃料基礎建設，那些建設大多很快就會成為擱置資產。比較明智的做法是由聯邦政府推出稅額抵減、稅額扣除、稅罰、補助、低利貸款等措施，來促進綠色新政轉型，讓市場與州政府都能利用各種獎勵措施，快速推進從化石燃料文明轉向零碳排社會的轉型進程。

然而，不能只靠州政府，聯邦政府也必須負起重責大任，出資打造全國電網，亦即第三次工業革命基礎建設的骨幹。這已有前例可循。第二次工業革命基礎建設的骨幹是艾森豪總統時代立下的《全國州際及國防公路系統法案》，這項公共建設計畫連結了整個國家、創造市郊，並建立橫跨全美、完全融合的行動與物流基礎建設。這項基礎建設大約花費了聯邦政府四千二百五十億美元（以二〇〇六年美元價值計算），在三十七年間，逐步建成數千英哩的道路。[10]九成經費由中央負責，聯邦政府微幅調漲石油稅，並將增加的稅收拿來挹注道路建設，州政府則負責其餘十%的費用。[11]二十世紀，州際公路系統讓全國各地可以在移動性上進行無縫接軌；二十一世紀，全國智慧電網也將提供這樣的無縫接軌，讓國內所有區域可以共享再生能源產生的電力。

或者，我們將這個比方再延伸一下。前歐洲能源、電力與工程顧問界的領頭羊KEMA公司指出，「智慧電網之於電力能源領域，就像網路之於通訊領域，應該在這樣的基礎上被認知並獲得支持」。[12]

第三次工業革命智慧數位基礎建設與州際公路系統之間，還有另一個相似之處。艾森豪心心念念要建立大型州際公路系統，部分起因於他在軍隊中的經驗。一九一九年，艾森豪還只是軍中一名年輕上校。那一年，他參與了美軍橫貫大陸車隊，橫跨具歷史意義的林肯公路（Lincoln Highway）——第一條貫穿美國的道路。那一次旅程的目的，是要將焦點導向改善美國公路系統，整趟旅程耗費兩個月。

爾後，艾森豪在自傳中打趣地說，「旅行艱難、累人但有趣」。艾森豪之後的軍旅生涯中，始終惦記著當年在美國各地遇到的延遲情況。二戰時，已晉升為將軍的艾森豪看著德國高速公路（German Autobahn）——當時世界上唯一的全國公路系統——回想起先前的經歷。他後來說：「那次車隊經驗讓我考慮打造耐用的兩線道公路，但德國讓我看見在全國鋪建多線道公路的智慧。」[13]

一九五三年，艾森豪就任總統時，他已經在腦中繪製了「遠大計畫」（the grand plan），要建立串起美國經濟與社會的州際公路系統。國防與安全議題始終伴隨著這項計畫。他特別擔心在遭受核武攻擊時，可能得大量撤離都市人口，若遭受入侵，也可能需要移動軍事設備，因此認定州際公路系統對國防安全至關重要。但這並非推動州際移動性基礎建設計畫唯一的原因。一九五四年，艾森豪對全國州長協會（National Governors Association）演講時，提出了多項其他目標，包括提升道路公共安全、舒緩交通堵塞、加強貨物與服務在生產與配送時所需的物流。不過他同時重申國防是優先考量，並警告在座州長，「如果原子戰爭爆發，現況完全不足以因應災難或國防需求」。法案最終版本的名稱是《聯邦資助公路法案》（Federal Aid Highway Act of 1956），但較常被稱作《全國州際及國防公路系統法案》。

就像州際公路系統一樣，全國智慧電網的出現，將用數位方式連結美國經濟與社會，並提高國家的效率、生產力、經濟福祉；完工後，也可以解決催生州際公路系統的其中一項因素——國防隱憂。一九五〇年代的威脅是核武，現在的威脅是網路戰。全國智慧電網的強項是，可以掌控日益多元且龐雜的能源基礎建設，那些建設由日新月異的平台上、數百萬個緊密連結的角色組成。然而，正因為目前的系統如此龐雜，更容易受網路攻擊。這絕對不只是空談。美國的電網與電力系統先前曾被多個國家的探員駭入，越來越多人擔心懷抱惡意的勢力與難以預測的恐怖組織，會將焦點轉向摧毀我們的大型變壓器、高壓電線、發電廠與配電系統。如果整個區域或全國停電幾個禮拜、甚至幾個月，經濟將會崩盤、社會會瓦解，政府各層級完全無法運作。

這份擔憂讓所有政務官、軍方與企業半夜睡不著，擔心網路攻擊是否發生以及何時會發生，因為他們很清楚，現階段整個國家的電網完全沒準備好。地方、州、聯邦政府與電力產業圈都急切地討論，思索該如何快速從各方面加強新興的全國智慧電網，從大型變電器到長程高壓電線，再到對終端用戶的配電系統。各方至少就其中一點已達到最基本的共識，那就是網路安全的關鍵在於加強韌性，而要做到這點，就得增加各個社區分配的電力。

微電網（microgrid）的設置將成為我國的第一道防線（前線的保險措施）。如果國內任何地方遭受網路攻擊，屋主、企業與整個社區就能快速脫離電網、重新組合，並與相鄰社區分享電力，讓社會得以持續運作。大家應該都同意，對美國能源系統與電網發起的網路戰，絕對是國安問題。

就像網路戰的威脅永遠存在，需要時時戒備，災難性氣候事件也在全美各地大幅增加並帶來威脅，引發當地生態系統與財物、人命、商業承受數百億美元的損失。未來幾年，網路攻擊與氣候災難只會更嚴重，讓網路安全和氣候韌性成為美國所面臨的根本性國安議題。

想想州際公路系統的前例，讓我們計算並大致了解哪些地方需要資金、大概要花多少錢，以及聯邦政府與州政府應該如何分攤這筆費用，才能建立智慧、零碳排綠色新政基礎建設來對抗氣候變遷，並帶動美國經濟與社會轉型。各方面可能需要多少資金？聯邦與州政府各自該負擔多少？有個有趣的數字是電力研究所做的預估，預期在建立國家安全電網時，需要四千七百六十億美元，這個數字和建立州際公路的金額幾乎一模一樣，而且未來也可望創造遠大於成本的經濟利益。[14]初步建置全國電網的十年期間，聯邦政府每年只需要投資約五百億美元。

聯邦政府十年期的基礎建設措施經費，應該還要加上每年五百億美元的預算，用來提供稅額抵減、稅額扣除、補助與低利貸款，以促進太陽能與風能發電設施的建置，鼓勵民眾改用電動車與燃料電池車，以及其他可提升總體效率的行為，讓美國企業、勞工、家庭邁向綠色時代。稍微比較一下，二〇一六年聯邦政府對再生能源以稅額抵減形式，祭出的稅務福利約一百零九億美元，給予能源效率或電力轉換的稅務福利則是約二十七億美元。[15]二〇一八年到二〇二二年之間，提供給充電電動交通工具的稅收，扣除總額預估達七十五億美元。[16]

聯邦政府提供的稅額扣除額與其他獎勵措施，對於太陽能與風能科技的裝設，效果一直很好，催生了美國的綠能市場。太陽能投資稅減免（The Solar Energy Investment Tax Credit），讓屋主可以減免相當於裝置費用三〇%的稅賦。截至二〇一八年，已經有超過五百萬戶仰賴太陽能發電。風能也一樣受惠於稅額扣除福利，美國風能已經足以供應一千七百五十萬戶。雖然過去稅務優惠成功催生了太陽能與風能市場、提高能源效率，順利讓電動交通工具上路，但要提高規模、完全轉型至綠能時代，未來二十年，這些稅務優惠至少要加碼至現在的三倍。

最後，聯邦政府每年應該提撥一百五十億美元來改建國內住宅、商業、工業、機構用建物。洛克菲勒基金會與德意志銀行共同進行的全面性研究預估，改建居住用、商用與機構用建物未來十年將耗資約兩千七百九十億美元。那是在二〇一二年所做的研究，現在的成本估值很可能已經超過三千億美元。此外，我們的全球團隊預估，考量改建的範圍與規模，可能需要二十年以上才能完成。

洛克斐勒／德意志銀行的研究預期，光是這項關鍵投資就可以在十年省下一兆美元的能源成本，相當於美國一年電費的三〇％。在全國推動老屋改建也會創造三百三十萬個累計工作年（cumulative job years）的工作，並使國內溫室氣體排放量減少十％。[17]（譯注：累計工作年是計算政府計畫成效時的一項就業指標，不是只看創造幾個工作機會，也看該工作機會持續多少年。舉例而言，某個職缺開出以後，任職者總共上工兩年，雖然是同一份工作，但算是兩個工作年。）

聯邦政府「初始」十年期基礎建設計畫，總計每年要花費一千一百五十億美元：每年五百億以提供建置全國電網的部分資金；每年五百億提供稅額扣除、稅額減免、津貼、低利貸款與其他獎勵措施，以鼓勵太陽能與風能裝置設置、購買電動交通工具、裝

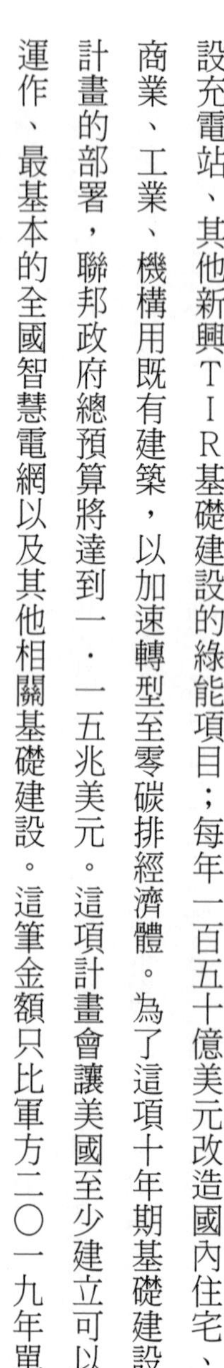

設充電站、其他新興TIR基礎建設的綠能項目；每年一百五十億美元改造國內住宅、商業、工業、機構用既有建築，以加速轉型至零碳排經濟體。為了這項十年期基礎建設計畫的部署，聯邦政府總預算將達到一・一五兆美元。這項計畫會讓美國至少建立可以運作、最基本的全國智慧電網以及其他相關基礎建設。這筆金額只比軍方二〇一九年單一年度的預算高一點點。

十年內可以做到嗎？布瑞妥集團指出，「主要輸電計畫為整合型全國電網的關鍵要件，平均至少需要十年進行規劃、開發、核准與建設」。[18]在此要特別告知仍有疑慮的人，德國因為各個社區的微型電網規模日益擴大，太陽能與風能產出的電量也跟著增加，因此德國政府在二〇一九年宣布將建立最先進的國家級智慧輸電電網來處理這些電力。該電網要在二〇二五年之前開始運行，[19]也就是要在五年內完成。所以沒錯，這是可行的。

然而，聯邦政府未來十年、每年投入一千一百五十億，只是一部分的頭期款，需要更多錢才能轉型到完全可運作的智慧零碳排綠色經濟。要建立第三次工業革命基礎建設，還要加碼極大筆的資金。如同之前稍微提到的，轉型的資金主要將來自州、郡與市政府。目前在華府政治圈內，對於聯邦政府在建立與管理新的智慧國家基礎建設上要扮演什麼角色，仍有許多辯論。事實是，聯邦政府在維護國家基礎建設上做得很少。值得注意的是州政府與地方政府——而非聯邦政府——擁有美國九三％的基礎建設，並負擔了七五％的維護與改善費用。[20]

假設綠色新政基礎建設轉型大抵符合七五／二五的州／聯邦拆分比例，那麼州政府每年就得負擔約三千四百五十億美元，才能對上聯邦政府每年一千一百五十億美元的投入，兩者相加，未來十年共計投入每年四千六百億美元的基礎建設支出。再回到剛剛布瑞妥集團的報告，他們預估在二〇三一年到二〇五〇年之間，每年要再加碼四百億美元進行新的投資，而這只是針對擴大「輸電投資」以使智慧電網跟上用電需求的金額。其他研究將包含未來更長的期間、基礎建設要擴大規模所需的額外成本。

在此需要重申，目前國會在討論的基礎建設提案都是以十年為期。雖然在最佳情況下，有可能在十年內蓋成「幼稚版」的第三次工業革命基礎建設，但一個「成熟」、整合、可運作的零碳排智慧綠色基礎建設，將需要再過十年才有辦法完全設立。我們現在談論的是為期二十年、橫跨一個世代的轉型，才能讓整個國家跨入第三次工業革命的典範（paradigm）。假設聯邦政府與州政府在下一個十年繼續攜手投資相同金額，那就是二十年、付出約九．二兆美元的資金。

美國目前用來修繕並維持二十世紀老舊基礎建設的經費，占國內生產毛額比重二．三％，就算假設國內生產毛額不再成長，每年都維持二〇一八年、二十兆美元左右的規模，需要投資的總金額占比僅要再往上加約二．三％。也就是每年花國內生產毛額的四．六％來建置最先進、智慧的零碳排數位基礎建設，以管理二十一世紀具韌性的經濟。將年度基礎建設支出占每年國內生產毛額比重從目前少得可憐的二．三％，翻倍到四．六％，有些當權者會猶豫，但要知道，中國在二〇一〇年到二〇一五年之間，每年基礎建設支出占國內生產毛額比重平均是八．三％。[21]

這些數字告訴我們美國未來可能如何發展，以及在年度基礎建設投資持續遠低於中國的情況下，未來半個世紀，美國在國際經濟中的地位會有什麼變化。我們想說的是，如果希望美國維持國際上的領導地位，將年度基礎建設支出提高一倍是合理之舉，耗費二十年轉型為智慧零碳排的第三次工業革命經濟體也做得到，但前提是要天時地利人和。再次強調，這些預測值都是以快速變遷的科技局勢為背景，隨著美國經歷這場歷史性基礎建設轉型，數值很可能持續修正與更新。

未來二十年，建立全國智慧電網並隨之擴大相關基礎建設規模，九．二兆美元的預估費用比其他研究中的估值略低。那是因為未來二十年，太陽能與風能科技、電池儲能、電動與燃料電池運輸成本將持續指數型下滑，總體效率因為物聯網建置的環境而提升，這些趨勢應該都會持續，大幅減低全國智慧綠色基礎建設配置的總成本。此外，全面提供稅額扣除、稅額減免、補助、低利貸款與其他獎勵措施，搭配分級罰則，再加上成本下降，都會加速居家、企業、社區採用新基礎建設的速度。這是太陽能與風能科技上路時的場景，並且很快會在電動運輸上重現。

這是一個需要強調的重點。過往，我們總把基礎建設視為上層、中央集權式的平台，資金來自政府大筆支出，並建置給全體民眾使用，像是道路系統、電力與電話線、發電廠、水與汙水處理系統、機場、港口設施等，一切妥妥當當。

但是第三次工業革命的基礎建設，需要一個全國智慧電網——數位管理的再生能源網路（Energy Internet）——用來調節並管理在數百萬名參與者的住家、汽車、辦公室、工廠、社區中來來去去的綠色電力，許多將電力輸入電網或從電網取得電力的基礎建設設備具有高度分散的特質，分別由數百萬的個人、家庭與幾十萬個小企業花錢購置。每一座太陽能屋頂、風電機、結點式物聯網建築、蓄電池、充電站、電動交通工具等，也都是基礎建設的組成物。不像第一次與第二次工業革命的基礎建設那麼笨重、由上而下、靜止不動又單向，第三次工業革命的基礎建設分散且橫向擴展，本質上就流動且開放，讓來自全球各地數十億的參與者利用持續演進、區塊鏈式連結的平台，在生活、工作或通勤時，將他們擁有的部分基礎建設組合再重組、打散再重新合併。

因此，若想讓智慧基礎建設上路，很大部分需要仰賴政府慷慨的稅額扣除與其他獎勵措施，以及基礎建設組成物與處理程序的成本指數型下降。在綠色新政中，基礎建設如果可以透過共同治理的方式來監理，而不是由各區域的私人企業來監管，就有機會開放眾人參與且民主化，並且能持續演變出新的模式。九・二兆美元的金額，反映了這個數位的分散基礎建設未來幾十年會如何出現並演進。

全面考量後，我們別忘了上述所有基礎建設的進步，每投資一美元就會為我們創造三美元的國內生產毛額，並創造數百萬份新工作。[22]

錢從哪裡來？籌錢的方法

好，那聯邦與州政府二十年期綠色新政、全美基礎建設計畫所需的九・二兆美元資金，要從哪裡來？讓我們先從聯邦層級談起。

美國國會與白宮朝野交替之後，或許有機會調高超級富人的稅級。美國在一九五

○到一九六○年代間曾做過這件事，那段時期也是美國成長最快、最繁榮的時候。調高稅級絕對合理且正當，特別是現在最富有的一群人與最貧困的美國勞工之間，鴻溝越來越深。城市布魯金斯稅收政策中心（Urban-Brookings Tax Policy Center）總監馬克・麥哲（Mark Mazur）表示，如果超級富人（年收入超過一千萬美元者）的所得稅邊際稅率提高到七十%，而且此稅率只針對超過一千萬美元的部分課徵，每年可以為聯邦政府多賺入七百二十億美元稅收。[23]

世界上第二富有的人比爾・蓋茲（Bill Gates）身價九百億美元，位居第三的富人巴菲特（Warren Buffett）身價八百四十億美元，兩人都同意超級富人的稅率應該大幅提高，並都曾公開支持修法，以解決超級富人與其他人之間日益不平等的問題。[24]二○一九年二月，蓋茲接受哥倫比亞廣播公司（CBS）主持人史帝芬・荷伯（Stephen Colbert）訪問時，表達了對這個議題的明確立場。他說：「我認為可以調整稅制，向坐擁大筆財富的人收取比現在更高的稅額。」他補充道：「這些財富並非來自一般收入，因此若想更公平，你應該要看資本利得的稅率與房地產稅率。」[25]巴菲特同意蓋茲的說法，他說：「相較於普羅大眾，富人的稅率絕對過低。」[26]

對超級富人加稅獲得的收益，可以且應該用來資助綠色新政，以重建經濟。如此一來，會在綠色基礎建設轉型的過程中，創造新的商機與大量就業機會。然而，這筆新的收益來源仍不足以完成工作。

我們也可以從幾十億的軍事費用中拿一些來重新配置。這看起來也是非常合理的做法。美國土木工程師學會預估，美國在既有基礎建設設置支出上，一年需要再多花兩千零六十億美元，才能勉強及格。[27]為了啟動智慧綠色第三次工業革命基礎建設轉型，以重建美國經濟並應對氣候變遷問題，這只是一筆小錢，特別是想到光是二〇一七年，美國因氣候災害承受的總損失就達到三千億美元。[28]那只是一年的損失！

有些人不滿地疾呼美國政府沒錢做這麼重大的國家基礎建設升級，請那些人想想，二〇一九年的國防預算是七千一百六十億美元，那只是一年的預算，是美國史上最高的一筆。[29]依據國會預算辦公室的數據，武器系統的經費占了國防部預算的三分之一。[30]美國國防預算經費超過中國、俄羅斯、英國、法國、印度、日本、沙烏地阿拉伯的軍事預算總合。[31]聯邦政府為了保衛我國「國家安全」所編列的預算，配置方法顯然出了嚴重的問題。

我們應該考慮至少將國防部的一部分關注焦點，從永遠用不到又越來越貴的武器上，轉移到軍方應扮演的新重要角色上，也就是保護國家不受網路戰攻擊，以及在氣候相關災害中指揮管理救災活動。未來幾十年，網路戰以及氣候災害將逐漸成為我們的社群與國家面臨的、最重大的國安議題。目前國防部的武器系統預算誇張地多又豐厚，只要刪減一二．六%，聯邦政府就可以再獲得三百億美元經費投資綠色新政，而這個金額只占二〇一九年總體國防預算的四%左右。如果連這麼微小的一部分國防預算我們都不肯重新規劃，以建立堅韌的全國智慧電網、對抗網路戰與氣候災難，就會把國家推向嚴峻險境。

額外的聯邦資金可以透過停止提供石油、天然氣、煤礦產業共近一百五十億美元的補助補足。[32]現在已經沒有任何道理要補助化石燃料領域了，這個領域的資產正快速轉為擱置資產。

純粹把上述數字相加，就可以得到以下結果。聯邦政府每年可以透過對超級富人增稅，取得七百億美元收入；將武器開發與採購經費削減一二．六%，就能取得三百億美元；終結對化石燃料領域的補助，即可再擠出一百五十億美元。全部加起來就是一年一千一百五十億美元的收入，可以用來當成聯邦政府對零碳排綠色基礎建設轉型的投資資金。

當然，要讓聯邦政府可以取得未來二十年投入綠色新政規模化計畫所需的資金，

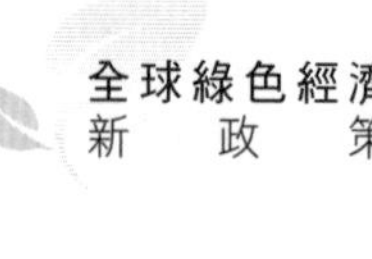

這只是多個可能的籌資方式之一。還有很多可能的組合能達成目標。舉例而言，有人提案要全面徵收碳稅，那筆收入的一小部分也可以拿來提供聯邦政府與州政府資金，投入推行綠色新政，多出來的錢則可以分配給美國家戶，讓碳稅的壓力只由化石燃料產業承擔。重點在於，這些數字都是現在就可以執行的，不需要超級富人上繳超大筆財富、不會大幅降低軍方的備戰能力，或是嚴重犧牲數百萬美國家庭的財務福祉。

話說回來，另一個一樣很有希望籌到錢的管道（至少一部分），是公／私退休基金的數兆美元資產，這些基金現在正開始將目光轉向綠色第三次工業革命全面轉型帶來的廣大投資機會。退休金在美國已是眾人熱烈討論的議題，也是兩黨政治人物成天在講的內容。

二〇一九年二月，《國會山報》（The Hill）這份幫助民選官員、聯邦政府官員、遊說團體了解政府內部新消息的刊物，發表了一篇英戈．華特（Ingo Walter）與克萊夫．利普席茲（Clive Lipshitz）共同撰寫的社論。華特是紐約大學斯特恩商學院（NYU’s Stern School of Business）財金系榮譽教授，利普席茲則是貿易風州際顧問公司（Tradewind Interstate Advisors）合夥人。[33]那篇社論的標題是《公部門退休金與基礎建設：天作之合》（Public Pensions and Infrastructure: A Match Made in Heaven），內文提到巨大的國家公務員資金池與政府擦出浪漫火花，即將推出有助於升級二十一世紀基礎建設的合作案。

這個資金池中，有些資金會加入並投資全國電網的建造與聯邦政府實體資產綠化，這件事已經確定成行。國會與白宮中，民主與共和兩黨角力核心，將是在聯邦政府直接出資推動基礎建設轉型，以及利用退休基金資本注資與其他私人資本資金之間，找到平衡點。這項討論可望讓兩黨跨越藩籬相互合作，繼續推動無可迴避的零碳排經濟轉型。

這個「天作之合」伴隨一個要留意的重點，那就是使用工會退休基金投資綠色基礎建設與相關計畫時，推動與執行的過程必須盡可能聘請工會勞工，如此一來，勞工的退休金才不會又像以前一樣被用來資助反工會、刻意消除工會成員工作的企業。目前美國勞動人口中，只有一一%參與工會，一定有些綠色基礎建設計畫找不到足夠的工會成員來任職，但公司至少要保證在員工有意願時，保障他們擁有組工會並共同與資方協商的權力。

連結公/私退休基金與綠色基礎建設的媒人是綠色銀行。綠色銀行的使命就是提供部分可用資金，專門出資建立大規模的第三次工業革命綠色基礎建設。過去十年間，英國、日本、澳洲、馬來西亞和其他國家都成立了綠色銀行，目前已經投資至少約四百億美元推動綠色能源。[34]最早從二〇一二年起，國際工會聯盟就積極參與，主張建立綠色銀行扮演結算所的角色，結合勞工大筆全球退休金基金與綠色基礎建設投資。[35]

在美國，時任眾議員、現為馬里蘭州參議員的克里斯．范霍倫（Chris Van Hollen）提出《二〇一四年綠色銀行法》（Green Bank Act of 2014），那是聯邦層級第一個類似法案；康乃狄克州參議員克里斯．莫菲（Chris Murphy）則提出參議院版本。該法授權政府新發行一百億美元的公債以籌資建立一間銀行，提供「貸款、貸款保證、債務證券化、保險、投資組合保險，與其他形式的財務支持或風險管理」以幫助綠色基礎建設規模化計畫籌資，並推動綠色基礎建設轉型。[36]范霍倫的法案從未正式入法，但成功讓綠色銀行的概念在美國萌芽。到二〇一六年，紐約、康乃狄克州、加州、夏威夷、羅德島（Rhode Island）、蒙哥馬利郡（Montgomery County）、馬里蘭州，都設立了綠色銀行並順利運作，也有其他行政區正在籌劃中。[37]

由於基礎建設主要由州政府負責，任何聯邦政府推出的、建立全國性綠色銀行的計畫，都需要將各州既有的綠色銀行計畫列入考量並調整做法。因此，當范霍倫在二〇一六年重新提案立法，呼籲設立國家綠色銀行時，新法就不允許聯邦政府直接提供綠色基礎建設資金，而是要求美國綠色銀行僅能借錢給州立和市立綠色銀行，再由那些銀行負責提供資金給綠色基礎建設計畫。[38]

不管財務組成如何，退休基金資本都將是轉型的重要推手。這對綠色新政的部署而言，是個雙贏局面。數千萬勞工將他們的退休基金投入國家的未來，在這個新興綠色時代，盡可能確保勞工可籌組工會、保障勞工集會的權力、確保退休基金報酬率穩健、直接回應氣候變遷問題，並且因國家基礎建設轉型激發大量新商機與就業機會。

不管是否有綠色國家銀行法案立法，公部門的退休基金（甚至是越來越多私部門退休基金）都會負起很大一部分聯邦層級資助綠色新政的重擔。不過，他們最想做的還是提供資金給州、地方層級，進行綠色基礎建設投資。這個層級的投資比聯邦層級大得多，在未來二十年，每年投資額約三千四百五十億美元。

但首先得談一件掃興的事。讓我說明一下，因為基礎建設的本質就是公共財，每一位公民都要能觸及並使用，所以各界始終認定基礎建設服務應該由地方政府、州政府與中央政府提供。然而，州政府與地方政府層級已經出現轉變，越來越多既有的公共基礎建設被出售或以特許方式租給民間機構，或是新基礎建設一開始就私有化。這類情況被稱為「官民夥伴關係」（public-private partnerships）。會有這種轉變的部分原因是，一九八〇年代初期，政局出現變化。當時柴契爾夫人（Margaret Thatcher）與雷根崛起並掌權，兩人都採行私有化與法規鬆綁。背後的論述在當時與現在都一樣，就是如果由政府出錢建立並負責管理基礎建設，並交給政府單位監管及營運，在沒有競爭者的情況下，最終會變成怠惰的官僚體系，創新腳步慢，終於要開始創新時又管理得很差。

上述說法成為新自由主義意識形態的一部分。新自由主義者認為，應該要讓這些重要基礎建設服務私有化，之後就交給「開放市場」（open marketplace）管理。順便補充說明，從來沒有充分證據支持基礎建設由民間負責較佳的主張。至少在發展程度較高的國家，鐵道服務、電網、郵政、公眾健康服務、公共電視台與其他政府服務，看起來都非常有效地運作著。

然而，把公共基礎建設轉成政治問題引起大眾關注，關注程度至少足以讓政府勇於推動新自由主義。從柴契爾到雷根，再到布萊爾（Tony Blair）與柯林頓（Bill Clinton），各國首腦都把多項傳統基礎建設責任，轉交給民間以及市場的率性無常。我懷疑如果深入檢視那段時間的歷史，或許會發現，在傳統市場上已經過度飽和的民間部門，急著想掌控含金量高的公共基礎建設服務，因為基礎建設本身就有一群幾乎別無選擇、只能使用服務的固定客群，是個超划算的提案。

近年出現了第二波基礎建設私有化風潮，主要是回應公共債務節節攀升，以及部分國家的人民，在這個薪水追不上生活成本的時代（對中產與勞動階級而言尤為如此），對減輕稅務負擔的渴望。因此各地方與州政府開始讓越來越多基礎建設私有化，是意料之內的事。然而，私人企業管理基礎建設時，往往認為自己是在做生意而非提供服務，比政府更積極從中擠出獲利，經常造成產業觀察者稱為「資產拆賣」（asset stripping）的現象。這是很常見的問題，在私營監獄、收費路段、學校等公共建設上都一再重演。

從民間收回基礎建設

退休基金入主基礎建設帶入了一批新的所有權人，這群人和基礎建設的關係與私有企業在許多方面不盡相同。退休基金委託人通常會把自己想成是監護人或服務者，因此在投資時會採取較符合社會責任的手段。退休基金的受託人一直是採行社會責任投資之ESG原則的開拓者，特別是公家基金，不過近來私人退休基金也加入了這個行列。受託人主要是受基金成員與工會領袖的敦促而採取行動。這些退休基金帶來了不同的思維，可能會更投入基礎建設計畫的「社會資本」投資。

過去幾年，退休基金開始重置投資組合，揚棄傳統、減少對股市的投資，因為股票價值被高估、風險高，短線投資又會受過熱牛市與越跌越深的衰退期輪轉衝擊。退休基金受託人開始對報酬可預期的綠色債券產生興趣，這些綠色債券波動性較低，以長期投資而言較為安全。而基礎建設符合這些條件。近期一項普華永道（PwC）與全球基礎建設投資者協會（Global Infrastructure Investor Association）所做的研究《全球基礎建設投資》（Global Infrastructure Investment），就提出了這項觀點。內文闡述，「過去十年，世界各地的經濟基礎建設出現轉變……驅動力來自尋求長期穩定報酬的資本湧入」，這當中許多資本來自退休基金。[39]

公務員退休基金投資公共基礎建設是個理所當然的決定：他們的基金成員就是為公家服務，因為他們的親身體會，很能欣賞公共服務的重要性。但不管是公部門或私部門的退休基金，通常都很樂意投資基礎建設，因為這項投資可以加強他們與家人享受的基礎建設服務，提供額外的好處；如果建設就在他們工作與生活的區域內，意願就更是高。

這是發展中的趨勢。位於魁北克的大型退休基金魁北克儲蓄投資集團（Caisse de dépôt et placement du Québec）籌措了足夠資金，開發並經營蒙特婁（Montreal）市的輕軌系統。[40]荷蘭退休基金與地方工程公司合作，出資在區域內打造一條新的道路。[41]長期而言，由退休基金投資公共基礎建設，會比將基礎建設私有化，交給國際企業用純粹追求利益的業務模式經營來得好。

現在我想從個人的角度，談談我為什麼會仔細鑽研全球企業私有化基礎建設，對比退休基金直接投資公共基礎建設的議題。回想一下谷歌在多倫多推動的新措施，他們希望私有化、建立並管理一項智慧基礎建設，那項建設最終會監管在都會區來來去去的所有人口。

雖然聽起來很不舒服，但對大型網路公司與資通訊公司而言，這是下一塊廣大的市場。拉瑞·佩吉（Larry Page）親口說過上面這件事，他似乎對於數位科技內建的效率與益處過分著迷，因而絲毫不曾想過大眾可能會害怕這個想法。讓我告訴你，從我與歐盟各區域合作的經驗來看，在繪製長期綠色基礎建設藍圖時，將公共基礎建設私有化，交給大型國際企業——特別是網路、資通訊、電信業者——絕對不可能成功。

另一方面，由政府出錢進行基礎建設也會遇到問題。第一個問題就是，政府需要減低帳面上的債務對國內生產毛額比率，這是全歐盟的政府都必須做的事。在美國，地方與州政府也注意到相同限制，並且很清楚他們現在需要的這種投資經費，沒辦法只靠加稅或進一步舉債籌得。那麼我們該如何穿過支出迷宮，找到務實的做法來籌資，以打造二十一世紀智慧綠色基礎建設？金融圈內，越來越多人支持要考量過去未碰觸、公／私退休基金資本所蘊含的數兆美元投資機會。

從退休基金的角度來看，他們有意願也很樂於投資。但有個真正的問題是，缺乏已經落成的大型第三次工業革命基礎建設計畫給大家投資。不只美國市場，世界各地的城市、區域、國家都面臨相同問題，僅是推動數千個小型、彼此無關的試點計畫，鮮少規劃大規模的基礎建設轉型。舉例而言，目前在英國只推行了一項大型基礎建設計畫，資金來自退休基金聯盟。那項計畫耗資四十二億英鎊打造倫敦的「超級排水道」——泰晤士潮路排水管道（Thames Tideway Tunnel）——被譽為「維多利亞時代以來，倫敦汙水處理系統最大的翻修計畫。」[42]

地方退休基金合夥公司（Local Pensions Partnership）掌管蘭開夏郡（Lancashire County）總額一百二十億英鎊的退休基金，該公司投資長克里斯・魯埃爾（Chris Rule）直言：「我認為退休基金很樂意投資英國基礎建設，『問題』出在供需。現在在找投資機會的錢比可以投資的標的還多，因此壓低了收益。」

安聯環球投資（Allianz Global Investors）是另一個在大型基礎建設開發計畫中找尋投資機會的主要參與者，其基礎建設債券團隊總監安德・瓊斯（Adrian Jones）附和退休基金投資人與保險公司常提出的說法。「我們認為，現在需要的不是大刀闊斧改革來把更多錢導入基礎建設中，我們需要的是更多可投資的計畫。」[43]退休基金受託人共同的抱怨是：不要再推試點計畫了！給我們一些大規模的第三次工業革命基礎建設部署，讓我們投資一段時間賺取穩定報酬，那我們就會加入。

結論是，全美城市、郡、州政府不願意增加債務對國內生產毛額比率，或透過增稅來籌措執行大規模基礎建設計畫的資金。同時，退休基金希望大規模投資基礎建設。因此現況提供有利條件，可以建立長期合作關係來促成全美各區域的轉型，快速打造綠色零碳排公共基礎建設。

要讓美國站上綠色新政的起跑線，還需要解決另一個麻煩。美國大部分的地方基礎建設投資，都是仰賴免稅市政債券籌資，這會衍生出一個問題，那就是各地政府通常會選擇透過政府採購案取得基礎建設計畫所需的資金，而不是與私人企業進行財務協議，促成官民夥伴關係。因為前期免稅市政債券更便宜且誘人，而且這種作法也較能為害怕基礎建設私有化的大眾所接受（這樣的想法可以理解）。然而，民間企業抱怨，因為免稅市政債券而變得可行的投資方式，成本較低，他們往往無法與之競爭，但若是為了和政府達成合作協議，接受較低的投資報酬率又不划算。

相形之下，退休基金較有意願投資綠色市政債券，甚至為了成為當地政府的投資夥伴，不惜接受較低的投資報酬率，因為他們的首要目標是，確保基金成員可以獲得穩定的報酬。但是他們也沒有完全接受投入免稅市政債券市場的想法，因為退休基金本身也免稅，所以不會因為投資免稅市政基金取得額外的好處。但現在退休基金的顧問團提出新的想法，那項提議隨著市政府與州政府積極拉攏公／私退休基金購買綠色公債而越來越熱門。顧問想做的事情，是讓政府以稅額抵減的形式，提供退休基金更多誘因，鼓勵他們投資綠色公債。

莫卡特顧問公司（Mercator Advisors）共同創辦人大衛謝爾特（David Seltzer）在二〇一七年公務人員退休系統國家會議上，提出這個新主張。他建議，「退休基金可以將因債券或股票投資獲得的稅額抵減優惠，轉換成現金」。他解釋：「退休基金可以利用稅額抵減來抵銷他們對美國國庫的負債，免除退休人員領取退休金的預扣稅款，如此一來，就能將不能退還的稅額抵減額度轉換成現金。」[44]

美國稅法中有許多稅務優惠方案，嘉惠國際企業、受高額補助的產業、金融圈與極富有的人。現在這項稅額抵減方案不一樣，雖然規模相對小，但它的設計就是為了提供充分的報酬，讓退休基金可以投資綠色債券，資助美國基礎建設計畫。還有一項額外的好處，就是如果真的施行稅額抵減，讓退休基金幾十億美元的資產退出化石燃料產業，轉投資綠色新政第三次工業革命基礎建設，這不僅能夠保障七千三百萬美國工作者的退休生活，還可以確保他們的後代子孫在氣候變遷的世界中更加幸福。

雖然稅額抵減必定可以拉攏猶豫不決的退休基金，讓他們投資綠色市政債，城市與州政府的債務重擔依然日益沉重。要解決公共債務的問題，城市與州政府必須考慮某種形式的官民夥伴關係。但同樣的問題又出現了，政府跟民間企業簽訂協議，將基礎建設私有化之後，會出現各種恐怖故事，像是表現與管理未達標準、成本超支、資產拆售以維持獲利、倒閉。承包私有化公共基礎建設的企業首要目標是先顧獲利，總會演變成用降低成本為理由，盡可能隨時隨地減少支出，但這最終犧牲的都是他們負責建設並管理的基礎建設的營運效率。

ESCOs：綠色新政的商業模式

不過有一種替代方案可以讓綠色新政的官民夥伴關係蓬勃發展，而且這種方案已經有二十五年的成功紀錄。這種商業模式就是「能源服務產業」（Energy Service Company，簡稱ESCO）。ESCO是一種截然不同的做法，用來進行仰賴「績效保證契約」（performance contract）的業務，以保證獲利。這是一種違反直覺的商業模式，翻轉了買賣市場的根基，而買賣市場正是資本主義的核心原則。

績效保證契約完全拋棄買賣市場，改為提供者與使用者網絡，在這個網絡中，ESCO百分之百負責提供所有資金，並依據投資項目是否達成合約所述的新綠能產量與能源效率獲取投資報酬。

政府與ESCO之間新興的官民夥伴關係，讓民間企業的技術專家與最佳做法可以套用到公共服務，創造雙贏，也創造了公、私部門之間強而有力的嶄新互動模式。退休基金是資助這些官民夥伴關係的最佳夥伴，這筆資金來自數百萬美國工作者的遞延薪資，而這群人將受惠於退休金穩健且可靠的投資收益、新興綠色經濟創造的數百萬份新工作、為子孫開創的接近零碳排綠色未來。有史以來頭一遭，這個新的經濟模型將地方與州政府、商界、美國勞工全部拉進強大的夥伴關係中，相互協助，轉變社會契約的本質。

以下說明這個新的合作模式如何運作。首先，地方與州政府進行招標，ESCO下標取得建立部分或整體基礎建設的合約，標案附帶下列條件。贏得標案的公司要負責籌措建立基礎建設的經費，而該ESCO的資本投資報酬來自下列幾處：裝設太陽能與風能科技和生產綠電、創建跟管理全國智慧電網而提升輸電效率、因升級淨水與汙水系統而提高能源效率，以及其他績效保證契約工作創造的能源效率。

績效保證契約工作包括但不限於：建物改造以讓建物更有辦法抵擋氣候相關事件、在設施周圍裝設能源儲存設備、裝設物聯網感應器以監控並提高能源效率、加裝電動交通工具的充電站，還有調整生產設備、生產流程與供應鏈以提高企業營運每個階段的總體效能。

政府與ＥＳＣＯ還可以簽訂另一種形式的績效保證契約。舉例而言，政府機關透過ＥＳＣＯ的協助，獲得績效保證契約的資金（ＥＳＣＯ通常有開放管道為這類計畫籌資）。這種形式的合作中，政府機關必須還款，但ＥＳＣＯ還是有義務達成節能保證，撙節計畫費用與成本。任何損失仍由ＥＳＣＯ承擔。這種合作方式的吸引力在於政府機關享有公共計畫帶來的稅務減免，因此可以提高ＥＳＣＯ與政府機關雙方的合作意願。[45]

績效保證契約也可以讓客戶在工程進行的過程中、ＥＳＣＯ投資未完全收回以前，就開始分享綠能生產與能源效率提升帶來的利益。這類調整版的績效保證契約也稱為「節能合約」（**energy savings contract**）。一般而言，新產出的能源與能源效率一大部分（通常是八五％）會由ＥＳＣＯ享受，直到企業投資完全收回、契約終止，在那之後客戶就可以獲取所有未來收益。[46]相應地，城市、郡、州政府不需要負擔資本投資或其他執行計畫的過程中造成的財物損失，就可以得到智慧、有效率、低碳的基礎建設。致力於「行善得福」、挑起社會責任的退休基金很適合資助參與綠能生產與節能工程的ESCO。

ESCO的經營橫跨民間與官方範疇。私有住宅用房地產與中低收入住宅（後者尤是）、老舊商業區（通常在較弱勢的社區）、工業與科技園區，都需要進行基礎建設轉型，才能符合綠色第三次工業革命典範。ESCO商業模型也可以套用到政府空間、商業領域或公民社會。每一個城市、郡、州的住宅、商業、工業與機構型基礎建設轉型都應該有大筆稅額抵減與分級稅罰制度，才能促進綠色新政轉型。

不管我們在討論的是公立或是私有基礎建設，要從充滿骯髒化石燃料的社會轉向乾淨的綠色社會，不爭的事實是，最貧困的社區在轉型過程中，總是最脆弱也最少被考量。在這一點上，地方政府與ESCO達成的官民夥伴關係有機會創造最大的影響，幫助這些高風險社區轉型為綠色新政基礎建設，善用轉型帶來的新商機與就業機會，同時又能解決因氣候變遷而加速惡化的公衛危機。

二〇一七年六月，《科學》期刊刊載了一篇指標性、針對各郡所做的研究，研究主題是氣候變遷可能會對美國各個社區造成哪些影響。文章作者指出，氣溫升高受創最嚴重的是美國南部與中西部偏南的地區、最窮困的社區，到這個世紀末，那些社區的GDP損失可能高達收入的二十%。第一作者暨加州大學柏克萊分校公共政策教授所羅門．謝恩（Solomon Hsiang）警告：「我們的分析顯示，如果持續當前的做法，可能造成美國史上最大規模、由貧者到富者的財富轉移。」[47]

毫無意外地，氣候變遷也對美國公共衛生造成極大衝擊，又是最貧窮的社區受創最深，因為當地人口最難取得充分的醫療服務，也沒有足夠的錢來採行因應氣候變遷事件的補救與調適措施。氣候劇變對公共衛生的衝擊日益嚴重。排放溫室氣體的後果使得人民暴露在臭氧與懸浮微粒汙染中，肺功能受到減損，最廣為人知的就是氣喘問題與野火擴散造成的濃煙汙染。季節性暖化增加對過敏原的暴露情況。高溫引發疾病甚至死亡，像是中暑、心血管疾病。由於昆蟲分布的地理範圍改變，造成蟲媒傳染病風險提高。以上只是幾個例子而已。

氣候變遷與日益嚴峻的公共衛生危機之間密不可分的關係，已經成為數百萬美國人與全球民眾真實面對的問題，他們都曾經歷氣候變遷引發的颶風、水災、旱災、野火。這些災害除了會造成立即性的生命威脅，還會因為汙染水源造成二度傷害。

美國許多較老舊的社區，汙水處理系統具備雙重功能，一方面要把廢水送到汙水處理廠，另一方面也要在風災時負責排水。但現在暴風雨與颶風越來越嚴重，大雨灌入汙水／排水基礎建設，造成未處理的汙水與暴風雨帶來的雨水逕流倒灌，淹入美國多處民宅、公司、社區、地方溪流與河川，對公共衛生造成嚴重威脅。隨著氣候持續變遷，這些問題只會更嚴重。

不幸的是，同一時間各市政府陸續出售供水與淨水系統，轉交私人企業。那些企業通常因為怕影響獲利，不願意升級老舊的供水、汙水、排水系統。

美國與世界各地的城市都注意到，老舊的供水、汙水、排水系統遇上氣候變遷引發的水災時，會對公共衛生與安全造成威脅，因此近來市政府開始把這些重要基礎建設收回旗下，讓公部門可以再次管控這個傳統上最關鍵、由政府管理的公共服務之一，以保障當地社區的公共衛生。

一樣的問題又出現了。窮人最容易受到傷害，因為他們所在地的基礎建設往往最陳舊不堪，公衛服務也不足，而且各種氣候變遷補救、調適措施都很少服務到那些地區。因為這些原因，ＥＳＣＯ透過地方、州政府與民間部門介入時，都應該優先考量國內最弱勢的區域與最貧困的人口。

了解水源與能源的連結對於轉型至零碳排社會至關重要，而ＥＳＣＯ是加速改變最有效率、商業上可行的商業模式。雖然水源與能源連結在氣候變遷、減排策略、全社會建物韌性中扮演關鍵角色，卻鮮少在公開場合被提及。有水才能發電，但也需要電才能汲取、淨化、回收水源，兩者環環相扣且不可分割。

事實上，我們需要非常大量的水才能發電。發電廠使用燃煤、石油、天然氣、核能來將水煮沸，產生水蒸氣以推動渦輪機，進而發電。蒸氣用完後必須冷卻，驚人的是「『二〇一五年』熱力發電用水量占總用水量四一％」。[48]

氣候變遷造成全球旱災廣為肆虐，主要仰賴化石燃料與核能進行的電力生產快速消耗含水層中的水分，往往壓縮了其他重要公共服務的用水量，還迫使電廠要減少供給給消費者的電量。

提取、淨化、分配淨水，汙水回收再利用，也需要能源。以加州為例，「與水相關的能源使用每年占加州電量一九％、天然氣三〇％，還有八百八十億加侖的柴油燃料。」[49]水與汙水設施消耗的能源「占一般美國城市能源預算的三五％」且「約當全美總能源用量的三到四％」。[50]

市政府已經開始與ＥＳＣＯ合作，提升他們在配送淨水與回收汙水時的能源效率，透過以下幾種方式節省能源成本：升級幫浦系統、淨水與汙水系統自動化、利用厭氧消化（anaerobic digestion）以汙水生產綠色沼氣、將回收水用於公園與農田灌溉系統、優化建築物中淨水循環系統與水管使用。ESCO的部署橫跨水與能源的連結網絡，提升每個鄰里、社區、國家總體用水用電的效率，這些ESCO成為零碳排循環經濟的基石。

績效保證契約重視效率、生產力與國內生產毛額，但也同等重視從各個面向讓社群的經濟與社會生活更有韌性，藉以進行氣候變遷調適，確保沒有任何人被遺落並落實社區的公共衛生環境無虞。事實上，在績效保證契約的世界裡，前後兩者是一體的東西。

這是新的資本主義類型，在商業計畫的核心加入社會貢獻。ESCO不斷追求新科技與管理手法，以提高投資報酬率，而社區因此獲得各種好處：像是住家與企業的電費更便宜；潔淨再生能源提供住家與企業電力時，邊際成本幾乎為零；電動與燃料電池交通工具仰賴綠色電力驅動；較無汙染的環境可以加強公共衛生；社區內出現新商機與職缺。收益與利益都可以重新回到社區當中，加強社經福祉。

最後還有一點很重要，績效保證契約能不能成功，端看可能高達數百萬人口的半技術、技術、專業勞工受訓與部署的情況，這群人可以改造全美住宅、商業、工業與公共建築，可以打造全國智慧電網，可以安裝太陽能與風能科技，可以鋪設寬頻電纜，可以嵌入物聯網科技，可以生產電動與燃料電池交通工具，可以製造並安裝充電站與能源儲存設施，也可以在全國各地鋪設智慧太陽能道路。按照績效保證契約經營的ＥＳＣＯ同時嘉惠自己、勞動人口與社區。

績效保證契約不只是資本主義一則小篇章，而是資本主義模型根本的崩解，迫使社會進行典範轉型，改變了建構二十一世界經濟生活的方式。我還記得一九六三年在華頓商學院上的第一堂行銷課，教授在黑板上寫下一個拉丁片語「caveat emptor」，意思是「買者自慎」（let the buyer beware），並告訴在座學生就算在這堂課上什麼都沒學到，也要記得這個金科玉律。這個說法指的是經濟學上的「資訊不對稱」（information asymmetry），也就是說賣方永遠不希望買方知道所有關於他們家產品或服務的資訊，包括真實成本、實際表現、生命週期等。這種不透明性內建在系統中，使得買方明顯處於弱勢。買賣關係中不對稱的現象部分因企業提供保證而消弭，但這些保證終究沒辦法完全保障買方。

績效保證契約直接消滅買賣市場，以提供者與使用者網絡取代傳統資本主義模型，因此去除了這種買賣雙方進行市場交易時的偏誤，並因而讓賣方不再享有不平等、特有的優勢。

這裡值得再次重申，在進行績效保證契約時，ＥＳＣＯ只有在確保績效達標時，才能收回投資成本。這意味著什麼？舉例而言，ＥＳＣＯ要提升能源產量與總體效率，達到一定水平投資才能回本，使用者因此可以搭便車。只要ＥＳＣＯ投資回本，新裝設的設備與那些設備創造的高效率流程，就會讓使用者享受到穩定的綠色能源供給與高能源效率。

ＥＳＣＯ的根本特性是，它們的服務設計目的，就是要幫助客戶在企業營運上提高總體效率、生產力、能源產量，並藉此降低客戶營運的固定成本與邊際成本、減少碳足跡，使客戶在進行企業營運時，各方面都顧及循環性與韌性。許多ＥＳＣＯ會在績效保證契約初始契約的投資完全回收後，延長服務期間，持續為使用者升級服務，這在商業與工業上特別常見。

截至目前為止，ＥＳＣＯ通常扮演較小眾的角色，往往是在小型、獨立的計畫。但因為現在我們急切地需要擴大綠色新政第三次工業革命基礎建設，在一個世代的時間內，就讓所有鄰里、城市、地區、大陸轉型，有越來越多人看好並推崇這個新的商業模式。

法維翰顧問公司（Navigant Consulting）在二〇一七年公布了一份報告，將目前幾大ＥＳＣＯ依表現做排名（法維翰是ＴＩＲ顧問集團有限責任公司的合作夥伴）。前十大公司是：（1）施耐德電機（Schneider Electric）；（2）西門子（Siemens）；（3）阿梅雷斯克（AmerESCO）；（4）諾雷斯克（NORESCO）；（5）詮恩（Trane）；（6）漢威聯合（Honeywell）；（7）江森自控（Johnson Controls）；（8）麥金斯崔（McKinstry）；（9）能源系統集團（Energy Systems Group）；（10）艾奕康（AECOM）。[51]施耐德與西門子在過去十年，都參與了ＴＩＲ顧問公司的區域性規劃。

二〇一三年，西門子執行長彼得．羅旭德（Peter Löscher）邀請我參加公司年度會議，與董事會成員會談，接著再與二十名全球部門領導人進行深入討論，探討如何開始為打造第三次工業革命基礎建設，建立商業模型並創造擴大規模的機會。與部門領導人見面時，我發現他們通常都是獨立作業。西門子的部門包括ＩＴ、能源、物流與基礎建設，全部都是在布建智慧綠色基礎建設時的關鍵組成。會面時，西門子恰巧在轉換形象的過程中，想變身「解決方案提供者」（solution provider），協助建立智慧永續城市。基礎建設的設立提供機會，讓西門子各個部門走出自己的小世界，成為更團結一體的解決方案提供者。

會談中，我們討論到ＥＳＣＯ績效保證契約模型，把它視為擴建各城市與邊陲地區智慧基礎建設的新商業機制。五年後，西門子已經為強勢登場做足準備。二〇一八年二月八日，西門子邀請我到紐約市演講，講解我對第三次工業革命的論述，在座的有西門子的客戶、消費者、開發者、基礎建設組織成員、投資銀行與政策顧問。那一場論壇的主題非常適切，是「投資明天：數位化北美城市」（Investing in Tomorrow: Digitalizing North American Cities）。論壇有一部分專門討論啟動第三次工業革命所需的績效保證契約。

雖然二〇一八年，西門子在《財星》雜誌全球五百大企業中，排名第六十六，但沒有任何一家企業可以單打獨鬥，靠自己在每一座城市、區域、國家打造為期二十年、大規模的工地，帶領世界經濟轉型至零碳排第三次工業革命典範。比較可能的情況是，西門子與其他數百間大企業和數千家區域型、高科技中小企業合作，結合成一個個相互連結的區塊合作關係，並採用ESCO績效保證契約商業模型，出資者是全球與國家退休基金組成的財團，與各地市政府和區域型單位合作，擴大智慧綠色新政基礎建設的規模。在時限只有短短十五到二十年的情況下，這個分散式ESCO區塊鏈模型應該會是最受歡迎的做法，快速推動地方與區域經濟體轉型。

全球企業獨自作業，採取傳統商業做法、以私人企業的身分打造並管理新綠色基礎建設，因此有特權又能掌控基礎建設及其相關服務，這種老舊的新自由主義模型將被拋在一旁。

相對地，這套新績效保證契約模型是個混合式的做法。在這套模型當中，城市、郡、州政府依然可以掌控新基礎建設的設立，並具備所有權，這些基礎建設仍是服務社區整體福祉的「公共財」，但財務責任轉由民間ＥＳＣＯ承擔，ＥＳＣＯ要負責成功設立並管理該基礎建設。買賣市場中的「買者自慎」退到一邊，讓路給供應者與使用者網絡中「行善得福」的供應者。

這是「社會資本主義」的本質，並代表著一個務實的商業模型，這個商業模型可以在時間緊迫的情況下，加速邁向接近零碳排的時代的轉型過程。如果說，買賣市場適用於化石燃料文明與進步時代，那麼績效保證契約中的ＥＳＣＯ提供者與使用者網絡就是在新興韌性時代中，打造並管理永續綠色文明的招牌商業模型。

7 動員社會：拯救地球上的生命

看到綠色新政在美國、歐洲與世界其他地方廣為流傳，著實振奮人心。到這個程度，思想真的可以帶來影響。我們是說故事的物種，依循自己的敘事內容與共享的故事生活著，並透過這樣的方式理解到我們是社會共同體。綠色新政是一條「故事線」（story line），在過去幾年逐漸演進並趨於成熟，它所蘊含的意義越來越精密且細緻。此際，人類發現自己面臨震盪，可能邁向滅絕終局，也或許有機會看到新的起點。綠色新政提供我們一個共同的聲音，讓我們意識到自己肩負著共同的使命。現在，我們迫切需要將這個故事線轉為強而有力的論述，引領我們向前邁進。

為此，美國必須加入討論。雖然「做得到」（can-do）的態度就寫在我們的文化基因裡，但「美國精神」（American spirit）才真正解放它。美國精神始終充滿希望，期待著更好的未來，一代又一代的美國人願意投入他們的人生、財富與神聖的名譽以完成崇高的任務，有些時候甚至在過程中，莽撞地無視可行性與障礙物。創業家精神（entrepreneurial spirit）獲得解放之際，我們一次又一次看到上述的光景，不僅在市場上是如此，在公民社會亦然。美國人最獨特的特質就是不怕失敗，不管是金錢上或社會上的失敗都不怕。我和來自其他國家的朋友與同事碰面時，他們經常會談到美國人的冒險精神，以及願意失敗並重新開始、從挫敗中學習且永不放棄的態度。

人類現在就是需要這種態度，才能挺過氣候變遷帶來的風暴。那場風暴即將來臨，我們必須在面對未知時，無畏且展現韌性，願意直接面對挑戰，並且在跌倒後重新站起來。但這一次，明天不會跟我們過去的經歷相同。如果有人告訴你，綠色新政會保留我們熟知的生活方式、美化「社會綠化」的意義，那都是在騙你。我們的未來將充滿日益嚴峻的氣候事件，嚴重衝擊社區、生態系統與共同生物圈。

我們來到邊境，準備探索新的未知領域。自然再次狂野了起來，我們必須學習與未知共處、隨時調適，以適應自然帶來的意外。我們必須摒棄一切既有觀念，不能再想著要安撫自然界，並形塑大自然以服務人類。現在我們要重新站起來，集結眾人之力，學習靠機智生存，並從內找到深層的韌性，讓我們得以生存並邁向未知的未來。那未知的未來等待著，等著居住在宇宙中這塊藍色小綠洲上的我們與其他物種。美國與世界各地的年輕世代突然願意起身對抗氣候變遷，這樣的轉變令人欣喜，而且早該發生了。

歐洲捎來的綠色新政訊息

二〇一九年年初，美國年輕一代的社運人士與地方、州、國家層級新選上的官員，大力吹響了綠色新政的號角。有鑑於此，我想為親愛的美國同胞更新歐洲綠色新政的最新發展，這些進展是在我寫作的前幾個月，由歐盟執行委員會公布的內容，希望歐洲與美國的社運人士可以分享未來大動員的心得。

二〇一八年十一月二十八日，歐盟公布了歐洲去碳化並邁向永續未來的下一步。歐盟執委會高喊在二〇五〇年之前，達成「氣候中和」（climate-neutral）的目標，也就是整個歐洲大陸要成為零碳排生態社會。[1]二十八個成員國全數參與，有些國家充滿熱情，也有些小聲抱怨，但每一個人都意識到現在不是撤退的時候，反而要加倍努力。

以下是歐盟「二〇五〇氣候中和計畫」的前奏。我們從二〇一六年八月就開始暖身，讓歐盟成員國習慣二〇一八年年底前將提出的新氣候目標。二〇一六年七月九日，我在斯洛伐克與歐盟執委會副主席馬洛斯・塞夫科維奇（Maroš Šefčovič）會面，當時由斯洛伐克主掌歐洲理事會。塞夫科維奇向我大略介紹歐盟能源聯盟（EU Energy Union）的新指導原則與目標，他們將二〇三〇年與二〇五〇年的新再生能源目標、能源效率目標、二氧化碳減排目標與智慧歐洲計畫的推動綁在一起。塞夫科維奇請我報告智慧基礎建設轉型的案例，幫助歐盟在本世紀中之前，邁入後碳時代。[2]

隔年，二〇一七年一月三十一日我們再次見面並追蹤進度。我到歐洲央行演講，主題是「未來的歷史──二〇二五的世界」（A History of the Future─The World in 2025），將類似的訊息傳遞給在座金融圈人士。[3]

一週後，二月七日，我和塞夫科維奇會同歐洲區域委員會主席麥爾可．馬庫拉（Markku Markkula）一起出席由該委員會舉辦的高層會議，會議主題是「投資歐洲：建立智慧城市與區域的聯盟」（Investing in Europe: Building a Coalition of Smart Cities & Regions）[4]。歐盟的三百五十個治理區域強而有力卻經常被忽略，他們的參與很重要，因為歐洲要在二〇五〇年之前達到去碳並轉型到綠色時代的計畫最終要成功，靠的就是針對每個區域客製化智慧綠色基礎建設並規模化。塞夫科維奇強調，永續未來「需要仰賴各個區域與城市去達成」歐盟提高再生能源占比、提振能源效率、減少碳足跡的目標。我們向各區的代表簡報我們與法國上法蘭西大區、荷蘭鹿特丹與海牙等二十三座城市、盧森堡大公國的合作案，說明合作案在那三個「綠色燈塔」區域的推動進度。

歐盟理事會、歐洲央行、歐盟區域委員會聽完簡報後非常感興趣，因此塞夫科維奇和他的團隊在接下來的二十二個月內，努力編纂眾所矚目的歐盟執委會二〇五〇報告，並於二〇一八年十一月二十八日公布，負責公布的成員包括塞夫科維奇、氣候行動與能源委員會委員米蓋爾・卡涅特（Miguel Arias Cañete），以及運輸委員會委員維列塔・柏爾克（Violeta Bulc）。

時任副主席的塞夫科維奇告訴歐盟成員國，「我們現在的策略顯示，在二〇五〇年以前，讓歐洲達到氣候中和與繁榮發展的目標，實際可行」。卡涅特委員為這個歐盟里程碑的歷史意義下了註解，他說：「今天我們加倍努力，提出策略要讓歐洲成為世界第一個在二〇五〇年之前，達成氣候中和的主要經濟體。」[5]報告內容顯示，二〇〇五年，再生能源使用比率僅九％，二〇一八年已經大增至一七％，符合要達成二〇一〇—二〇二〇目標的時程。二〇一〇—二〇二〇的目標就是在二〇二〇年以前，歐盟二十八個成員國必須達成再生能源使用率二〇％的目標，同時能源效率要提高二〇％、二氧化碳排放要減少二〇％。[6]

未來，這項計畫需要七個策略領域攜手合作。那七個領域分別是：能源效率；再生能源部署；乾淨、安全、相互連結的移動性；具競爭力的產業與循環經濟；基礎建設與相互連結；生物經濟與天然碳匯；用來處理剩餘排碳的碳捕集與碳封存。

眼見二〇二〇年目標達成在即，歐盟針對二〇三〇年提出更遠大的新目標，要在二〇三〇年之前達到再生能源使用率三二％、能源效率提升三二．五％、溫室氣體排放減少四五％，並且在二〇五〇年之前，就要達成幾乎零碳排的目標。[7]不過，報告內容也坦言，雖然歐洲領導世界邁向零碳排的後碳時代，努力依然遠遠不足。聯合國跨政府氣候變遷專門委員會最新出具的報告示警，世界各國只剩下十二年的時間推動經濟轉型、脫離碳文化，不然全球暖化程度絕對會超過攝氏一．五度，接著就會如自由落體般驟然惡化，讓我們深陷第六次大規模滅絕。

我想分享歐盟執委會那份報告的前幾行，這幾句話與全美積極推動綠色新政的社運人士想傳達的內容相互呼應。

「因此，本策略概述了我們所需的經濟與社會轉型願景，將經濟與社會中所有領域都涵蓋進來，共同達到在二〇五〇年之前轉型至淨溫室氣體排放為零的目標。本策略希望能確保轉型過程符合社會公平性——不遺漏任何一位歐盟公民或區域——並加強歐盟經濟與產業在國際市場上的競爭力、保障高品質工作與歐洲永續成長。」8

這幾句話特別動人。歐盟已經從單純羅列多項計畫，轉移至論述一套「經濟與社會轉型的願景」，這個願景將為歐盟開啟新的時代。這是歐洲傳達給美國與全球各地綠色新政倡議者的關鍵訊息。絕大多數的城市、區域與國家，依然深陷各自獨立的綠色計畫與倡議中，那些計畫與倡議被塞進過時的二十世紀化石燃料經濟典範，採用相應的過時商業模式與治理形式。

許多出現在公共辯論中的綠色宣告、宣言、報告和研究，讀起來充其量只是故事大綱，更糟的像是採購清單。每一項單獨來看都太過技術性且單薄，沒有辦法推動足以帶我們踏上旅程的意識轉變。

用「同一物種」的角度思考

在這個歷史上的重要關口，綠色新政的故事線必須彙整成為連貫的經濟與哲學論述，創造一種氛圍，讓我們都具備作為同一物種的集體自我認同，將人性注入嶄新的世界觀，讓我們能心連心，創造全球在地化（glocal）的心跳。如果沒有故事線，各種想法會變成大雜燴，彼此間毫無連結。每一個想法都將是獨立戰鬥、不連貫的論述，被單點擊破而削弱我們的能量，使我們難以邁向下個歷史時代所需、有創意的一大步。

一切都回歸到第一章的主題「笨蛋！問題在基礎設施！」，人類歷史上重要的典範轉移都是基礎建設改革，改變我們對時空的概念、經濟模型、治理方式、認知以及世界觀。新通訊科技、新能源來源、新形態的移動與物流方式，幫助我們管理、驅動、移動經濟與社會，三者匯聚在一起，改變了我們對周遭世界的想法。

人類二十萬年的歷史上，大多採用覓食者／獵人型這種原始的基礎建設，那些基礎建設的論述極為相似，都顯示出人類學家稱為「神話意識」（mythological consciousness）與部落治理的特質。一萬年前農業時代的到來，與隨之而生的、橫跨中東蘇美、印度河流域、中國長江流域的偉大水力農業基礎建設，催生了「神學意識」（theological consciousness）與中央集權的帝國。第一次工業革命基礎建設在十九世紀問世，「意識形態意識」（ideological consciousness）、國家市場與國家治理應運而生。第二次工業革命在二十世紀帶來全球基礎建設，因而有了「心理學意識」（psychological consciousness）與全球市場、全球治理單位。

第三次工業革命的全球在地化基礎建設，在二十一世紀初萌芽，並創造「生物圈意識」（biosphere consciousness）與同儕大會（peer assembly）治理。生物圈上至大氣層，下至岩石圈、再到海洋，是所有地球上的生物居住、互動、茁壯的地方。

每一次大規模典範轉移，都會促使同理衝動（empathic impulse）演進，演變成更廣大的集體認知與世界觀。在覓食者／獵人社會中，同理心只延伸到有血緣關係者與宗族，彼此共享相同的宗族世界觀。進入偉大水力農業文明，同理心延伸到那些信仰相同的人。這一段期間出現了許多重要的宗教，因此創造沒有血緣關係、因宗教而相連的「象徵家庭」（figurative family）。所有信奉猶太教的人，都會同理其他猶太教友，將對方視為象徵家庭的一分子；印度教、佛教、基督教、伊斯蘭教也是如此。

到了十九世紀第一次工業革命，同理心再度向外延伸。象徵的家庭中，成員對祖國的忠誠一致，人民依據國家認同而同理彼此。二十世紀第二次工業革命之後，同理心延伸到思想類似的大都會與專業人際關係，此時國與國之間的界線越來越模糊。

第三次工業革命正興起，年輕一代的數位原生者（digital natives）在全球化的教室中透過Skype溝通、在臉書與Instagram上互動、在虛擬世界中玩樂。他們也熱愛在真實世界中雲遊四海，這群年輕世代開始將自己視為同個星球上的群體，居住在同一個生態圈中。他們將同理心進一步擴大，認為自己是受威脅物種的一分子，在越來越不穩定的地球上，面對相同困境。也有越來越多年輕人開始跨出最後一步，去同理其他和人類共享演化遺跡的物種。[9]

為氣候變遷所苦的年輕世代覺醒了，認知到令人不安又具啟發性的事實。我們開始了解，地球是數不清、相互作用的角色中的一環。水圈、岩石圈、大氣層、生物圈、磁層共同運作；地球上每日、每月、每年都經過週期性的時序與季節更迭；地球上無數物種持續互動創造出自然規則。這一切相互碰撞，不斷互相影響，那些影響細微得我們幾乎無法理解每次相遇會如何改變整個系統的狀態。然而，地球就是有辦法持續演進、重新調整、適應並維持平衡，像極了一個星球有機體。至少到目前為止是如此！

我們突然意識到，破壞前一個地質時代的墳場會帶來什麼後果。我們挖出曾經存在這個星球上的生命殘骸，那些殘骸變成煤礦、石油與天然氣。過去兩百年來，我們仰賴那些能源「屍體」（body）維生，並以二氧化碳的形式把廢物釋放到大氣層中。如此巨大的破壞行動，觸發地球上所有角色的回饋機制，帶我們走向這個星球史上第六次滅絕事件。

現在我們知道，整整十二個世代的人類創造了以碳為主的工業文明，過程中消耗的每一塊煤礦、每一滴石油、每一立方英尺的天然氣都帶來影響，那些影響現在正重塑地球的狀態。我們從氣候變遷學到了一課，那就是我們所做的每一件事情，都會影響地球上其他事物的運作，並且會影響所有與我們共同居住在這顆星球上的生物之福祉。

意識到星球上的各個角色會影響我們的生存，讓我們更謙卑，也是氣候變遷教我們最重要的一課。學習與這些橫跨地球的角色共存而非控制它們，讓我們從霸主化身為服務者，改變以人類為中心的疏離行為，轉而深入參與地球生態活動。這個巨大的時空傾向轉變，使我們具備了生物圈的觀點。

這個人類意識上的根本轉變是一線希望——想像力的突破。如果真的能內化並駕馭這樣的思想，我們就有機會安然度過大規模的氣候破壞，並且用不同的方式生存（甚至繁榮發展）萬世，而屆時我們所處的世界將與我們現在熟知的截然不同。

三大國：房間裡的三頭大象

歐盟總共有五．〇八億人口，一直是帶領眾人走向零碳排綠色經濟體的先驅。近來，中國挾著近十四億人口強勢推出後碳時代轉型計畫，現在美國的三．二七億人口也準備入列。這三頭大象必須同步前進、互相分享最佳做法、訂定共同法令規章與標準、提出相同獎勵措施，並攜手邀請其他國家加入，才有辦法在二十年內衝破零碳排文明的終點線。

在與歐盟及中國領導層合作的過程中，我發現兩個政府在因應氣候變遷上途徑一致，他們都很清楚任務是要快速讓每一個領域與產業和第三次工業革命基礎建設脫鉤，並與第三次工業革命基礎建設建立連結。歐盟將這場第三次工業革命稱為「智慧歐洲」（Smart Europe），中國把它稱為「互聯網＋」。這兩個計畫很相似，雖然兩個政府之間有爭執、異議還經常相互猜忌，但仍有交集。

首先，別忘了歐盟是中國最大的貿易夥伴，而中國是歐盟第二大貿易夥伴，而且可能很快就會變成第一名了，因此這兩大治理區域被綁在共同的商域中。[10]第二，歐盟與中國共享歐亞大陸，從上海延伸到鹿特丹的港口，兩者橫跨世界上最大、連貫的地理空間。第三，歐盟跟中國都對於他們此刻在世界史上的角色非常清楚：要應對氣候變遷並保護地球上的生命。第四，歐盟和中國都跨出自身邊境，去幫助其他區域轉型到後碳文明。在最後一點上，中國透過「一帶一路」倡議站上領導地位。習近平在二〇一三年公布「一帶一路」倡議，構想來自遠古絲路，欲連結中國、亞洲、西方的貿易路徑。[11]

「一帶一路」的願景是要打造二十一世紀智慧數位基礎建設，連結歐亞，創造史上最大的整合型經商空間。「一帶一路」倡議不僅是一個新的全球貿易倡議，連結傳統基礎建設投資以確保運輸與物流管道充足，並加快歐亞供應鏈與市場的商業活動，這項倡議更是中國更大的哲學議程的一環，旨在開創「生態文明」（ecological civilization）。[12]

二〇一二年，中國共產黨將「生態文明」這個詞彙放入憲法核心地位，並列入「第十二個五年規劃」與爾後所有「五年規劃」中，等同於宣告中國在治理與世界觀上出現重大轉變。實務上，中國政府已經明訂未來所有經濟規劃與發展，都必須遵循並符合自然界與地球運作系統的指導原則。

生態文明不只是中國國內政策的核心，也是「一帶一路」倡議重要的一環。十九世紀到二十世紀、第一次和第二次工業革命進行的過程中，各國政治的主要世界觀是地緣政治世界觀，中國也不例外，但現在這個願景讓中國轉而抱持生物圈世界觀。這樣的世界觀將在生態時代起始之際，逐漸成為二十一世紀第三次工業革命中全球事務的指引。

並不是說傳統地緣政治突然從「一帶一路」倡議中消失。二十一世紀剩餘的時間裡，中國、歐盟、美國與世界其他國家，都會持續在地緣政治與生物圈政治之間掙扎。但可以確定的是，與化石燃料文明緊密相依的地緣政治世界觀正在死去，屬於生態文明的生物圈世界觀正興起，並且將代表人類旅程的下一階段。這是綠色願景、論述、轉型萌芽的背景，不只在中國是如此，在歐盟亦是，現在也正開始蔓延到美國與世界上的其他地方。

二〇一八年九月，歐盟執委會以及歐盟外交與安全政策高級代表（High Representative of the Union for Foreign Affairs and Security Policy）發表聯合聲明——《連結歐洲與亞洲策略》（Connecting Europe and Asia Strategy），點出歐洲要創造無縫歐亞智慧基礎建設的做法。歐盟清楚表示，在協助歐亞地區的社區與國家（如「一帶一路」倡議）時，會把重點放在：打造智慧數位網絡，以連結電信與網路連結性；活絡再生能源生產；推動運輸去碳化與移動數位化；加強既有建物的能源效率；以及其他第三次工業革命涵蓋的基礎建設。[13]

歐盟聯合聲明指出，要打造數位連結的智慧歐亞基礎建設，不可或缺的一點是，要訂定所有人都接受的法令規章、標準、獎勵措施、罰則，每一個參與其中的國家，都要同意並秉持「透明化」的精神，這樣才能夠順利部署一個橫跨世界最大陸面、整合型智慧經商空間。

歐盟與中國的合作，對於退出化石燃料文明投資並轉投資生態文明非常重要。兩個超級強權已經在轉型這條路上走了一段，雖然有人批評中國還是在推動「一帶一路」時撒錢投資化石燃料相關的基礎建設（這是事實），但中國已經快速轉向再生能源、智慧電網與智慧運輸網絡這幾個第三次工業革命典範的重要組成。

二〇一七年五月，中國環境保護部、外交部、國家發展和改革委員會、商務部共同發表了史上第一份《關於推進綠色一帶一路建設的指導意見》，做為「一帶一路」倡議的基礎，目標是連結各國、區域、地方進行國際合作，打造生態文明。中國不是說說而已，它真的出錢做事，在亞洲各地啟動多項大型綠色基礎建設計畫。我建議讀者下載那份指導意見，自行判斷該協議的意圖與優點。[14]

中國國家發展和改革委員會、國務院、國家科學院、工業和信息化部針對推動綠色「一帶一路」倡議進行討論時，我參與了幾場前期討論，與中國高層分享我們在歐盟執委會與歐盟成員國／區域，做了哪些努力、提出哪些計畫來推動轉型，邁向綠色第三次工業革命。二〇一七年，受到中國工業和信息化部邀請，我為他們出版的《數字絲綢之路：「一帶一路」數字經濟的機遇與挑戰》寫序，那份文件是政府計畫案，將投資超過一兆美元協助歐亞各地的國家與區域轉型至綠色零碳排、數位相連的基礎建設。[15]

開發中國家的綠色新政

「一帶一路」倡議只是一場大轉型的開始，那場轉型將在未來半個世紀連結全球所有人。有趣的是，在某些開發中國家的部分區域，第三次工業革命基礎建設與零碳排綠色經濟已經起飛了，速度甚至比高度工業化國家更快。

二〇一九年，綠色銀行的成立已遍及各國。當年三月，二十一名國家官員在巴黎召開綠色銀行設計峰會（Green Bank Design Summit），訴求建立自家綠色銀行，這二十一名官員多數來自開發中國家，代表全球五六％的人口、全球國內生產毛額的二六％、二氧化碳排放量四三％。[16] 機構型投資人出席了那場峰會，退休基金與其他投資基金都準備好加碼投資。

開發中國家開始積極成立綠色銀行，並且推動智慧第三次工業革命基礎建設轉型，清楚反映綠色新政的願景是全球訴求。越來越多人認同，智慧綠色基礎建設革命在新興國家可以推動得更快，原因很簡單，因為他們的負債同時是資產——這些開發中國家缺乏基礎建設，反而可以快速部署嶄新的綠色基礎建設，並採取適當的法令規章與標準，腳步比已開發國家還快。已開發國家得先讓較老舊的第二次工業革命基礎建設除役，或是在既有建設上做調整。太陽能與風能裝置在開發中國家如雨後春筍般出現。

二〇一一年，聯合國工業發展組織（United Nations Industrial Development Organization）總幹事坎德．雲蓋拉（Kandeh Yumkella）博士和我開始討論，開發中國家該如何開始擁抱並部署智慧第三次工業革命的願景。那一年，在工發組織兩年一度的大會上，我們一起提出了上一段提到的概念，並宣告「我們相信，我們正在第三次工業革命的起點」。接著問：「世界各國如何共享知識、分享資本與投資，才能讓這場革命真的發生？」[17]工發組織開始推動第三次工業革命，將聯合國與開發中國家納入綠色後碳論述與基礎建設部署。

爾後八年，第三次工業革命綠色能源基礎建設橫掃開發中國家。依據彭博新能源財經與聯合國環境規劃署共同發布的報告，二〇一七年，開發中國家對太陽能、風能與其他再生能源的投資總額增加了二〇%、達到一千七百七十億美元，讓已開發中國家對再生能源一千零三十億美元的投資相形失色。印度、巴西、墨西哥和埃及，都是快速退出化石燃料、裝設太陽能與風能裝置，並發展其他再生能源的開發中國家，為他們的經濟開出一條邁向零碳排未來的道路。[18]

全球約有十一億人無電可用，還有更多人只能仰賴極少量、不可靠的電力。[19]目前，在開發中國家，太陽能與風能裝置建設成本指數型下滑，有望讓被遺落的人全部加入二十一世紀電力社會。

新興國家的各地鄰里、社區、區域，如果全都可以取得當地產出的綠電，將從各方面改變社會，且對女性地位的影響將最為亮眼。我們經常忘記，西方國家女性在二十世紀得到解放的關鍵是電力的取得。過去，女性被困在火爐邊，擔下為家戶提供能源的重責大任，也要提供足夠的能源來經營農舍、船隻與其他小企業。有了電力，女孩就可以在小學畢業後繼續升學，讓她們能在新興、電力化的經濟體中找工作，在那個新經濟體內，會有越來越多工作需要的是腦力而非體能，像是電話接線生、收銀員、記帳人員、店員。現在，美國女性占大學註冊人數約五六％，也有越來越多女性成功在商場與機構中取得高層職位。[20]

隨著女性獲得更好的教育並且能經濟自主，工業國家生育率降到平均每位女性生二．一個小孩，按照這個速度，小孩人數會剛好取代父母。[21]這是已開發國家普遍的情況。目前全球人口超過七十億人，並且預估在本世紀中就會達到九十億，這樣的人數很可能用罄地球剩餘的天然資源。因此，開發中國家開始使用綠電並促成人口大幅減少，將會是我們這個物種能不能在地球上更永續生活的關鍵。

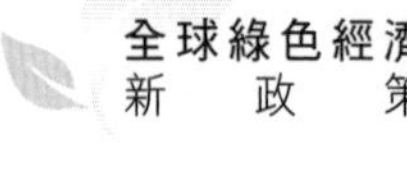

全球數位盤古大陸

現在已經有不少可行性研究與部署計畫在談論，如何打造一個橫跨所有大陸、數位加強版的智慧高壓電網，以共享再生能源。二〇一九年，有一份可行性研究探討了泛美洲跨區電網的提案，那座電網將從阿拉斯加延伸到智利，並有機會在二〇三〇年以前完工。研究結果引發美洲各地廣泛討論，想了解這個跨大陸的科技結盟，可能對經濟、社會生活、區域內國家治理帶來哪些影響。[22]另一份二〇一九年的報告，詳盡規劃了一條連結歐洲與北美的海底電纜，橫跨大西洋進行太陽能與風能產生的綠電交易。[23]全非洲電網與歐非電網，也有類似的可行性研究與部署計畫在進行中。

二〇一九年三月，芬蘭拉彭蘭塔理工大學（LUT University）與能源觀測集團（Energy Watch Group）發表指標性研究，標題是《百分百仰賴再生能源的全球能源系統》（Global Energy System Based on 100% Renewable Energy）。那份由十四名全球頂尖的能源科學家所進行、為期四年半的研究，提出了全面性、極細緻的計畫，採用「最先進的轉型模型進行模擬」，研究範疇涵蓋世界上所有區域，計畫目標是要綠化全球經濟與社會用電。

該研究的作者指出，現在從技術面和商業面來看，都已經可以提供一〇〇%再生能源——以太陽能和風能為主，但也包括儲存與其他相應的綠色基礎建設科技——真的可以在二〇五〇年以前，使世界上每一個社區都完成綠色能源轉型。[24]一旦了解這項新的事實，在未來二十年內完成全球能源網絡的部署就變得更為迫切，因為必須靠這個網絡才能分享由數十億人類生產的綠色能源。這份研究也仔細精算了成本組成、投資報酬的時間表、對全球經濟的經濟加乘作用，並詳述在建立基礎建設的過程中，會創造哪些職業類別與職缺數量。

那份研究有兩個主要發現。一個是，「全球轉型、達到一〇〇%使用再生能源系統這件事情，已經不是技術或經濟上是否可行的問題，而是政治意願」。另一個是，現在利用綠能驅動全球經濟「比時下的全球能源系統來得便宜」。[25]

我們正開始建立全球相連的電網——也就是數位盤古大陸（Pangaea），這個電網很可能在此刻到二〇三〇年代末這段期間，一點一點建立並上路，史上第一次連結全人類；個人、家庭、社區與整個國家，都將從石油時代的地緣政治中獲得解放。石油時代的特色就是衝突與戰爭的零和遊戲，而現在我們將更深入參與生物圈政治，彼此緊密合作，共享免費照拂地球的陽光與風。

橫跨全智慧基礎建設網絡、在全球在地化的規模下連結人類家庭，以人類進行經濟活動、社交生活與治理的方式來說，是值得慶祝的事件。然而，越來越多人擔心甚至害怕中國會藉著這個歷史性時機，去資助並建設智慧基礎建設，再利用它進行監控與干涉，藉此控制許多人的生活。依據我個人在中國的經驗，我不認為這是他們的目的；就算是，只要「一帶一路」沿線的地區、區域、國家一開始就提高警覺，確保蓋好的基礎建設和轄區內相應的所有權、管理權歸於各政府嚴密掌控，中國就無法得逞。

此外，我們也要記得第三次工業革命數位基礎建設的本質就是偏好分散性，而非中央集權式掌控。而且為了達到網絡效果，網絡保持開放且透明，會比封閉且專有運作得更好，橫向擴展也勝過垂直擴張，可以最成功地累加效率與循環性。平台設計上，則重視彈性與冗餘系統這兩個在氣候變遷的世界裡、加強區域韌性的關鍵元素。

如果有任何國家或叛亂團體試圖監控、癱瘓或奪取網絡，終端使用者系統所內建、便宜簡單的科技，能讓家戶、鄰里、社區、企業、地方與區域政府在知道的瞬間就脫離電網，去中心化並重新組合操作系統。任何強權都沒有辦法俘虜散落在數百萬個社區中的數十億人，因為他們可以選擇直接脫離歐亞電網或全球電網，改成獨立運作，使用他們所在鄰里與周遭社區生產的太陽能與風能電力。

人類正邁向一個全球在地化、數位相連的綠色世界。歐盟與中國是現在的領頭羊，美國也需要加入。這三頭房間裡的大象必須開始互相合作，幫忙建立保障與保證措施，促進綠色新政轉型。生態圈時代的政治，無可避免地會環繞在確保新興數位基礎建設，與周遭網絡的透明度的法令規章和運作標準，且目標永遠都是讓各地與區域可以自由地將當地基礎建設視為公共財，在這個基礎上進行管理。

針對這個主題，我再補充最後一點。如果這三頭大象不能放下地緣政治的思維，並開始順著生態圈的概念合作，認知到我們是岌岌可危的地球上一個岌岌可危的物種，那麼我們就完蛋了。雖然我們各自效忠並奉獻於不同的對象，氣候變遷正強迫我們首度將自己想成一個「瀕危物種」，面對這個新的現實讓人類凝聚在一起，那是過去未曾經歷過的共同連結。

年輕一代非常了解。他們正在直視可能面臨的環境深淵，不想聽信老一輩人務實、僵化甚至憤世嫉俗的說法，諸如綠色新政不切實際、是個幻想，或者人生就是場零和遊戲。走到歷史上這個時間點，我們所有人都必須互信、跨越政治藩籬，開始從同一個物種的角度思考。

對於正對綠色新政產生興趣的美國，以及其他不管在主張或實踐上尚未完全投入的國家而言，這一切代表什麼？我們能學到什麼？首先也是最重要的一點，就是氣候危機已經發生，我們必須快速推動零碳排社會轉型，因為已經沒時間了。但第二點，我們也要了解一九三二年和現在截然不同。對於那些想重啟一九三〇年代羅斯福新政的運動人士而言，或許會覺得很刺耳，但這一次開展的狀況不會和從前一樣。現在，市場力量正在瓦解化石燃料文明，這次破壞的速度與範疇前所未見。老舊的化石燃料能源正在創造碳排放的市場泡沫，那是人類史上前所未見的經濟破壞。經濟體中的關鍵領域——資通訊／電信／網路、電力、運輸、建築——都在快速與化石燃料脫鉤，並重新連結再生能源，為第三次工業革命開路。

各個領域接連脫離化石燃料，轉向乾淨的再生能源與綠能科技，讓我們快速奔離化石燃料文明。有些研究預估，轉捩點最早會發生在二〇二三年，也有些研究最晚估到二〇三五年。考量各種不同的情境與預估，轉捩點應該會在那兩個時間點的中間，大概在二〇二八年左右，化石燃料文明將會崩解。

要記得，不管化石燃料產業再怎麼頑強抵抗，化石燃料文明都必將會瓦解，市場力量遠比任何化石燃料產業可以用上的遊說手段來得強大。這一點對於那些認定市場絕對不會與人民站在同一邊的社運人士而言，可能也會覺得難以接受。我很清楚那確實是常態，我這輩子對於市場資本主義的許多面相也抱持批判態度。但這一次，針對這場顛覆事件，市場是保護人類的守護天使。

然而，只靠那隻看不見的手，沒有辦法帶我們走向韌性時代。從灰燼中蓋出嶄新的生態文明，需要更多共同的行動，集結各個治理層級的公共資本、市場資本與社會資本，並且需要全民深入參與。

在「進步時代」，我們可以各自立志要在市場上單打獨鬥，至少當權者希望我們這麼相信。但在現代這個氣候變遷的世界裡，我們已經很清楚進步時代是過去式，未來將是「韌性時代」，需要每一個社區共同努力，合作的規模是我們在地球上、短暫的歷史中前所未見的。

從現在起，遊戲名稱是「審慎疾行」（thoughtful speed）。我們必須讓各個領域與化石燃料脫鉤，並加緊腳步在全美與世界各地建立綠色新政零碳排基礎建設，才能加速轉型、邁入綠色時代。

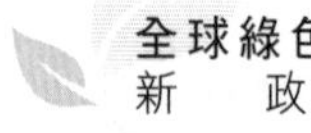

綠色新政的二十三項關鍵倡議

各界逐漸達成共識，認為要開始這趟旅程，需要同時執行如下的二十三個關鍵主題與倡議。

第一，聯邦政府應該立即全面提高碳稅，並將大部分收入回饋給美國人民。直接發放一次性回饋款項給家戶（特別是最弱勢的一群），讓他們獲取的碳分紅超過能源費用調漲造成的負擔。發放回饋金之後剩餘的經費，則交給聯邦政府與州政府用來資助綠色新政基礎建設。

第二，聯邦政府應該建立機制，快速讓每年一百五十億美元的化石燃料補助逐步退場。

第三，聯邦政府與全美五十州應該串聯起來，準備並部署遍及全美的無縫全國智慧電網，提供充足的綠電以供電給全國各地分散的智慧第三次工業革命基礎建設。設立全國智慧電網的費用，大部分應該由聯邦政府負責，州政府則負擔剩餘費用。二〇三〇年以前，不成熟、最基本款的全國智慧電網基礎建設就應該上路，並在二〇四〇年以前，開始運作發展成熟的電網。

第四，聯邦、州、市、郡政府只要可行，就應該在既有環境與局勢中，提供稅額抵減與其他獎勵措施，加速太陽能與風能科技的建置，讓國家轉型、以在幾乎零邊際成本的情況下，生產零碳排綠色能源。太陽能與風能裝置應該以鄰里和社區的微電網優先，才能在基礎建設中保持彈性與韌性。當氣候事件或網路恐攻爆發時，微電網合作組織應該要能夠輕易從主電網脫離，並共享鄰里當地生產的太陽能與風能電力。聯邦政府也要重新排序公有地使用的優先順序，並立即開始逐步刪減所有提供給化石燃料的特許權，轉而大量增設太陽能與風能裝置。

第五，聯邦、州、市、郡政府應該提供稅額抵減和其他獎勵措施，鼓勵家戶、商業大樓、工業與機構設施裝設能源儲存裝置，提供備用電力，以解決電網間歇性供電問題，並且在氣候災難或網路恐攻爆發導致必須暫停使用電網時，提供該地點緊急電力。

第六，聯邦、州、市、郡政府應該建置寬頻與物聯網。建設時需考量無線和有線網路，哪一個對健康與環境的影響較小。州政府應該優先在偏遠地區與弱勢社區安裝寬頻網路。

第七，所有使用資料中心的產業都應該獲得聯邦稅額抵減優惠，在二〇三〇年之前，在資料中心與其周圍建立一〇〇%的再生能源裝置，讓他們可以完全不仰賴電網。

如此一來，若電網因為氣候相關事件或網路恐攻發生問題而關閉，仍然可以確保資料安全。

第八，聯邦與州政府應該提供採購電動交通工具的人稅額抵減優惠，並提高對內燃機發電交通工具採購者課徵的累進稅率。為了加快進度，應該發行折價券，淘汰舊車（內燃機驅動的交通工具）就可以換取購買電動車的折價券，且折價券的價值應該要比回售那台內燃機驅動交通工具的價值高。聯邦政府應該立即規定從二〇三〇年某一天開始，終止新內燃機驅動交通工具——汽車、卡車、巴士——的銷售與註冊。

第九，在住宅區、商業區、工業區內部與周遭裝設電動交通工具充電站者，聯邦、州、市、郡政府應該提供稅額抵減。房地產公司和房東如果持有多人居住的房地產，政府應該鼓勵他們裝設數量足夠的充電站，這麼做的企業或房東應當獲得稅額抵減優惠；不提供此項服務的企業或房東，政府也要逐步提高稅額。

第十，聯邦政府應該強制規定所有聯邦政府持有的房地產，要在二〇三〇年以前完成轉型，成為零碳排資產與基礎建設，並提供所需資金，在過程中利用採購案促進綠色產業發展、創造商機。聯邦、州、市、郡政府也應該立即推出全面性、優渥的稅額抵減與稅額扣除優惠，以及補助款、低利貸款，藉此鼓勵國內住宅、商用、工業、機構既有建物進行改造，並且將天然氣與石油暖氣系統，改成仰賴電網輸送的再生能源的電暖器系統，目標是要提高能源效率、減少溫室氣體排放，並加強抵抗氣候相關破壞的韌性。針對中低收入租屋者與屋主，政府應該提供更優惠的稅額抵減與扣除優惠、補助金與低利貸款，鼓勵建物改造。所有由聯邦政府所提供的稅額抵減優惠，前提都是州政府立即將目標入法，要求所有既有住宅與商用建築物在二〇三〇年之前，溫室氣體排放量減量，比一九九〇年低四〇%，並且在二〇四〇年以前達到淨零耗能的目標。此外，所有新建住宅在二〇二五年之前，都要達到淨零耗能的目標，新的商用建築則要在二〇三〇年之前達標。

第十一，聯邦與州政府應該提出並執行計畫案，在未來二十年間，讓化石肥料逐步退場，引進有機與生態農業工法，並為當地市場提振農產量，目標是在二〇四〇年以前，達成全面有機認證。聯邦與州政府應該提供高額補助與誘人的獎勵措施，才能加快轉型腳步。

第十二，聯邦與州政府應該提供稅額抵減優惠與其他獎勵措施，鼓勵農民使用碳素栽植（carbon-farming）技巧，將邊際土地（marginal land）用於林地復育與野生環境復育，以從大氣層捕捉並隔離二氧化碳，提供碳匯功能。聯邦政府也應該重新考慮公有地的使用方式優先順序，在合適的地方進行林地復育，捕捉並隔離二氧化碳。

第十三，聯邦、州、市、郡政府要提供資金，積極升級所有供水系統、汙水處理系統、暴風雨排水系統，在二〇四〇年以前，讓這些系統具備足夠韌性，抵抗氣候變遷帶來的颶風、暴風雨、水災。那些災害對公衛的威脅越來越劇烈。在為乾旱所苦的地區，政府需要在打造居住環境時，於各處裝設蓄水池來儲水，才能在電網因為氣候事件或網路恐攻關閉時，提供緊急備用水源。若可行，市政府應該將多年來已私有化的水資源系統全面收回旗下，確保政府能監控水資源。

第十四，聯邦、州、市、郡政府應該規定在二〇三〇年以前，各產業的每一條產業鏈都必須內建循環處理流程，才能大幅降低碳排放，並將抵擋氣候變遷的韌性植入經濟、公民社會、政府治理的所有面向。政府也要提出適切的賞罰措施。

第十五，聯邦政府應與州政府合作重新配置軍事支出，在不犧牲國家或州內安全的情況下提高撥款比例，提供經費讓聯邦軍隊與州屬國民兵因應氣候相關災難，在災難爆發時可以應變並提供救援，從第一線應變到長期重建計畫都能獲得經費。

第十六，聯邦政府應該立法成立國立綠色銀行，提供州、郡、市綠色銀行資金，讓那些銀行運用該筆資金確保基礎建設建立的過程資金無虞，特別是利用該筆基金獲取公／私退休基金與其他投資資本，大規模設立綠色基礎建設。國立綠色銀行在提供州、市、郡綠色銀行資金的時候有個前提，就是州與地方治理轄區必須立法設定目標：在二〇三〇年以前，發電來源要有五〇％來自太陽能、風能與其他合適的再生能源，並在二〇四〇年以前，確保所有電力都來自再生能源。

第十七，使用工會退休基金資本來資助聯邦、州、市、郡政府推動第三次工業革命基礎建設計畫時，出資條件是要盡可能雇用工會勞工。由於美國只有一一％的勞動人口加入工會，因此第三次工業革命基礎建設計畫必須保障勞工可以組織工會，並保障共同向資方協商的權利。州、市、郡政府也要提供「公正轉型」（just transition）基金給在經濟上仰賴開採、精煉、配送化石燃料的社群，第一要務是要把這些擱置產業，轉型成第三次工業革命的綠色商機與就業機會。

第十八，在學世代需要學習可以幫助他們在綠色新政經濟中，開創新商機並輕鬆就業的技能和才能。聯邦與州政府應該提供類似和平工作團、美國服務志工團、美國志工團的服務計畫，由政府出資成立綠色軍團、氣候軍團、節能軍團、基礎設施軍團，這些組織將提供基本維生薪資，讓高中生、大學畢業生可以透過這些工作團到全國各地的產業實習，學習如何動員二十一世紀的智慧勞動人口。這些由聯邦與州政府管理的新青年實習組織，也將訓練年輕一代運用新習得的技巧，在災害應變與救援中擔綱第一線應變者，並在當地社區後續重建時提供協助，與聯邦政府部隊及州政府國民兵並肩工作。

第十九，聯邦、州、市、郡政府應該優先在最弱勢的社區中，創造綠色新政的商機，並且依據綠色基礎建設擴建時創造的新職缺，提供適當的就業訓練。氣候變遷會對最窮困的地區造成公共衛生風險，政府應該優先提供那些地區稅額抵減、補助、低利貸款與其他獎勵措施，以全面升級公衛服務。

第二十，為了確保社會更公平公正，聯邦、州、地方層級政府應該訂定更公平的稅法，消弭超級富豪與大眾之間的鴻溝，這個過程中賺得的應計收益，可以用來推動綠色新政底下的各種轉型。

第二十一，聯邦與州政府各個部門與機構應該重新排列資金運用的優先順序，大幅增加所有與綠能科技轉型、以及第三次工業革命基礎建設部署相關的研發經費。各層級政府應該特別關注難以降低碳排的產業，提供資金讓他們進行研究、發展與部署，才能加速轉型，使原本仰賴化石燃料的製程與產品改以生物為本。政府應該善用公、私立大學及研究機構的頂尖學者與人才，進行研發合作，推動轉型，採用綠色能源與永續科技，邁向綠色新政三次工業革命。

第二十二，聯邦政府旗下各部門與機構和州政府都應該設定時間表，加速訂下法令規章與標準，以無縫整合寬頻、再生能源生產與配送、可以自動駕駛的電動／燃料電池交通工具、零碳排且具備物聯網結點連結的建物。其他相關法令規章與標準，只要能用來打造相互連結、運作順暢的智慧物聯網第三次工業革命基礎建設，並讓這些建設在全美各地順利運作，就要一併訂定。

第二十三，美國政府應該與歐盟、中國、其他有意願的國家正式合作，以確立、支持、執行通用的法令規章、標準、賞罰措施。這些制度到位後，才能確保全球在智慧綠色、全球在地化基礎建設的部署與營運上，可以做到相互連結與透明化。

二〇二一年，美國新總統與國會議員上任後的前六個月，美國國會應該制定由美國總統簽署的綠色新政法規。法令內容將涵蓋以上二十三項倡議，有了這些倡議，才能啟動為期二十年的緊急建設，在全美各地打造零碳排第三次工業革命基礎建設。

同儕大會治理模式

我們先前提到，基礎建設的設計和規劃，可以促成或限制與之相關的商業模式跟治理型態。回想一下第一次和第二次工業革命的例子，當時的基礎建設在規劃上，就是集中且由智慧財產權保護並垂直整合，以達到規模經濟的效果，才能為投資人創造足夠獲利，因為那些基礎建設開發初期要選址、挖掘、配送、精煉，再把煤炭、石油、天然氣、石化品送至終端消費者，初始成本非常高。

接著，其他領域就得用類似的方法來組織供應鏈、價值鏈與產製品和服務，因為它們完全仰賴相同的能源來源與基礎建設協作關係。第一次工業革命的時間與空間範疇催生了全國性市場與國家監理體系。第二次工業革命基礎建設則催生了全球市場與聯合國、世界銀行、經合作織、世界貿易組織等國際組織，與各國政府共同進行治理。

如前所述，第三次工業革命基礎建設的設計和規劃與過去不同，這個平台比較重視分散式而非集中式營運，且系統本身要維持開放透明，而非用智慧財產權封閉才能創造網絡效應、達到最佳效果。最後，這個系統分散、開放、透明的本質，使得它水平擴展會比垂直整合更有效率且具生產力。

一開始，大型網路公司掌控了許多垂直整合擴展的跨國平台並壟斷市場，但這件事情應該無法持久，因為最終這些大公司沒有辦法與數百萬個高科技中小企業競爭；這些各有專長的中小企業組成區塊鏈式聯盟，並在共同治理單位的監管下合作營運。後面這種組織特性更靈活，且運作上的間接成本低得多，又可以確保收益只有參與合作的企業和基礎建設所在地才能享受，不會讓外部投資人以分潤形式吸走大筆收益。

然而，如果要確保公平競爭的環境，聯邦政府必須強力執行反壟斷法規。過去，政府針對資通訊公司、電力公司、交通與物流公司訂定各種規範，來確保經商環境開放，讓企業得以蓬勃發展。現在，政府應該用相同的標準來推動反壟斷法規。

第三次工業革命基礎建設內建的分散式、開放來源、水平整合設計與規劃的原則，較適合相應的分散式、開放透明、水平式拓展的法規環境，才能促進並調和這項新的經商方法。我們在歐盟二十年的經驗顯示，在歐洲大陸各地經營綠色基礎建設所需的法令規章與標準，依然要靠成員國與歐洲執委會訂定才行。但是，綠色新政經濟的成立與擴展，最終仰賴的是歐洲三百五十個治理區域與城市，每一個地方依據自己設定的目標、可交付的成果與期待，來設計出符合全歐盟法令規章和標準的基礎建設，如此一來，彼此之間就可以跨境連通，成為一個連貫的大陸智慧基礎建設。

這不是羅斯福新政，並非由聯邦政府建立並經營超大水壩，來生產並配送便宜的水力電到全美各地。相反的，二十一世紀分散式的綠色新政核心，是在各個地方自產再生能源，並由區域內的基礎建設管理，那些基礎建設會像無線網路（Wi-Fi）一樣跨境

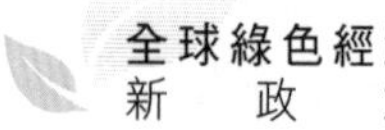

聯結。到了二十一世紀，全美各州、城市、郡，乃至於全球各個地方，在綠電生產與韌性上，都能達到一定程度的自給自足。太陽照亮每一個角落，風吹拂世界各地。當然，有些區域比較幸運，太陽能與風能充足，每天、每週、每月、每個季節都能享受陽光與風，但是這些地方產生的多餘電力可以儲存下來，之後與遇到停滯期的區域分享，確保全陸域都有充足的電力可用。

第三次工業革命基礎建設在水平擴展、連結多個小角色的情況下，效果和效率都最佳。這不僅是理論上推測的結果。就像第二章中提到的，德國四大電業公司學到教訓，自從太陽能與風能開始順利運作之後，這幾間公司的幾十億美元的資產在十二年內就成了擱置資產。回想德國的狀況，小角色——農夫、中小企業、鄰里合作社——共建電力合作聯盟，取得銀行貸款以在當地裝設可以生產太陽能與風電的科技裝置，一部分的綠電留著自用，多餘的電則賣回電網。現在，德國有將近二五%的電力來自太陽能與風能，大部分的綠電都由小型聯盟生產。[26]四大電業公司在二十一世紀生產的綠電只占總體的五%，而且幾乎已經被逐出再生能源生產。[27]

將能源分散至各地區必定需要分散式治理。這就是我們所謂的「還權於民」（power to the people），五十州的經濟都由智慧、高科技中小企業組成，這些中小企業橫向整合成為合作社，全部連結到智慧綠色第三次工業革命基礎建設，管理、驅動、移動它們整條價值鏈上的產品與服務。這個過程的固定成本低，邊際成本趨近於零，碳足跡也趨近於零。雖然每一個州都要負責建立並規模化第三次工業革命，但每個轄區的目標和可行方案會依據當地需求調整。為了有效施行，州與州之間必須跨境相連，並在全國智慧電網上合作，才能夠創造橫向的規模經濟與網絡效應。

考慮到這一點，全國州長協會、全美州議會聯合會（National Conference of State Legislatures）、美國市長會議（United States Conference of Mayors）、全國郡協會（National Association of Counties）應該通過決議，呼籲每個州政府自願成立綠色新政「同儕大會」（peer assemblies），大會成員包括市政府與郡政府的民選官員，以及各地商會、工會、經濟發展機構、公／私立大學、公民組織的代表。這些同儕大會由州、市、郡政府監督，大會職責是要建立綠色新政的藍圖，以幫助經濟與社區轉型至綠色時代。一開始，不一定要全部的州都加入，但至少要有幾個先行者站出來，才能創造閾值效應（threshold effect，譯注：指打破既有平衡、創造改變）。其他州會受到當地社區內的輿論壓力，快速加入行列以啟動綠色新政。

華府當權者可能會感到驚恐，國家的智慧綠色基礎建設規劃與部署居然由州、市、郡政府掌握，但這個局面已在開展中。過去幾年，全美各地的州政府在中央沒注意的情況下，悄悄開始一場革命。已有二十九個州、三個轄區採用了可再生能源比例標準（Renewable Portfolio Standards），規定旗下公用事業販售的電力必須有一定比例來自再生能源。[28]這些州為了支持可再生能源比例標準的運作，推出了再生能源額度（renewable energy credits）制度，鼓勵風能與太陽能裝置設立。

雖然美國政府已經退出因應氣候變遷簽署的《巴黎氣候協定》，波多黎各與十九個州截至目前為止，都表示同意遵循協議內容，其他州不久應該也會跟進。[29]近來，有幾位州長在研議要使州內用電百分百來自零碳排來源，加州和夏威夷已經設定要在二〇四五年以前達成該目標，科羅拉多州、紐約州、紐澤西州、伊利諾州的州長也都誓言要加入行列。[30]州政府已經展開行動。

如果聯邦政府想維持這股動能，可以採取以下行動。國會山莊的議員們應該同意提供各州一筆六千萬美元的三年期津貼，前提是各州也要掏出六千萬美元。州政府只能用這些基金來設立營運中心並招募中心人員，該中心的唯一目標是連結州內城市與郡，共同籌組同儕大會，按照各地的目標、需求、既有綠色永續計畫與倡議，快速繪製綠色新政藍圖。

再次重申，雖然聯邦政府會提供部分基礎建設資金，但州、市、郡政府需要負擔七五%的經費。像美國這樣的聯邦國家，基礎建設部署大部分由各州推動。如果有人不清楚這件事情，還相信聯邦政府會單方面推動基礎建設轉型並強加於各州，恐怕要失望了。

由州政府監督的概念，對於打造分散式第三次工業革命而言，是個理想的治理架構。從美國建國之初，州政府與州民就極積極地捍衛他們眼中的基本權力——依據自己的選擇進行治理——並且一直深怕聯邦政府會侵害他們的自由。同時，各州又總是密切注意其他州，要成為第一名，為居民帶來新商機、新工作機會與其他利益。現在，美國三大州——紐約州、加州、德州——正在比賽，看誰先建立綠色經濟與社會。看到所有伴隨而來的利益，其他州八成會快速加入戰局，不需要別人強迫。

我們透過歐盟的經驗已經了解到，由於第三次工業革命基礎建設具備分散式本質，如果交給基礎建設所在的區域或社區來設定概念並引進，更有機會快速被接受並擴大規模。不過州政府之間還是要互相合作，也要跟聯邦政府合作，決定營運基礎建設的法令規章與標準，才能夠確保分散式綠色基礎建設可以快速裝設並跨轄區連結。

分散式綠色新政要成功，關鍵是在全美五十州都要加大能源服務企業的規模，並

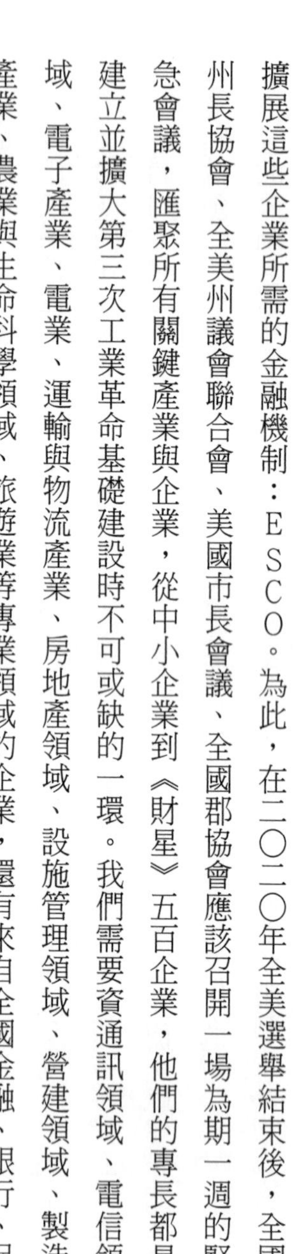

擴展這些企業所需的金融機制：ＥＳＣＯ。為此，在二〇二〇年全美選舉結束後，全國州長協會、全美州議會聯合會、美國市長會議、全國郡協會應該召開一場為期一週的緊急會議，匯聚所有關鍵產業與企業，從中小企業到《財星》五百企業，他們的專長都是建立並擴大第三次工業革命基礎建設時不可或缺的一環。我們需要資通訊領域、電信領域、電子產業、電業、運輸與物流產業、房地產領域、設施管理領域、營建領域、製造產業、農業與生命科學領域、旅遊業等專業領域的企業，還有來自全國金融、銀行、保險圈的代表。

這場州政府、市政府、郡政府、各經濟領域業者齊聚一堂召開的全國緊急會議，目的是建立ＥＳＣＯ商業模式，並設立州、地方綠色銀行，以資助ＴＩＲ基礎建設的發展。

截至二〇一七年，全球ＥＳＣＯ市場價值約一百五十億美元，預計在二〇二六年以前，複合年均成長率八．三%、達到三百零八億美元的市場規模。[31]在一般情況下，這樣的成長率值得嘉許，但面對快速加劇的氣候變遷，這個成長率不足以讓美國與全球基礎建設在期限內轉型至零碳排時代。

我們需要在十年內成長十倍，堪比美國二戰時從和平期經濟體轉向戰爭期經濟體的動員力。現在要做的是建立五十州州內與州際ＥＳＣＯ。和當時一樣，我們所需要的產業、領域、專長全部都已存在，只需要在新ＥＳＣＯ績效保證契約商業模型底下跨專長重組。

推出大筆稅額抵減優惠並審慎簡化法令規章與標準，可以加速市、郡、州政府擴大基礎建設規模，是快速（一如戰爭時的腳步）推展新商業模式的關鍵。

那些不同意加大稅額抵減額度的人，應該要想想，每一年州政府和當地政府都投注幾十億美元的經費，以稅額抵減和其他獎勵措施的形式，補助運動場館與會議中心，並鼓勵企業到當地建廠或蓋商業大樓以換取幾千個就業機會，但這樣灑錢耗費的金額，遠比在經濟與稅收帶來的助益來得多。州政府和當地政府提供稅額抵減福利，以加速轉型至智慧綠色零碳排經濟體，可以獲得的好處多得多，不勝枚舉的新機會將嘉惠社區內每一個中小企業，並重新配置勞動力。

依據我們在歐盟成立同儕大會的經驗，最理想的狀況是，每一個區域找三百位民眾，他們的工作就是全程參與各個階段的發展，提供意見與回饋。同儕大會不是焦點團體或利益團體，而是公民社會的橫斷面，這群代表將深入參與進行中的討論與提案，以及倡議的籌劃，那些提案與倡議都將融入他們所屬轄區的綠色新政規劃。

州長、市長、郡高層將成為協調者，負責挑選代表，並監督各自轄區內的同儕大會運作情況。每一個同儕大會都應該向外尋求技術支援。各州的公立大學或許可以負責從校內、私立大學、社區大學、貿易與技術機構、智庫、研究機構、當地慈善機構召集專家與技術人才，提供來自各學術與專業領域的寶貴專業知識。

成立綠色新政同儕大會的六個月內，各州州長與立法單位應該召開州內為期一週的緊急會議，找來數千名城市與郡同儕大會代表出席。這場會議討論範疇應該涵蓋綠色新政推行上的各個面向，包括提出城市與郡的規劃、準備未來執行與資金，並從州內外找尋最佳做法與專業技術支援到會議上分享。

綠色新政一開始要先準備好一份細緻的、第三次工業革命藍圖，通常需要十個月才能完成。城市與郡同儕大會應該要準備自己的藍圖，並與州政府的藍圖一致。一份藍圖的成敗，要看這個過程本身是否在最初就被視為真正合作、開放、跨界的行動。建議的做法是，每一個城市與郡選出的同儕代表，都要簽署一份社會責任道德合約，同意要合作而非競爭，並且在行動時保持公正，不為特殊利益或原因進行遊說。如果要成功，每一位成員在加入行動時，都要抱持符合公民思想的社群精神。藍圖會創造一種社區內的團隊感（esprit de corps），同儕代表之間感受到他們現在所參與的是超越自身的事務，這份工作將深深影響他們的家人、社群與爾後的好幾個世代。

城市與郡政府同儕大會主席應該要定期與州長辦公室及州立法單位見面，報告藍圖討論進度，並接受回饋與協助。十個月過後，每一個城市與郡同儕大會都將公布完整的規劃藍圖，詳細說明按照自身需求訂定的綠色新政計畫，以及接下來啟動綠色基礎建設超大計畫籌資、當地部署的步驟。他們也將分享自己對於法令規章、標準、獎勵措施、罰則的看法，討論州立法單位與州長辦公室要如何制定規章與賞罰，才能加快全州轉向綠色新政第三次工業革命典範的腳步。

繪製藍圖這項使命，並不是胡亂湊一些自己喜歡的綠色計畫就好，而是要開發出一個全面、系統性的第三次工業革命基礎建設計畫，這個計畫要能夠在未來二十年於全州各地施行。這個擴大基礎建設的整合型做法，在至今所有綠色新政提議中幾乎看不到。有一件很重要的事情，是要把第三次工業革命的建立想成全州、跨世代的工地，這塊工地會隨時間演進，並隨著情況改變，朝多個方向開枝散葉。如果不了解這項使命，就會造成東一塊、西一塊，最終又退回到小規模、各自獨立、隨個人偏好推出的綠色計畫，沒有辦法創造足以推動轉型的影響。

法國上法蘭西大區、荷蘭鹿特丹與海牙都會區域內的二十三座城市、盧森堡大公國這三地的第三次工業革命藍圖都已經製妥，並在執行階段，那幾份藍圖都是公開資訊，任何人都能瀏覽。[32]

全美各地有許多城市與郡已經準備好綠色永續發展的規劃藍圖，有一些甚至已經在討論過程中，納入某種形式的同儕大會，這些地方未來都會成為分享最佳做法的重要專業知識來源。城市、郡、州已在推行中的綠色發展計畫，都不會因為第三次工業革命的規劃過程與後續部署而遭棄置，相反地，那些既有計畫將被融入綠色基礎建設中，在嶄新的經濟典範中無縫相連。如果各城市、郡、州沒有這樣的共同願景，我們就又退回到推行幾千個立意良善的綠色計畫，而那些計畫依舊與二十世紀、瀕臨死亡的化石燃料基礎建設相連結。

城市、郡、州政府或許會想要成立網站分享綠色新政的規劃決議與部署，即時告知全國民眾。透過促進全國性對話，討論出最佳做法與相應的挑戰及機會，可以催生跨越傳統政治邊境的合作關係，創造全新的政治動能，不再只是選舉時選出代表而已。這就是同儕大會治理的本質。

脫離藍圖繪製階段後，同儕大會仍應持續運作，繼續推動零碳排綠色基礎建設轉型的規模化。過程中，同儕代表會輪替，並橫跨不同世代，確保即使每二到四年政務官就要換人做，同儕大會依然可以持續運作，整個同儕治理的過程也不會受到任何執政黨或政務官綁架。

氣候變遷危機的既有規模是人類未曾面對過的，需要橫跨好幾個世代的共同治理機制，才能永遠不間斷地與之抗衡。對氣候變遷的畏懼再真實不過，未來地球上的生活將嚴重惡化，並超乎我們現在所能想像。城市、郡、州、聯邦政府都必須無限期投入一場政治歷程。

我們參與了七個區域的藍圖規劃流程與後續部署，過程中發現雖然政府建立了同儕大會，各部會、政府官僚、利益團體往往不太願意分享勢力範圍，甚至會帶有敵意。他們或許不願意公開這麼說（基本上，有誰會想表明他們反對同儕大會？），但往往會找到巧妙的方法來阻撓這個過程、各種建議與部署。他們比較習慣焦點團體與利益團體的運作模式，兩者都經常被用來（甚至濫用）鞏固他們的施政與立法排程。

另一方面，正是市、郡、州政府的行政與立法單位要啟動並監督同儕大會，最終也是它們負責把同儕大會的建議、計畫、倡議、提案轉為法令、協議與倡議。同儕大會是非正式機構，把民眾的想法帶入過程，並鼓勵民選官員與政府機關更積極投入自身使命及要務，並以更系統性、關切的態度面對社區民眾提出的多項觀點。同儕大會透過讓大眾持續投入、與政府一起提升大眾福祉，使治理橫向發展。這樣的大會要存在，需要新世代的政務官與公務員，這群新血願意以非正式的方式分享治理權力，而非全權掌控轄區管理權。

對抗氣候變遷需要全民持續投入，沒有任何一個政務官或政府機關領導人可以獨自面對一切。可行的模式是，參考緊急狀況發生時的災難應變與救援行動，那些時候，整個社區——包括當地組織、非政府組織、宗教團體、學校、鄰里聯合會與商界——會團結在一起。雖然針對災害與緊急狀況的準備由政務官監督，災難往往無法預測且耗盡資源，因此要仰賴每一個人全力、積極投入，有時候要歷經數週、數個月、甚至數年。即使沒有災難發生，公民社會與企業依然持續與政府合作，從過往的緊急事件學習、分享最佳做法、把新的想法／計畫／應變機制納入規劃中，透過持續對話，討論如何確保大眾利益，準備好應對未來的危機。

氣候變遷使全球所有社區陷入危機，隨時處在災難模式，這是事實。如果各社區要認真處理失控的氣候狀況，同儕大會很快就會成為世界各地必要的組織。前加州州長布朗在任內最後幾天有句話說得很好，他說：「天氣發狂似的變化將成為『新異態』（the new abnormal）。」[33]

最後一項觀察是，如果沒有同儕大會，美國與世界各地民眾會覺得自己的聲音沒有傳達出去、被拋棄而只能單打獨鬥，與政府之間極度疏離。那種畏懼與孤立的感受相乘、慢慢發酵，最終可能會爆炸，輕易毀掉公民生活。同儕大會提供了一個管道，把群體面對氣候變遷時的無力感轉化成共同責任感，讓大家意識到自己要對生物圈負責。未來幾年、幾個世紀，我們都需要這樣的共同責任感。

讓我清楚說明推動全球在地化綠色新政，與轉型至智慧第三次工業革命的時程表。第一次工業革命最基本的基礎建設，在一八六〇到一八九〇這三十年間於美國布建完成；第二次工業革命的初期基礎建設則花了二十五年，在一九〇八到一九三三年之間落成。時程之所以縮短，部分原因是，第二次工業革命的基礎建設可以第一次工業革命的既有基礎建設為基礎。以此類推，第三次工業革命基礎建設應該可以在二十年（一個世代）之內完成，只要奠基在前兩次工業革命基礎建設的基礎上即可，那些建設有部分仍在運作中，可以用來加速這一次的轉型。

請不要讓任何人告訴你這件事不可行。二〇四〇年以前，只要我們每個人都投入一份心力並負起自己的責任，有毅力與決心，對社區與國家做出貢獻，我們就能做到。

綠色新政不只是動員公眾的力量，要求政府掏錢出來、通過法案並獎勵綠色倡議，綠色新政是首度採行新型態的同儕政治運動與共同治理模式，讓整個社區更有力量，在地球史上最黑暗的時刻，得以直接決定他們的未來。

過去整整兩個世紀的石炭紀時代，我們仰賴化石燃料存量生活，因此有了一種錯覺，以為未來沒有終點也沒有極限，只要付一點錢就可以完成任何事情。我們相信自己可以主宰命運，地球隨我們使用。我們沒能看見，這個星球上發生的每一件事情，都伴隨一張帳單，我們把這個時代稱為進步時代。

氣候變遷就是付出代價的時刻。我們進入新的時代，開啟一段新的旅程，踏入韌性時代。要如何適應眼前新的星球現實，會決定我們這個物種未來的命運。我們正快速奔向生態圈意識，要抱持希望，相信會在期限內抵達終點。這就是我深信的綠色新政。

附註

序言

1. Intergovernmental Panel on Climate Change, "Summary for Policymakers," *in Global Warming of 1.5° C: An IPCC Special Report* (Geneva: World Meteorological Organization, 2018), 6.
2. Edward O. Wilson, "The 8 Million Species We Don't Know," *The New York Times*, March 3, 2018, https://www.nytimes.com/2018/03/03/opinion/sunday/species-conservation-extinction.html (accessed February 4, 2019).
3. Gerta Keller, et al., "Volcanism, Impacts and Mass Extinctions (Long Version)," *Geoscientist Online*, November 2012, https://www.geolsoc.org.uk/Geoscientist/Archive/November-2012/Volcanism-impacts-and-mass-extinctions-2 (accessed March 12, 2019).
4. IPCC, "Summary for Policymakers," 14.
5. Ryan Grim and Briahna Gray, "Alexandria Ocasio-Cortez Joins Environmental Activists in Protest at Democratic Leader Nancy Pelosi's Office," The Intercept, November 13, 2018, https://theintercept.com/2018/11/13/alexandria-ocasio-cortez-sunrise-activists-nancy-pelosi/ (accessed February 1, 2019).
6. Sunrise Movement, "Green New Deal," updated March 26, 2019, https://www.sunrisemovement.org/gnd (accessed April 5, 2019).
7. Anthony Leiserowitz, Edward Maibach, Seth Rosenthal, John Kotcher, Matthew Ballew, Matthew Goldberg, and Abel Gustafson, *Climate Change in the American Mind: December 2018*, Yale University and George Mason University (New Haven, CT: Yale University Program on Climate Change Communication, 2018), 3.
8. Kevin E. Trenberth, "Changes in Precipitation with Climate Change," *Climate Research* 47 (March 2011): 123, doi: 10.3354/cr00953.
9. Kim Cohen, Phil Gibbard, Stan Finney, and Jun-xuan Fan, "The ICS International Chronostratigraphic Chart," *Episodes* 36, no. 3 (2013): 200–201.
10. Abel Gustafson, Seth Rosenthal, Anthony Leiserowitz, Edward Maibach, John Kotcher, Matthew Ballew, and Matthew Goldberg, "The Green New Deal Has Strong Bipartisan Support," Yale Program on Climate Change Communication, December 14, 2018, http://climatecommunication.yale.edu/publications/the-green-new-deal-has-strong-bipartisan-support/ (accessed February 7, 2019).
11. Aengus Collins, *The Global Risks Report 2019* (Geneva: World Economic Forum, 2019), 6.
12. Gillian Tett, "Davos Climate Obsessions Contain Clues for Policymaking," *Financial Times*, January 17, 2019, https://www.ft.com/content/369920f2-19b4-11e9-b93e-f4351a53f1c3 (accessed January 28, 2019).
13. Leslie Hook, "Four Former Fed Chairs Call for US Carbon Tax," *Financial Times*, January 16, 2019, https://www.ft.com/content/e9fd0472-19de-11e9-9e64-

d150b3105d21 (accessed January 28, 2019).

14. "Economists' Statement on Carbon Dividends," *The Wall Street Journal*, January 16, 2019, https://www.wsj.com/articles/economists-statement-on-carbon-dividends-11547682910?mod=searchresults&page=1&pos=1 (accessed February 5, 2019).

15. Damian Carrington, "School Climate Strikes: 1.4 Million People Took Part, Say Campaigners," *The Guardian*, March 19, 2019, https://www .theguardian.com/environment/2019/mar/19/school-climate-strikes -more-than-1-million-took-part-say-campaigners-greta-thunberg (accessed March 20, 2019).

16. *Lazard's Levelized Cost of Energy Analysis—Version 12.0*, 2018, https://www.lazard.com/media/450784/lazards-levelized-cost-of-energy-version-120-vfinal.pdf (accessed March 12, 2019); Naureen S. Malik, "Wind and Solar Costs Keep Falling, Squeezing Nuke, Coal Plants," Bloomberg *Quint*, November 8, 2018, https://www.bloombergquint.com/technology/wind-and-solar-costs-keep-falling-squeezing-nuke-coal-plants (accessed March 12, 2019).

17. "Cost of electricity by source," Wikipedia, https://en.wikipedia.org/wiki/Cost_of_electricity_by_source#Levelized_cost_of_electricity (accessed April 5, 2019).

18. Lazard's Levelized Cost of Energy Analysis—Version 12.0, 2018, https://www.lazard.com/media/450784/lazards-levelized-cost-of-energy-version-120-vfinal.pdf (accessed March 12, 2019).

19. Carbon Tracker Initiative, "Fossil Fuels Will Peak in the 2020s as Renewables Supply All Growth in Energy Demand," news release, September 11, 2018, https://www.carbontracker.org/fossil-fuels-will-peak-in-the-2020s-as-renewables-supply-all-growth-in-energy-demand/ (accessed February 5, 2019).

20. Jason Channell, Elizabeth Curmi, Phuc Nguyen, Elaine Prior, Alastair R. Syme, Heath R. Jansen, Ebrahim Rahbari et al., *Energy Darwinism II: Why a Low Carbon Future Doesn't Have to Cost the Earth*, report (Citi, 2015), 8.

21. Carbon Tracker Initiative, "Fossil Fuels Will Peak in the 2020s."

22. Candace Dunn and Tim Hess, "The United States Is Now the Largest Global Crude Oil Producer," US Energy Information Administration, September 12, 2018, https://www.eia.gov/todayinenergy/detail.php?id=37053 (accessed February 5, 2019).

23. Willis Towers Watson, Thinking Ahead Institute, *Global Pension Assets Study 2018*, https://www.thinkingaheadinstitute.org/en/Library/Public/Research-and-Ideas/2018/02/Global-Pension-Asset-Survey-2018 *(accessed April 5, 2019), 9.*

24. "1,000+ Divestment Commitments," Fossil Free, https://gofossilfree.org/divestment/commitments/ (accessed March 15, 2019).

第一章 笨蛋，問題在基礎設施！

1. Brian Merchant, "With a Trillion Sensors, the Internet of Things Would be the 'Biggest Business in the History of Electronics,'" *Motherboard*, October 29, 2013, https://motherboard.vice.com/en_us/article/8qx4gz/the-internet-of-things-could-be-the-biggest-business-in-the-history-of-electronics (accessed February 6, 2019).

2. "Wikipedia.org Traffic Statistics," Alexa, https://www.alexa.com/siteinfo/wikipedia.org (accessed February 6, 2019).

3. Lester Salamon, "Putting the Civil Society Sector on the Economic Map of the World," *Annals of Public and Cooperative Economics* 81(2) (June 2010): 187-88,

http://ccss.jhu.edu/wp-content/uploads/downloads/2011/10/Annals-June-2010.pdf (accessed May 3, 2013).

4. Robert U. Ayres and Benjamin Warr, *The Economic Growth Engine: How Energy and Work Drive Material Prosperity* (Northampton, MA: Edward Elgar Publishing, 2009), 334–37; John A. "Skip" Laitner, "Linking Energy Efficiency to Economic Productivity: Recommendations for Improving the Robustness of the U.S. Economy," *WIREs Energy and Environment* 4 (May/June 2015): 235.

5. John A. "Skip" Laitner, Steven Nadel, R. Neal Elliott, Harvey Sachs, and A. Siddiq Khan, *The Long-Term Energy Efficiency Potential: What the Evidence Suggests* (Washington, DC: American Council for an Energy-Efficient Economy, 2012), 65.

6. Global Covenant of Mayors for Climate & Energy, "About the Global Covenant of Mayors for Climate & Energy," https://www.globalcovenantofmayors.org/about/ (accessed February 9, 2019).

7. David E. Nye, *Electrifying America: Social Meanings of a New Technology, 1880–1940* (Cambridge, MA: MIT Press, 1991), 239–321.

8. Xavier Sala-i-Martin, chief adviser, and Klaus Schwab, ed., The Global Competitiveness Report 2017–2018 (Geneva: World Economic Forum, 2017), 329.

9. Jonathan Woetzel et al., *Bridging Global Infrastructure Gaps: Has the World Made Progress?* McKinsey Global Institute report, 2017, 5.

10. Sala-i-Martin and Schwab, *The Global Competitiveness Report 2017–2018*, 303.

11. The White House, "Remarks by the President at a Campaign Event in Roanoke, Virginia," July 13, 2012, https://obamawhitehouse.archives.gov/the-press-office/2012/07/13/remarks-president-campaign-event-roanoke-virginia (accessed February 27, 2019), emphasis added.

12. Sterling Beard, "Republicans Take Dig at Obama with 'We Built It' Convention Theme," The Hill, August 21, 2012, https://thehill.com/blogs/blog-briefing-room/news/244633-republicans-take-dig-at-obama-with-qwe -built-itq-convention-theme (accessed May 10, 2019).

13. Joan Claybrook, "Reagan Ballooned 'Big Government,' " The New York Times, November 1, 1984, https://www.nytimes.com/1984/11/01/opinion/reagan-ballooned-big-government.html. (accessed February 8, 2019).

14. Frank Newport, "Trump Family Leave, Infrastructure Proposals Widely Popular," Gallup, April 7, 2017, https://news.gallup.com/poll/207905/trump-family-leave-infrastructure-proposals-widely-popular.aspx (accessed February 4, 2019).

15. American Society of Civil Engineers, *The 2017 Infrastructure Report Card: A Comprehensive Assessment of America's Infrastructure*, https://www.infrastructurereportcard.org/wp-content/uploads/2017/01/2017-Infrastructure-Report-Card.pdf (accessed March 12, 2019), 5–7.

16. American Society of Civil Engineers, *Failure to Act: Closing the Infrastructure Investment Gap for America's Economic Future*, 2016, https://www.infrastructurereportcard.org/wp-content/uploads/2016/05/ASCE-Failure-to-Act-Report-for-Web-5.23.16.pdf (accessed March 12, 2019), 4–6.

17. ASCE, *The 2017 Infrastructure Report Card*, 7–8.

18. Werling and Horst, *Catching Up*, 9.

19. Woetzel et al., *Bridging Global Infrastructure Gaps*, 2.

20. "First Telegraph Messages from the Capitol," United States Senate, https://www.senate.gov/artandhistory/history/minute/First_Telegraph_Messages_from_the_

Capitol.htm (accessed February 7, 2019).

21. Lee Ann Potter and Wynell Schamel, "The Homestead Act of 1862," *Social Education* 61, no. 6 (October 1997): 359–64.

22. Richard Walker and Gray Brechin, "The Living New Deal: The Unsung Benefits of the New Deal for the United States and California," UC Berkeley Institute for Research on Labor and Employment working paper 220-10, August 2010, 14.

23. Work Projects Administration, *Final Report on the WPA Program, 1935-43* (Washington, DC: USGPO, 1947).

24. Patrick Kline and Enrico Moretti, "Local Economic Development, Agglomeration Economies, and the Big Push: 100 Years of Evidence from the Tennessee Valley Authority," *The Quarterly Journal of Economics* 129, no. 1 (February 2014): 276.

25. Erica Interrante and Bingxin Yu, *Contributions and Crossroads: Our National Road System's Impact on the U.S. Economy and Way of Life (1916-2016)* (Washington, DC: US Department of Transportation, Federal Highway Administration, 2017), 20.

26. "Servicemen's Readjustment Act (1944)," US National Archives and Records Administration, http://www.ourdocuments.gov/doc.php?doc=76. (accessed February 27, 2019).

27. "GDP (Current US$)," World Bank, https://data.worldbank.org/indicator/NY.GDP.MKTP.CD (accessed February 26, 2019); "*Fortune* Global 500 List 2018: See Who Made It," Fortune, May 21, 2018, http://fortune.com/global500/ (accessed February 14, 2019); "Labor Force, Total," World Bank, https://data.worldbank.org/indicator/sl.tlf.totl.in (accessed February 15, 2019).

28. World Bank Group, *Piecing Together the Poverty Puzzle* (Washington, DC: World Bank, 2018), 7.

29. Deborah Hardoon, *An Economy for the 99%*, Oxfam International Briefing Paper, January 2017, https://www-cdn.oxfam.org/s3fs-public/file_attachments/bp-economy-for-99-percent-160117-en.pdf (accessed March 12, 2019), 1.

30. "Company Info," Facebook Newsroom, https://newsroom.fb.com/company-info/ (accessed February 12, 2019).

31. Benny Evangelista, "Alphabet, Toronto Partner to Create Tech-Infused Neighborhood," *San Francisco Chronicle*, October 18, 2017, http://www.govtech.com/news/Alphabet-Toronto-Partner-to-Create-Tech-Infused-Neighborhood.html (accessed February 22, 2019).

32. North Carolina State University, "Mayday 23: World Population Becomes More Urban than Rural," *Science Daily*, May 25, 2007, https://www.sciencedaily.com/releases/2007/05/070525000642.htm (accessed March 12, 2019).

33. Jim Balsillie, "Sidewalk Toronto Has Only One Beneficiary, and It Is Not Toronto," *The Globe and Mail*, October 5, 2018, https://www.theglobeandmail.com/opinion/article-sidewalk-toronto-is-not-a-smart-city/ (accessed February 14, 2019).

34. 同上。

35. 同上。

36. Vipal Monga and Jacquie McNish, "Local Resistance Builds to Google's 'Smart City' in Toronto," *The Wall Street Journal*, August 1, 2018, https://www.wsj.com/articles/local-resistance-builds-to-googles-smart-city-in-toronto-1533135550 (accessed February 2, 2019).

37. 同上；Ava Kofman, "Google's 'Smart City of Surveillance' Faces New Resistance in Toronto," *The Intercept*, November 13, 2018, https://theintercept.com/2018/11/13/google-quayside-toronto-smart-city/ (accessed February 2, 2019).
38. Jennings Brown, "Privacy Expert Resigns from Alphabet-Backed Smart City Project over Surveillance Concerns," Gizmodo, October 23, 2018, https://gizmodo.com/privacy-expert-resigns-from-alphabet-backed-smart-city-1829934748 (accessed February 14, 2019).
39. "Les Hauts-de-France envoient du rev3," Région Hauts-de-France, October 18, 2018, accessed February 14, 2019, http://www.hautsdefrance.fr/les-hauts-de-france-envoient-du-rev3/ (accessed February 14, 2019).

第二章 還權於民：風，光，無價

1. "2020 Climate & Energy Package," European Commission, https://ec.europa.eu/clima/policies/strategies/2020_en.(accessed February 20, 2019).
2. "About the Group," Green New Deal Group, https://www.greennewdealgroup.org/?page_id=2 (accessed February 9, 2019).
3. New Economics Foundation, *A Green New Deal: Joined-Up Policies to Solve the Triple Crunch of the Credit Crisis, Climate Change and High Oil Prices*, July 20, 2008, https://neweconomics.org/2008/07/green-new-deal (accessed March 12, 2019).
4. Katy Nicholson, ed., *Toward a Transatlantic Green New Deal: Tackling the Climate* and Economic Crises, prepared by the Worldwatch Institute for the Heinrich Böll Foundation (Brussels: Heinrich-Böll-Stiftung, 2009), 6 (quoted).
5. "Countdown to Copenhagen: Germany's Responsibility for Climate Justice," Oxfam Deutschland, November 2009, https://www.oxfam.de/system/files/20091111_Programm.pdf (accessed February 7, 2019).
6. Philipp Schepelmann, Marten Stock, Thorsten Koska, Ralf Schüle, and Oscar Reutter, A *Green New Deal for Europe: Towards Green Modernisation in the Face of Crisis*, ed. Jacki Davis and Geoff Meade, vol. 1 (Brussels: Green European Foundation, 2009).
7. Edward B. Barbier, *Rethinking the Economic Recovery: A Global Green New Deal*, report prepared for the United Nations Environment Programme, April 2009, https://www.cbd.int/development/doc/UNEP-global-green-new-deal.pdf (accessed March 12, 2019).
8. 同上，第一六頁
9. Enric Ruiz Geli and Jeremy Rifkin, *A Green New Deal: From Geopolitics to Biosphere Politics*, bilingual ed. (Barcelona, Basel, and New York: Actar, 2011).
10. New Deal 4 Europe, "Petition to the European Parliament," http://www.newdeal4europe.eu/en/petition (accessed February 5, 2019).
11. Jill Stein and Ajamu Baraka campaign, "The Green New Deal," 2016, https://d3n8a8pro7vhmx.cloudfront.net/jillstein/pages/27056/attachments/original/1478104990/green-new-deal.pdf?1478104990 (accessed March 12, 2019).
12. Greg Carlock and Emily Mangan, *A Green New Deal: A Progressive Vision for Environmental Sustainability and Economic Stability*, Data for Progress, September 2018, http://filesforprogress.org/pdfs/Green_New_Deal.pdf (accessed March 12, 2019).
13. "Draft Text for Proposed Addendum to House Rules for 116th Congress of the United States," November 2018, https://docs.google.com/document/

d/1jxUzp9SZ6-VB-4wSm8sselVMsqWZrSrYpYC9slHKLzo/edit#heading=h.z7x8pz4dydey (accessed January 3, 2019).

14. Jason Channell et al., *Energy Darwinism II: Why a Low Carbon Future Doesn't Have to Cost the Earth*, Citi GPS report, 2015, https://cusdi.org/wp-content/uploads/2016/02/ENERGY-DARWINISM-II-Why-a-Low-Carbon-Future-Doesn%E2%80%99t-Have-to-Cost-the-Earth.-Citi-GPSI.pdf (accessed March 24, 2019), 8.

15. Pilita Clark, " Mark Carney Warns Investors Face 'Huge' Climate Change Losses," *Financial Times*, September 29, 2015, https://www.ft.com/content/622de3da-66e6-11e5-97d0-1456a776a4f5 (accessed January 8, 2019)

16. Mario Pickavet et al., "Worldwide Energy Needs for ICT: The Rise of Power-aware Networking," paper presented at the 2008 International Conference on Advanced Networks and Telecommunication Systems, 2, doi:10.1109/ants.2008.4937762; Lotfi Belkhir and Ahmed Elmeligi, "Assessing ICT Global Emissions Footprint: Trends to 2040 & Recommendations," *Journal of Cleaner Production* 177 (January 2, 2018): 448, doi:10.1016/j.jclepro.2017.12.239.

17. 同上，第四五八期。

18. 同上，第四五八～四五九期。

19. Apple, "Apple Now Globally Powered by 100 Percent Renewable Energy," news release, April 9, 2018, https://www.apple.com/newsroom/2018/04/apple-now-globally-powered-by-100-percent-renewable-energy/ (accessed January 15, 2019).

20. Urs Hölzle, "100% Renewable Is Just the Beginning," Google news release, December 12, 2016, https://sustainability.google/projects/announcement-100/ (accessed February 7, 2019).

21. Facebook, "2017 Year in Review: Data Centers," news release, December 11, 2017, https://code.fb.com/data-center-engineering/2017-year-in-review-data-centers/ (accessed February 7, 2019).

22. "We' re increasing our carbon fee as we double down on sustainability," Microsoft, press release, April 2019.

23. "The AT&T Issue Brief on Energy Management," August 2018, https://about.att.com/ecms/dam/csr/issuebriefs/IssueBriefs2018/environment/energy-management.pdf (accessed February 22, 2019); "Intel Climate Change Policy Statement," December 2017, https://www.intel.com/content/www/us/en/corporate-responsibility/environment-climate-change-policy.html (accessed February 22, 2019); Cisco, "CSR Environmental Sustainability," https://www.cisco.com/c/en/us/about/csr/impact/environmental-sustainability.html (accessed February 22, 2019).

24. Steven Levy, "The Brief History of the ENIAC Computer: A Look Back at the Room-Size Government Computer That Began the Digital Era," Smithsonian Magazine, November 2013, https://www.smithsonianmag.com/history/the-brief-history-of-the-eniac-computer-3889120/ (accessed March 12, 2019).

25. Simon Kemp, *Digital in 2018: Essential Insights Into the Internet, Social Media, Mobile, and Ecommerce Use Around the World*, Hootsuite and We Are Social Global Digital Report, 3.

26. Peter Diamandis, "Solar Energy Revolution: A Massive Opportunity," *Forbes*, September 2, 2014, https://www.forbes.com/sites/peterdiamandis/2014/09/02/solar-energy-revolution-a-massive-opportunity/#7f88662d6c90 (accessed March 12, 2019); Solarponics, *The Complete Homeowners' Guide To Going Solar*,

2016, https://solarponics.com/wp-content/uploads/2017/02/chgtgs.pdf (accessed March 24, 2019), 1.

27. LeAnne Graves, "Record Low Bids Submitted for Abu Dhabi's 350MW Solar Plant in Sweihan," *The National*, September 19, 2016, https://www.thenational.ae/business/record-low-bids-submitted-for-abu-dhabi-s-350mw-solar-plant-in-sweihan-1.213135 (accessed March 3, 2019).

28. IRENA, *Renewable Power Generation Costs in 2018*, International Renewable Energy Agency (Abu Dhabi, 2019): 18.

29. *Lazard's Levelized Cost of Energy Analysis—Version 12.0*, 2018, https://www.lazard.com/media/450784/lazards-levelized-cost-of-energy-version-120-vfinal.pdf (accessed March 12, 2019).

30. Ramez Namm, "Smaller, Cheaper, Faster: Does Moore's Law Apply to Solar Cells?" *Scientific American* Guest Blog, March 16, 2011, https://blogs.scientificamerican.com/guest-blog/smaller-cheaper-faster-does-moores-law-apply-to-solar-cells/ (accessed March 24, 2019).

31. Cristina L. Archer and Mark Z. Jacobson, "Evaluation of Global Wind Power," *Journal of Geophysical Research* 110 (2005): 1, doi:10.1029/2004JD005462.

32. Mark A. Jacobson et al. "100 percent Clean and Renewable Wind, Water, and Sunlight All-Sector Energy Roadmaps for 139 Countries of the World," Joule 1 (September 6, 2017): 35.

33. Richard J. Campbell, *The Smart Grid: Status and Outlook*, report (Congressional Research Service, April 10, 2018): 8, https://fas.org/sgp/crs/misc/R45156.pdf.

34. Electric Power Research Institute, *Estimating the Costs and Benefits of the Smart Grid: A Preliminary Estimate of the Investment Requirements and the Resultant Benefits of a Fully Functioning Smart Grid*, report (Electric Power Research Institute 2011): 1-4.

35. Electric Power Research Institute, *Estimating the Costs and Benefits of the Smart Grid: A Preliminary Estimate of the Investment Requirements and the Resultant Benefits of a Fully Functioning Smart Grid*, March 2011, https://www.smartgrid.gov/files/Estimating_Costs_Benefits_Smart_Grid_Preliminary_Estimate_In_201103.pdf (accessed March 24, 2019), 4; Electric Power Research Institute, *The Power to Reduce CO_2 Emissions: The Full Portfolio*, October 2009, https://www.smartgrid.gov/files/The_Power_to_Reduce_CO2_Emission_Full_Portfolio_Technical_R_200912.pdf (accessed March 23, 2019), 2-1.

36. Pieter Gagnon et al., *Rooftop Solar Photovoltaic Technical Potential in the United States: A Detailed Assessment*, National Renewable Energy Laboratory, January 2016, vii-viii.

37. Weiss, Jürgen, J. Michael Hagerty, and María Castañer, *The Coming Electrification of the North American Economy Why We Need a Robust Transmission Grid*, report (The Brattle Group, 2019): 2.

38. Kerstine Appunn, Felix Bieler, and Julian Wettengel, "Germany's Energy Consumption and Power Mix in Charts," *Clean Energy Wire*, February 6, 2019; Rob Smith, "This Is How People in Europe Are Helping Lead the Energy Charge," World Economic Forum, April 25, 2018, https://www.weforum.org/agenda/2018/04/how-europe-s-energy-citizens-are-leading-the-way-to-100-renewable-power/ (accessed March 5, 2019).

39. Sören Amelang, Benjamin Wehrmann, and Julian Wettengel, "Climate, energy and transport in Germany's coalition treaty," *Climate Energy Wire*, February 7, 2018, https://www.cleanenergywire.org/factsheets/climate-and-energy-germanys-government-coalition-draft-treaty (accessed June 28, 2019).

40. Edith Bayer, *Report on the German Power System, Version 1.2*, ed. Mara Marthe Kleine, commissioned by Agora Energiewende, 2015, 9.

41. Appunn, Bieler, and Wettengel, "Germany's Energy Consumption and Power Mix in Charts."
42. Melissa Eddy, "Germany Lays Out a Path to Quit Coal by 2038," *The New York Times*, January 26, 2019, https://www.nytimes.com/2019/01/26/world/europe/germany-quit-coal-2038.html (accessed March 4, 2019).
43. Sharan Burrow, "Climate: Towards a just transition, with no stranded workers and no stranded communities," OECD Insights, May 23, 2017, accessed March 27, 2019, http://oecdinsights.org/2017/05/23/climate-towards-a-just-transition-with-no-stranded-workers-and-no-stranded-communities/.
44. 同上。
45. Energie Baden-Württemberg, "International Committee of Experts Presents Road-map for Climate Protection," news release, September 21, 2006, https://www.enbw.com/company/press/press-releases/press-release-details_9683.html (accessed February 7, 2019).
46. ENBW, *Integrated Annual Report 2017*, https://www.enbw.com/enbw_com/downloadcenter/annual-reports/enbw-integrated-annual-report-2017.pdf (accessed May 14, 2019) 3.
47. E.ON, "Separation of E.ON Business Operations Completed on January 1: Uniper Launched on Schedule," news release, January 1, 2016, https://www.eon.com/en/about-us/media/press-releases/2016/2016-01-04-separation-of-eon-business-operations-completed-on-january-1-uniper-launched-on-schedule.html (accessed February 7, 2019).
48. Vattenfall, "Fossil-free Living Within a Generation," in German, https://fossilfreedom.vattenfall.com/de/ (accessed February 28, 2019); RWE, "Comprehensive Approach to Energy Transition Needed," news release, April 9, 2018, http://www.rwe.com/web/cms/en/3007818/press-releases/amer/ (accessed February 28, 2019).
49. International Renewable Energy Agency, *A New World: The Geopolitics of the Energy Transformation*, 2019, https://www.irena.org/publications/2019/Jan/A-New-World-The-Geopolitics-of-the-Energy-Transformation (accessed March 24, 2019), 28.
50. Jeremy Rifkin, *The Third Industrial Revolution: How Lateral Power Is Transforming Energy, the Economy, and the World* (New York: Palgrave Macmillan, 2011); Paul Panckhurst and Peter Hirschberg, eds., "China's New Leaders Burnish Image by Revealing Personal Details," Bloomberg News, December 24, 2012, https://www.bloomberg.com/news/articles/2012-12-24/china-s-new-leaders-burnish-image-by-revealing-personal-details (accessed March 13, 2019).
51. Liu Zhenya, "Smart Grid Hosting and Promoting the Third Industrial Revolution," in Chinese, *Science and Technology Daily*, December 5, 2013, http://h.wokeji.com/pl/kjjy/201312/t20131205_598738.shtml (accessed February 7, 2019).
52. The White House, "U.S.–China Joint Announcement on Climate Change," news release, November 11, 2014, https://obamawhitehouse.archives.gov/the-press-office/2014/11/11/us-china-joint-announcement-climate-change (accessed February 1, 2019).
53. Seb Henbest et al., *New Energy Outlook 2018: BNEF's Annual Long-Term Economic Analysis of the World's Power Sector out to 2050,* BloombergNEF, 2018, https://bnef.turtl.co/story/neo2018?teaser=true (accessed January 16, 2019).
54. Li Hejun, *China's New Energy Revolution: How the World Super Power Is Fostering Economic Development and Sustainable Growth Through Thin Film Solar Technology* (New York: McGraw Hill Education, 2015), x–16.

55. Hanergy Holding Group Limited, "Hanergy and the Climate Group Host Forum on 'The Third Industrial Revolution & China' with Dr. Jeremy Rifkin," news release, Cision PR Newswire, September 9, 2013, https://www.prnewswire.com/news-releases/hanergy-and-the-climate-group-host-forum-on-the-third-industrial-revolution--china-with-dr-jeremy-rifkin-222930411.html (accessed March 23, 2019).
56. Hanergy and APO Group–Africa Newsroom, "Running Without Charging: Hanergy Offers New Solar-Powered Express Delivery Cars to China's Top Delivery Companies," news release, December 2018, https://www.africa-newsroom.com/press/running-without-charging-hanergy-offers-new-solarpowered-express-delivery-cars-to-chinas-top-delivery-companies?lang=en (accessed March 5, 2019).
57. "Hanergy's Alta Devices Leads the Industry, Setting New Efficiency Record for Its Solar Cell," PV Europe, November 15, 2018, https://www.pveurope.eu/Company-News/Hanergy-s-Alta-Devices-Leads-the-Industry-Setting-New-Efficiency-Record-for-Its-Solar-Cell (accessed March 5, 2019).
58. Michael Renner, Celia Garcia-Baños, Divyam Nagpal, and Arslan Khalid, *Renewable Energy and Jobs: Annual Review 2018*, International Renewable Energy Agency, https://www.irena.org/-/media/Files/IRENA/Agency/Publication/2018/May/IRENA_RE_Jobs_Annual_Review_2018.pdf (accessed March 13, 2019), 15.
59. CPS Energy, "Who We Are," https://www.cpsenergy.com/en/about-us/who-we-are.html (accessed February 22, 2019).
60. Greg Harman, "Jeremy Rifkin on San Antonio, the European Union, and the Lessons Learned in Our Push for a Planetary-Scale Power Shift," *San Antonio* Current, September 27, 2011, https://www.sacurrent.com/sanantonio/jeremy-rifkin-on-san-antonio-the-european-union-and-the-lessons-learned-in-our-push-for-a-planetary-scale-power-shift/Content?oid=2242809 (accessed March 24, 2019).
61. Business Wire, "RC Accepts Application for Two New Nuclear Units in Texas," news release, November 30, 2007, https://www.businesswire.com/news/home/20071130005184/en/NRC-Accepts-Application-Nuclear-Units-Texas (accessed March 14, 2019).
62. "NRG, CPS Energy Meet with Toshiba on Nuclear Cost," *Reuters*, November 12, 2009, https://www.reuters.com/article/utilities-nuclear-nrg/nrg-cps-energy-meet-with-toshiba-on-nuclear-cost-idUSN1250181920091112 (accessed March 23, 2019).
63. "Lazard's Levelized Cost of Energy Analysis - Version 12.0", report (Lazard, 2018).
64. Gavin Bade, "Southern Increases Vogtle Nuke Price Tag by $1.1 Billion," *Utility Dive*, August 8, 2018, https://www.utilitydive.com/news/southern -increases-vogtle-nuke-pricetag-by-11-billion/529682/ (accessed May 8, 2019). Grace Dobush, "The Last Nuclear Power Plant Under Construction in the U.S. Lives to See Another Day," *Fortune*, September 27, 2018, http://fortune.com/2018/09/27/vogtle-nuclear-power-plant-construction -deal/ (accessed March 28, 2019).
65. Rye Druzin, "Texas Wind Generation Keeps Growing, State Remains at No. 1," *Houston Chronicle*, August 23, 2018, https://www.houstonchronicle.com/business/energy/article/Texas-wind-generation-keeps-growing-state-13178629.php (accessed March 24, 2019).
66. Mark Reagan, "CPS Energy Sets One-Day Record for Wind Energy Powering San Antonio," *San Antonio Current*, May 31, 2016, https://www.sacurrent.com/the-daily/archives/2016/03/31/cps-energy-sets-one-day-record-for-wind-energy-powering-san-antonio (accessed March 24, 2019).
67. Gavin Bade, "Chicago's REV: How ComEd Is Reinventing Itself as a Smart Energy Platform," *Utility Dive*, March 31, 2016, https://www.utilitydive.com/news/chicagos-rev-how-comed-is-reinventing-itself-as-a-smart-energy-platform/416623/ (accessed February 7, 2019).

68. 同上。

69. Ben Caldecott, Deger Saygin, Jasper Rigter, and Dolf Gielen, *Stranded Assets and Renewables How the Energy Transition Affects the Value of Energy Reserves, Buildings and Capital Stock*, International Renewable Energy Agency, 2017, 5.

70. 同上，第六頁。

71. 同上，第七頁。

第三章 零碳生活：電動車、物聯網節點建築和智慧生態農業

1. Isabella Burch and Jock Gilchrist, *Survey of Global Activity to Phase Out Internal Combustion Engine Vehicles*, ed. Ann Hancock and Gemma Waaland, Center for Climate Change, September 2018 revision, https://climateprotection.org/wp-content/uploads/2018/10/Survey-on-Global-Activities-to-Phase-Out-ICE-Vehicles-FINAL-Oct-3-2018.pdf (accessed March 24, 2019), 2.

2. Alex Longley, "BofA Sees Oil Demand Peaking by 2030 as Electric Vehicles Boom," *Bloomberg*, January 22, 2018, https://www.bloomberg.com/news/articles/2018-01-22/bofa-sees-oil-demand-peaking-by-2030-as-electric-vehicles-boom (accessed March 24, 2019).*Batteries Update: Oil Demand Could Peak by 2030*, Fitch Ratings, 2018, http://cdn.roxhillmedia.com/production/email/attachment/660001_670000/Fitch_Oil%20Demand%20Could%20Peak%20by%202030.pdf (accessed March 24, 2019), 2.

3. Eric Garcetti, L.A.'s Green New Deal: Sustainable City pLAn, 2019, http://plan.lamayor.org/sites/default/files/pLAn_2019_final.pdf (accessed May 9, 2019), 11

4. Ron Bousso and Karolin Schaps, "Shell Sees Oil Demand Peaking by Late 2020s as Electric Car Sales Grow," Reuters, July 27, 2017, https://www.reuters.com/article/us-oil-demand-shell/shell-sees-oil-demand-peaking-by-late-2020s-as-electric-car-sales-grow-idUSKBN1AC1MG (accessed March 24, 2019).

5. James Osborne, "Peak Oil Demand, a Theory with Many Doubters," *Houston Chronicle*, March 9, 2018, https://www.chron.com/business/energy/article/Peak-oil-demand-a-theory-with-many-doubters-12729734.php (accessed March 24, 2019).

6. "Daimler Trucks Is Connecting Its Trucks with the Internet" Daimler Global Media Site, March 2016, https://media.daimler.com/marsMediaSite/en/instance/ko/Daimler-Trucks-is-connecting-its-trucks-with-the-internet.xhtml?oid=9920445 (accessed February 7, 2019).

7. "Daimler Trucks Is Connecting Its Trucks with the Internet."

8. Steven Montgomery, " The Future of Transportation Is Driverless, Shared and Networked," Ford Social, https://social.ford.com/en_US/story/ford-community/move-freely/the-future-of-transportation-is-driverless-shared-and-networked.html (accessed March 23, 2019).

9. Barbora Bondorová and Greg Archer, *Does Sharing Cars Really Reduce Car Use?* Transport & Environment, 2017, https://www.transportenvironment.org/sites/te/files/publications/Does-sharing-cars-really-reduce-car-use-June%202017.pdf (accessed March 23, 2019), 1.

10. Lawrence D. Burns, "Sustainable Mobility: A Vision of Our Transport Future," *Nature* 497 (2013): 182, doi:10.1038/497181a.

11. Navigant Research, *Transportation Forecast: Light Duty Vehicles*, 2017, https://www.navigantresearch.com/reports/transportation-forecast-light-duty-vehicles

(accessed March 24, 2019).

12. Burns, "Sustainable Mobility," 182.

13. Gunnela Hahn, Jukka Honkaniemi, Jenny Askfelt Ruud, and Luca A De Lorenzo, *Framing Stranded Asset Risks in an Age of Disruption*, Stockholm Environment Institute, February 14, 2018, https://www.sei.org/publications/framing-stranded-assets-age-disruption/ (accessed March 24, 2019), 31.

14. Colin McKerracher, *Electric Vehicles Outlook 2018*, BloombergNEF, https://about.bnef.com/electric-vehicle-outlook/(accessed January 16, 2019).

15. 同上。

16. 同上。

17. Edward Taylor and Jan Schwartz, "Bet everything on electric: Inside Volkwagen's radical strategy shift," *Reuters*, February 6, 2019, https://www.reuters.com/article/us-volkswagen-electric-insight/bet-everything-on-electric-inside-volkswagens-radical-strategy-shift-idUSKCN1PV0K4 (accessed June 28, 2019) ;Paul A. Eisenstein, "Volkswagen boosts electric vehicle production by 50% with 22 million BEVs by 2029," CNBC, March 13, 2019, https://www.cnbc.com/2019/03/12/vw-boosts-electric-production-by-50percent-with-22-million-bevs-by-2029.html (accessed June 28, 2019).

18. Edward Taylor and Jan Schwartz, "Bet everything on electric: Inside Volkswagen's radical strategy shift," *Reuters*; Eric C. Evarts, "BMW plans 12 all-electric models by 2025," Green Car Reports, March 21, 2019, https://www.greencarreports.com/news/1122188_bmw-plans-12-all-electric-models-by-2025 (accessed June 28, 2019).

19. Eric C. Evarts, "BMW plans 12 all-electric models by 2025," Green Car Report.

20. Peter Campbell, "BMW electric profits to rival traditional engines by 2025," *Financial Times*, June 27, 2019, https://www.ft.com/content/2f7bd1e8-9821-11e9-8cfb-30c211dcd229 (accessed July 1, 2019).

21. Edward Taylor and Jan Schwartz, "Bet everything on electric: Inside Volkswagen's radical strategy shift," *Reuters*.

22. "Volkswagen plans 36,000 charging points for electric cars throughout Europe," Volkswagen Newsroom, press release, June 6, 2019, https://www.volkswagen-newsroom.com/en/press-releases/volkswagen-plans-36000-charging-points-for-electric-cars-throughout-europe-5054 (accessed June 28, 2019).

23. 同上；Gunnela Hahn et al., *Framing Stranded Asset Risks in an Age of Disruption*, 12.

24. Henbest et al., *New Energy Outlook 2018*.

25. Paul A. Eisenstein, "Volkswagen boosts electric vehicle production by 50% with 22 million BEVs by 2029," CNBC, March 13, 2019, https://www.cnbc.com/2019/03/12/vw-boosts-electric-production-by-50percent-with-22-million-bevs-by-2029.html (accessed June 28, 2019).

26. Wood Mackenzie, *The Rise and Fall of Black Gold*, 2018, https://www.qualenergia.it/wp-content/uploads/2017/10/Thought_Leadership___Peak_Oil_Demand_LowRes.pdf (accessed March 23, 2019), 4.

27. James Arbib and Tony Seba, *Rethinking Transportation 2020–2030: The Disruption of Transportation and the Collapse of the Internal-Combustion Vehicle and Oil Industries*, a RethinkX Sector Disruption Report, May 2017, https://static1.squarespace.com/static/585c3439be65942f022bbf9b/t/591a2e4be6f2e1c13df930c5/1494888038959/RethinkX+Report_051517.pdf (accessed March 23, 2019), 7.

28. 同上，第七頁。
29. 同上。
30. INRIX, "Los Angeles Tops INRIX Global Congestion Ranking," news release, 2017, http://inrix.com/press-releases/scorecard-2017/ (accessed March 23, 2019).
31. Arbib and Seba, *Rethinking Transportation 2020–2030*, 8.
32. 同上，第三二、一五頁。
33. Longley, "BofA Sees Oil Demand Peaking by 2030 as Electric Vehicles Boom" ; Bousso and Schaps, "Shell Sees Oil Demand Peaking by Late 2020s."
34. Tom DiChristopher, "Big Oil Is Sowing the Seeds for a 'super-spike' in Crude Prices Above $150, Bernstein Warns," CNBC, July 6, 2018, https://www.cnbc.com/2018/07/06/big-oil-sowing-the-seeds-for-crude -prices-above-150-bernstein-warns.html (accessed May 10, 2019).
35. 同上。
36. Assembly Bill No. 3232, Chapter 373 (Cal. 2018), https://leginfo.legislature.ca.gov/faces/billTextClient.xhtml?bill_id=201720180AB3232 (accessed March 23, 2019).
37. "Zero Net Energy," California Public Utilities Commission, http://www.cpuc.ca.gov/zne/ (accessed February 8, 2019).
38. Yolande Barnes, Paul Tostevin, and Vladimir Tikhnenko, *Around the World in Dollars and Cents*, Savills World Research, 2016, http://pdf.savills.asia/selected-international-research/1601-around-the-world-in-dollars-and-cents-2016-en.pdf (accessed March 23, 2019), 5.
39. Mike Betts et al., *Global Construction 2030: A Global Forecast for the Construction Industry to 2030*, Global Construction Perspectives and Oxford Economics, 2015, https://www.globalconstruction2030.com/ (accessed March 23, 2019), 6.
40. Heidi Garrett-Peltier, *Employment Estimates for Energy Efficiency Retrofits of Commercial Buildings,* University of Massachusetts Political Economy Research Institute, 2011, https://www.peri.umass.edu/publication/item/426-employment-estimates-for-energy-efficiency-retrofits-of-commercial-buildings (accessed March 24, 2019), 2.
41. "Questions and Answers: Energy Efficiency Tips for Buildings and Heating," Federal Ministry for the Environment, Nature Conservation and Nuclear Safety (Germany), https://www.bmu.de/en/topics/climate-energy/energy-efficiency/buildings/questions-and-answers-energy-efficiency-tips-for-buildings-and-heating/ (accessed February 1, 2019); John Calvert and Kaylin Woods, "Climate Change, Construction and Labour in Europe: A Study of the Contribution of Building Workers and Their Unions to 'Greening' the Built Environment in Germany, the United Kingdom and Denmark," paper presented at the Work in a Warming World (W3) Researchers' Workshop "Greening Work in a Chilly Climate," Toronto, November 2011, http://warming.apps01.yorku.ca/wp-content/uploads/WP_2011-04_Calvert_Climate-Change-Construction-Labour-in-Europe.pdf (accessed March 23, 2019), 15.
42. *The Internet of Things Business Index: A Quiet Revolution Gathers Pace,* Economist Intelligence Unit, 2013, http://fliphtml5.com/atss/gzeh/basic (accessed May 9, 2019), 10.

43. Jeremy Rifkin, *The Zero Marginal Cost Society: The Internet of Things, the Collaborative Commons, and the Eclipse of Capitalism* (New York: Palgrave Macmillan, 2014).
44. Haier, "Haier Group Announces Phase 2.0 of Its Cornerstone 'Rendanheyi' Business Model," *Cision PR Newswire*, September 21, 2015, https://www.prnewswire.com/news-releases/haier-group-announces-phase-20-of-its-cornerstone-rendanheyi-business-model-300146135.html (accessed March 5, 2019).
45. Jim Stengel, "Wisdom from the Oracle of Qingdao," *Forbes*, November 13, 2012, https://www.forbes.com/sites/jimstengel/2012/11/13/wisdom-from-the-oracle-of-qingdao/#3439fecd624f (accessed March 5, 2019); Haier, "Zhang Ruimin: Nine Years' Exploration of Haier's Business Models for the Internet Age," February 25, 2015, http://www.haier.net/en/about_haier/news/201502/t20150225_262109.shtml (accessed March 5, 2019).
46. Garrett-Peltier, *Employment Estimates for Energy Efficiency Retrofits of Commercial Buildings*, 2.
47. Kevin Muldoon-Smith and Paul Greenhalgh, "Understanding Climate-related Stranded Assets in the Global Real Estate Sector," in *Stranded Assets and the Environment: Risk, Resilience and Opportunity*, ed. Ben Caldecott (London: Routledge, 2018), 154; Kevin Muldoon-Smith and Paul Greenhalgh, "Suspect Foundations: Developing an Understanding of Climate-Related Stranded Assets in the Global Real Estate Sector," *Energy Research & Social Science* 54 (August 2019): 62.
48. M. J. Kelly, *Britain's Building Stock—A Carbon Challenge* (London: DCLG, 2008).
49. Ben Caldecott, "Introduction: Stranded Assets and the Environment," in Caldecott, *Stranded Assets and the Environment*, 6.
50. "More than 250 US Mayors Aim at 100% Renewable Energy by 2035," United Nations, June 28, 2017, https://unfccc.int/news/more-than-250-us-mayors-aim-at-100-renewable-energy-by-2035 (accessed March 24, 2019).
51. Muldoon-Smith and Greenhalgh, "Understanding Climate-related Stranded Assets in the Global Real Estate Sector," 157.
52. 同上，第一五八頁。
53. 同上，第一五九頁。
54. Lara Ettenson, "U.S. Clean Energy Jobs Surpass Fossil Fuel Employment," NRDC, February 1, 2017, https://www.nrdc.org/experts/lara-ettenson/us-clean-energy-jobs-surpass-fossil-fuel-employment (accessed February 25, 2019); US Department of Energy, *2017 U.S. Energy and Employment Report*, https://www.energy.gov/downloads/2017-us-energy-and-employment-report (accessed March 24, 2019).
55. Ettenson, "U.S. Clean Energy Jobs Surpass Fossil Fuel Employment."
56. Brookings Institution, *Advancing Inclusion Through Clean Energy Jobs*, April 2019, https://www.brookings.edu/wp-content/uploads/2019/04/2019.04_metro_Clean-Energy-Jobs_Report_Muro-Tomer-Shivaran-Kane.pdf#page=14.
57. 同上。
58. "Mayor Bowser Opens the DC Infrastructure Academy," press release, March 12, 2018, https://dc.gov/release/mayor-bowser-opens-dc-infrastructure-academy.
59. Fabio Monforti-Ferrario et al., *Energy Use in the EU Food Sector: State of Play and Opportunities for Improvement*, ed. Fabio Monforti-Ferrario and Irene Pinedo

Pascua, European Commission Joint Research Centre, 2015, http://publications.jrc.ec.europa.eu/repository/bitstream/JRC96121/ldna27247enn.pdf (accessed March 23, 2019), 7.

60. Pierre J. Gerber et al., *Tackling Climate Change Through Livestock: A Global Assessment of Emissions and Mitigation Opportunities* (Rome: Food and Agriculture Organization of the United Nations, 2013), xii.

61. Food and Agricultural Organization of the United Nations, Livestock and *Landscapes,* 2012, http://www.fao.org/3/ar591e/ar591e.pdf (accessed March 23, 2019), 1.

62. Timothy P. Robinson et al., "Mapping the Global Distribution of Livestock," *PLoS ONE* 9, no. 5 (2014): 1, doi:10.1371/journal.pone.0096084; Susan Solomon, Dahe Qin, Martin Manning, Melinda Marquis, Kristen Averyt, Henry LeRoy Miller, and Zhenlin Chen, *AR4 Climate Change 2007: The Physical Science Basis,* Intergovernmental Panel on Climate Change, https://www.ipcc.ch/report/ar4/wg1/ (accessed March 24, 2019), 33.

63. H. Steinfeld et al., *Livestock's Long Shadow,* (Rome: FAO, 2006), xxi

64. Emily S. Cassidy, Paul C. West, James S. Gerber, and Jonathan A. Foley, "Redefining Agricultural Yields: From Tonnes to People Nourished per Hectare," *Environmental Research Letters* 8, no. 3 (2013): 4, doi:10.1088/1748-9326/8/3/034015.

65. Janet Ranganathan et al., "Shifting Diets for a Sustainable Food Future," World Resources Institute Working Paper, 2016, https://www.wri.org/sites/default/files/Shifting_Diets_for_a_Sustainable_Food_Future_0.pdf (accessed March 23, 2019), 21.

66. Alyssa Newcomb, "From Taco Bell to Carl's Jr., Grab-and-Go Vegetarian Options Are on the Rise," NBC News, February 6, 2019, https://www .nbcnews.com/business/consumer/taco-bell-mcdonald-s-vegetarian -options-are-rise-n966986 (accessed March 6, 2019); Danielle Wiener-Bronner, "Burger King Plans to Roll Out Impossible Whopper Across the United States," CNN, April 29, 2019, https://www.cnn.com/2019 /04/29/business/burger-king-impossible-rollout/index.html (accessed May 9, 2019).

67. Monforti-Ferrario et al., *Energy Use in the EU Food Sector,* 7.

68. Helga Willer and Julia Lernoud, eds., *The World of Organic Agriculture: Statistics and Emerging Trends 2018,* FiBL and IFOAM–Organics International, https://shop.fibl.org/CHde/mwdownloads/download/link/id/1093/?ref=1 (accessed March 24, 2019).

69. Organic Trade Association, "Maturing U.S. Organic Sector Sees Steady Growth of 6.4 Percent in 2017," news release, May 18, 2018, https://ota.com/news/press-releases/20236 (accessed February 14, 2019).

70. Karlee Weinmann, "Thanks to Co-op, Small Iowa Town Goes Big on Solar," Institute for Local Self-Reliance, February 3, 2017, https://ilsr.org/thanks-to-co-op-small-iowa-town-goes-big-on-solar/ (accessed February 14, 2019).

71. Debbie Barker and Michael Pollan, "A Secret Weapon to Fight Climate Change: Dirt," *The Washington Post,* December 04, 2015, https://www.washingtonpost.com/opinions/2015/12/04/fe22879e-990b-11e5-8917-653b65c809eb_story.html?utm_term=.b2aa65cc4e76 (accessed March 7, 2019).

72. Jeff Stein, "Congress Just Passed an $867 Billion Farm Bill. Here's What's in It," *The Washington Post,* December 12, 2018, https://www.washingtonpost.com/business/2018/12/11/congresss-billion-farm-bill-is-out-heres-whats-it/?utm_term=.042ac7ab46fa (accessed March 6, 2019).

73. April Reese, "Public Lands Are Critical to Any Green New Deal," April 8, 2019, https://www.outsideonline.com/2393257/green-new-deal-public-lands-clean-energy (accessed April 8, 2019).

74. Matthew D. Merrill et. al., *Federal Lands Greenhouse Gas Emissions and Sequestration in the United States: Estimates for 2005-14*, U.S. Geological Survey, 2018, https://pubs.usgs.gov/sir/2018/5131/sir20185131.pdf (accessed May 9, 2019).

75. Reese, "Public Lands."

76. 同上。

77. Marie-Jean-Antoine-Nicolas Caritat, Marquis de Condorcet, Outlines of an Historical View of the Progress of the Human Mind (Philadelphia: M. Carey, 1796), https://oll.libertyfund.org/titles/1669 (accessed May 11, 2019).

第四章 引爆點：化石燃料文明約於二〇二八年瓦解

1. J.-F. Mercure et al., "Macroeconomic Impact of Stranded Fossil Fuel Assets," *Nature Climate Change* 8, no. 7 (2018): 588–93, doi:10.1038/s41558-018-0182-1.

2. "Declaration of the European Parliament on Establishing a Green Hydrogen Economy and a Third Industrial Revolution in Europe Through a Partnership with Committed Regions and Cities, SMEs and Civil Society Organisations," 2007, https://eur-lex.europa.eu/legal-content/EN/TXT/?uri=CELEX%3A52007IP0197 (accessed March 23, 2019).

3. "Directive 2009/28/EC of the European Parliament and of the Council on the Promotion of the Use of Energy from Renewable Sources," *Official Journal of the European Union* (2009): L 140/17.

4. "Renewable Energy: Are Feed-in Tariffs Going out of Style?" *Power-Technology*, January 18, 2017, https://www.power-technology.com/features/featurerenewable-energy-are-feed-in-tariffs-going-out-of-style-5718419/ (accessed March 24, 2019).

5. David Coady et al., "How Large Are Global Fossil Fuel Subsidies?" *World Development* 91 (March 2017): 11, doi:10.1016/j.worlddev.2016.10.004.

6. Kingsmill Bond, *2020 Vision: Why You Should See the Fossil Fuel Peak Coming,* Carbon Tracker, September 2018, https://www.carbontracker.org/reports/2020-vision-why-you-should-see-the-fossil-fuel-peak-coming/ (accessed March 23, 2019), 31.

7. Kingsmill Bond, *Myths of the Energy Transition: Renewables Are Too Small to Matter,* Carbon Tracker, October 30, 2018, https://www.carbontracker.org/myths-of-the-transition-renewables-are-too-small/ (accessed March 23, 2019), 1.

8. Roger Fouquet, *Heat, Power and Light: Revolutions in Energy Services* (New York: Edward Elgar Publishing Limited 2008).

9. Bond, *Myths of the Energy Transition*, 3–4.

10. Bond, *2020 Vision,* 4.

11. 同上，第五頁。

12. 同上，第三二頁。

13. Bobby Magill, "2019 Outlook: Solar, Wind Could Hit 10 Percent of U.S. Electricity," Bloomberg Environment, December 26, 2018, https://news.bloombergenvironment.com/environment-and-energy/2019-outlook-solar-wind-could-hit-10-percent-of-us-electricity (accessed March 23, 2019); Bond, *2020 Vision*, 22, 18.
14. Bond, *2020 Vision*, 31.
15. 同上。
16. 同上，第三一頁。
17. Magill, "2019 Outlook."
18. Megan Mahajan, "Plunging Prices Mean Building New Renewable Energy Is Cheaper than Running Existing Coal," *Forbes*, December 3, 2018, https://www.forbes.com/sites/energyinnovation/2018/12/03/plunging-prices-mean-building-new-renewable-energy-is-cheaper-than-running-existing-coal/#3918a07731f3 (accessed March 24, 2019).
19. Justin Wilkes, Jacopo Moccia, and Mihaela Dragan, *Wind in Power: 2011 European Statistics,* European Wind Energy Association, February 2011, https://windeurope.org/about-wind/statistics/european/wind-in-power-2011/ (accessed March 23, 2019), 6.
20. T. W. Brown et al., "*Response* to 'Burden of Proof: A Comprehensive Review of the Feasibility of 100% Renewable-Electricity Systems," *Renewable and Sustainable Energy Reviews* 92 (2018): 834–47; Ben Elliston, Iain MacGill, and Mark Diesendorf, "Least Cost 100% Renewable Electricity Scenarios in the Australian National Electricity Market," *Energy Policy* 59 (August 2013): 270–82.
21. Kathryn Hopkins, "Fuel Prices: Iran Missile Launches Send Oil to $147 a Barrel Record," *The Guardian*, July 11, 2008, https://www.theguardian.com/business/2008/jul/12/oil.commodities (accessed March 23, 2019).
22. Gebisa Ejeta, "Revitalizing Agricultural Research for Global Food Security," *Food Security* 1, no. 4 (2018): 395, doi:10.1007/s12571-009-0045-8.
23. Jad Mouawad, "Exxon Mobil Profit Sets Record Again," *The New York Times*, February 1, 2008, https://www.nytimes.com/2008/02/01/business/01cnd-exxon.html (accessed March 24, 2019).
24. Gunnela Hahn et al., *Framing Stranded Asset Risks in an Age of Disruption,* Stockholm Environment Institute, March 2018, https://f88973py3n24eoxbq1o3o0fz-wpengine.netdna-ssl.com/wp-content/uploads/2018/03/stranded-assets-age-disruption.pdf (accessed March 23, 2019), 14.
25. 同上，第一五、一一頁。
26. US Energy Information Administration, *Annual Energy Outlook 2019*, January 2019, https://www.eia.gov/outlooks/aeo/ (accessed March 24, 2019), 72.
27. Christopher Arcus, "Wind & Solar + Storage Prices Smash Records," CleanTechnica, January 11, 2018, https://cleantechnica.com/2018/01/11/wind-solar-storage-prices-smash-records/ (accessed March 23, 2019).
28. "Tumbling Costs for Wind, Solar, Batteries Are Squeezing Fossil Fuels," BloombertNEF, March 28, 2018, https://about.bnef.com/blog/tumbling-costs-wind-solar-batteries-squeezing-fossil-fuels/ (accessed March 23, 2019).

29. Gavin Bade, " 'Eyes Wide Open' : Despite Climate Risks, Utilities Bet Big on Natural Gas," *Utility Dive*, September 27, 2016, https://www.utilitydive.com/news/eyes-wide-open-despite-climate-risks-utilities-bet-big-on-natural-gas/426869/ (accessed March 24, 2019).
30. International Renewable Energy Agency, *A New World: The Geopolitics of the Energy Transition,* January 2019, https://www.irena.org/publications/2019/Jan/A-New-World-The-Geopolitics-of-the-Energy-Transformation (accessed March 23, 2019), 40.
31. Enerdata, "Natural Gas Production," *Global Energy Statistical Yearbook 2018,* https://yearbook.enerdata.net/natural-gas/world-natural-gas-production-statistics.html (accessed February 19, 2019).
32. Mark Dyson, Alexander Engel, and Jamil Farbes, *The Economics of Clean Energy Portfolios: How Renewables and Distributed Energy Resources Are Outcompeting and Can Strand Investment in Natural Gas–Fired Generation,* Rocky Mountain Institute, May 2018, https://www.rmi.org/wp-content/uploads/2018/05/RMI_Executive_Summary_Economics_of_Clean_Energy_Portfolios.pdf (accessed March 23, 2019), 6.
33. 同上。
34. 同上，第八、九頁。
35. 同上，第十頁。
36. Enerdata, "Crude Oil Production," *Global Energy Statistical Yearbook 2018*, https://yearbook.enerdata.net/crude-oil/world-production-statitistics.html [sic] (accessed February 19, 2019).
37. Julie Gordon and Jessica Jaganathan, "UPDATE 5—Massive Canada LNG Project Gets Green Light as Asia Demand for Fuel Booms," CNBC, October 2, 2018, https://www.cnbc.com/2018/10/02/reuters-america-update-5-massive-canada-lng-project-gets-green-light-as-asia-demand-for-fuel-booms.html (accessed March 22, 2019).
38. "Coastal GasLink," TransCanada Operations, https://www.transcanada.com/en/operations/natural-gas/coastal-gaslink/ (accessed February 19, 2019).
39. Gordon and Jaganathan, "UPDATE 5."
40. *Jurgen Weiss et al., LNG and Renewable Power: Risk and Opportunity in a Changing World,* Brattle Group, January 15, 2016, https://brattlefiles.blob.core.windows.net/files/7222_lng_and_renewable_power_-_risk_and_opportunity_in_a_changing_world.pdf (accessed March 22, 2019), iii.
41. International Renewable Energy Agency, *A New World,* 40.
42. Weiss et al., *LNG and Renewable Power,* v.
43. 同上，vi–viii.
44. Akshat Rathi, "The EU has spent nearly $500 million on technology to fight climate change – with little to show for it," *Quartz*, October 23, 2018, https://qz.com/1431655/the-eu-spent-e424-million-on-carbon-capture-with-little-to-show-for-it/ (accessed April 9, 2019). European Court of Auditors, Demonstrating Carbon Capture and Storage and Innovative Renewables at Commercial Scale in the EU: Intended Progress Not Achieved in the Past Decade, October 23, 2018, https://www.eca .europa.eu/Lists/ECADocuments/SR18_24/SR_CCS_EN.pdf (accessed May 10, 2019).

45. Vaclav Smil, "Global Energy: The Latest Infatuations," *American Scientist* 99 (May-June 2011), DOI: 10.1511/2011.90.212, 212.
46. Joe Room, "Mississippi realizes how to make a clean coal plant work: Run it on natural gas," *Think Progress,* June 22, 2017, https://thinkprogress.org/clean-coal-natural-gas-kemper-24e5e6db64fd/ (accessed April 5, 2019).
47. "Why aren't all commercial flights powered by sustainable fuel?" *The Economist*, March 15, 2018, https://www.economist.com/the-economist-explains/2018/03/15/why-arent-all-commercial-flights-powered-by-sustainable-fuel (accessed May 2, 2019).
48. Bioways, D2.1 Bio-based products and applications potential, May 31,
2017, http://www.bioways.eu/download.php?f=150&l=en&key=441a4e6a27f83a8e828b802c37adc6e1, 8–9.
49. Glenn-Marie Lange, Quentin Wodon, and Kevin Carey, eds., *The Changing Wealth of Nations 2018: Building a Sustainable Future* (Washington DC: World Bank, 2018), 103, http://hdl.handle.net/10986/29001.
50. 同上，第一四頁。
51. Lange, Wodon, and Carey, eds., *The Changing Wealth of Nations,* 111.
52. Lazard, "Lazard Releases Annual Levelized Cost of Energy and Levelized Cost of Storage Analyses," news release, November 8, 2018, https://www.lazard.com/media/450781/11-18-lcoelcos-press-release-2018_final.pdf (accessed March 22, 2019).
53. 同上。
54. Bank of England, "PRA Review Finds That 70% of Banks Recognise That Climate Change Poses Financial Risks," news release, September 26, 2018, https://www.bankofengland.co.uk/news/2018/september/transition-in-thinking-the-impact-of-climate-change-on-the-uk-banking-sector (accessed March 19, 2019).
55. Task Force on Climate-Related Financial Disclosures, *Recommendations of the Task Force on Climate-Related Financial Disclosures*, June 2017, https://www.fsb-tcfd.org/wp-content/uploads/2017/06/FINAL-TCFD-Report-062817.pdf (accessed March 24, 2019), iii.
56. 同上，ii, citing *Economist* Intelligence Unit, *The Cost of Inaction: Recognising the Value at Risk from Climate Change,* 2015, 41.
57. Task Force on Climate-Related Financial Disclosures, *Recommendations,* ii, citing International Energy Agency, "Chapter 2: Energy Sector Investment to Meet Climate Goals," in *Perspectives for the Energy Transition: Investment Needs for a Low-Carbon Energy System,* OECD/IEA and IRENA, 2017, 51.
58. *Economist* Intelligence Unit, *The Cost of Inaction: Recognising the Value at Risk from Climate Change,* 2015, 17.
59. Task Force on Climate-Related Financial Disclosures, *2018 Status Report,* September 2018, https://www.fsb-tcfd.org/wp-content/uploads/2018/09 /FINAL-2018-TCFD-Status-Report-092618.pdf (accessed April 23, 2019), 2.
60. Bloomberg Philanthropies, "TCFD Publishes First Status Report While Industry Support Continues to Grow," news release, September 26, 2019, https://www.bloomberg.org/press/releases/tcfd-publishes-first-status-report-industry-support-continues-grow/ (accessed March 24, 2019).

第五章 喚醒巨人：退休金勢力勇敢發聲

1. Tom Harrison et al.,*Not Long Now: Survey of Fund Managers' Responses to Climate-Related Risks Facing Fossil Fuel Companies,* Climate Change Collaboration and UK Sustainable Investment and Finance Association, April 2018, http://uksif.org/wp-content/uploads/2018/04/UPDATED-UKSIF-Not-Long-Now-Survey-report-2018-ilovepdf-compressed.pdf(accessed March 24, 2019), 5, 3; Felicia Jackson, "Three Risks That Are Haunting Big Oil," *Forbes*, April 26, 2018, https://www.forbes.com/sites/feliciajackson/2018/04/26/three-risks-that-are-haunting-big-oil/#335c06212739 (accessed March 29, 2019).
2. Thinking Ahead Institute, *Global Pension Assets Study 2018,* Willis Towers Watson, February 5, 2018, https://www.thinkingaheadinstitute.org/en/Library/Public/Research-and-Ideas/2018/02/Global-Pension-Asset-Survey-2018(accessed March 23, 2019), 3, 5, 11.
3. International Trade Union Confederation, "Just Transition Centre," https://www.ituc-csi.org/just-transition-centre(accessed February 19, 2019).
4. Pension Rights Center, "How Many American Workers Participate in Workplace Retirement Plans?" January 18, 2018, http://www.pensionrights.org/publications/statistic/how-many-american-workers-participate-workplace-retirement-plans(accessed March 24, 2019).
5. *Congressional Record,* May 13, 1946, 4891–911.
6. Personal interview with William Winpisinger, July 18, 1977.
7. Nicholas Lemann, *The Promised Land: The Great Black Migration and How it Changed America*(New York: Vintage Books, 1992), 5.
8. Willis Peterson and Yoav Kislev, "The Cotton Harvester in Retrospect: Labor Displacement or Replacement?" University of Minnesota, Department of Agricultural and Applied Economics, Staff Paper P81-25, September 1991, 1–2.
9. Lemann, *The Promised Land,* 6.
10. Marcus Jones, *Black Migration in the United States: With Emphasis on Selected Central Cities*(Saratoga, CA: Century 21 Publishing, 1980), 46.
11. Wilson William Julius, *Declining Significance of Race,* 93; Thomas J. Sugrue, "The Structures of Urban Poverty: The Reorganization of Space and Work in Three Periods of American History," in *The Underclass Debate: Views from History,* ed. Michael Katz (Princeton: Princeton University Press, 1993), 102.
12. UAW data submitted to *Hearings before the United States Commission on Civil Rights,* held in Detroit, December 14–15, 1960 (Washington, DC: USGPO, 1961), 63–65.
13. John Judis, "The Jobless Recovery," *The New Republic,* March 15, 1993, 20.
14. Will Barnes, "The Second Industrialization of the American South," August 1, 2013, https://libcom.org/library/second-industrialization-american-south(accessed April 16, 2019).
15. Jeremy Rifkin and Randy Barber, *The North Will Rise Again: Pensions, Politics and Power in the 1980s* (Boston: Beacon Press, 1978), 7.
16. 同上，第一〇、一一頁。
17. 同上，第一一頁。

18. 同上，第一三頁。
19. 同上。
20. Michael Decourcy Hinds, "Public Pension Funds Tempt States in Need," *The New York Times*, December 2, 1989, https://www.nytimes.com/1989/12/02/us/public-pension-funds-tempt-states-in-need.html(accessed February 28, 2019).
21. Owen Davis, "All Roads Lead to Wall Street," *Dissent Magazine,* October 16, 2018, https://www.dissentmagazine.org/online_articles/working-class-shareholder-labor-activism-finance(accessed February 19, 2019).
22. Richard Marens, "Waiting for the North to Rise: Revisiting Barber and Rifkin after a Generation of Union Financial Activism in the U.S.," *Journal of Business Ethics* 52, no. 1 (2004): 109.
23. 同上。
24. Richard Marens, "Extending Frames and Breaking Windows: Labor Activists as Shareholder Advocates," *Ephemera* 7, no. 3 (2007): 457,http://www.ephemerajournal.org/sites/default/files/7-3marens.pdf(accessed March 23, 2019).
25. "1,000+ Divestment Commitments," Fossil Free, https://gofossilfree.org/divestment/commitments/(accessed March 15, 2019).
26. ICLEI, *New York City Moves to Divest Pension Funds from Billions of Dollars in Fossil Fuel Reserves,* 2018, http://icleiusa.org/wp-content/uploads/2018/09/NYC-Divestment-Case-Study-ICLEI-USA.pdf(accessed March 23, 2019), 9.
27. Oliver Milman, "New York City Plans to Divest $5bn from Fossil Fuels and Sue Oil Companies," *The Guardian,* January 10, 2018, https://www.theguardian.com/us-news/2018/jan/10/new-york-city-plans-to-divest-5bn-from-fossil-fuels-and-sue-oil-companies(accessed February 4, 2019).
28. City of New York, Community Development Block Grant Disaster Recovery, "Impact of Hurricane Sandy," https://www1.nyc.gov/site/cdbgdr/about/About%20Hurricane%20Sandy.page(accessed February 26, 2019).
29. Emily Cassidy, "5 Major Cities Threatened by Climate Change and Sea Level Rise," *The City Fix,* October 15, 2018, https://thecityfix.com/blog/5-major-cities-threatened-climate-change-sea-level-rise-emily-cassidy/(accessed March 23, 2019).
30. ICLEI, *New York City Moves to Divest,* 13.
31. City of New York, *One New York: The Plan for a Just and Strong City,* 2015, http://www.nyc.gov/html/onenyc/downloads/pdf/publications/OneNYC.pdf(accessed March 23, 2019), 166.
32. Bill de Blasio and Sadiq Khan, "As New York and London Mayors, We Call on All Cities to Divest from Fossil Fuels," *The Guardian,* September 10, 2018,https://www.theguardian.com/commentisfree/2018/sep/10/london-new-york-cities-divest-fossil-fuels-bill-de-blasio-sadiq-khan(accessed March 24, 2019).
33. 同上。
34. Gail Moss, "Biggest US Pension Funds 'Must Consider Climate-Related Risks,' " *Investments & Pensions* Europe,September 3, 2018, https://www.ipe.com/news/esg/biggest-us-pension-funds-must-consider-climate-related-risks-updated/10026446.article(accessed March 23, 2019).

35. California State Legislature, "Bill Information," SB-964, Public Employees' Retirement Fund and Teachers' Retirement Fund: Investments: Climate-Related Financial Risk (2017–18), https://leginfo.legislature.ca.gov/faces/billStatusClient.xhtml?bill_id=201720180SB964(accessed March 23, 2019).
36. 同上。
37. California State Teachers' Retirement System, "CalSTRS at a Glance," fact sheet, January 2019, https://www.calstrs.com/sites/main/files/file-attachments/calstrsataglance.pdf(accessed February 26, 2019).
38. CalPERS, "CalPERS Board Elects Henry Jones as President, Theresa Taylor as Vice President," news release, January 22, 2019, https://www.calpers.ca.gov/page/newsroom/calpers-news/2019/board-elects-president-vice-president(accessed March 24, 2019).
39. Ivan Penn and Peter Eavis, "PG&E is Cleared in Deadly Tubbs Fire of 2017," *The New York Times,* January 24, 2019, https://www.nytimes.com/2019/01/24/business/energy-environment/pge-tubbs-fire.html(accessed March 4, 2019).
40. Rob Smith, "The World's Biggest Economies in 2018," World Economic Forum, April 18, 2018, https://www.weforum.org/agenda/2018/04/the-worlds-biggest-economies-in-2018/ (accessed March 23, 2019).
41. Patrick Collinson and Julia Kollewe, "UK Pension Funds Get Green Light to Dump Fossil Fuel Investments," *The Guardian,* June 18, 2018, https://www.theguardian.com/business/2018/jun/18/uk-pension-funds-get-green-light-to-dump-fossil-fuel-investments (accessed February 26, 2019).
42. 同上。
43. United Kingdom, Department for Work & Pensions, *Consultation on Clarifying and Strengthening Trustees' Investment Duties: The Occupational Pension Schemes (Investment and Disclosure)(Amendment) Regulations 2018,* consultation (2018), 19
44. UNISON, *Local Government Pension Funds—Divest from Carbon Campaign: A UNISON Guide,* January 2018, https://www.unison.org.uk/content/uploads/2018/01/Divest-from-carbon-campaign.pdf(accessed March 23, 2019), 2.
45. Nina Chestney, "Ireland Commits to Divesting Public Funds from Fossil Fuel Companies," Reuters, July 12, 2018, https://www.reuters.com/article/us-ireland-fossilfuels-divestment/ireland-commits-to-divesting-public-funds-from-fossil-fuel-companies-idUSKBN1K22AA(accessed February 19, 2019).
46. Richard Milne and David Sheppard, "Norway's $1tn Wealth Fund Set to Cut Oil and Gas Stocks," *Financial Times*, March 8, 2019, https://www.ft.com/content/d32142a8-418f-11e9-b896-fe36ec32aece(accessed March 8, 2019).
47. Douglas Appell, "South Korean Pension Funds Declare War on Coal," *Pensions & Investments,* October 5, 2018, https://www.pionline.com/article/20181005/ONLINE/181009888/south-korean-pension-funds-declare-war-on-coal(accessed February 19, 2019).
48. Korea Sustainability Investing Forum, "Two Korean Pension Funds Worth US$22 Billion Exit Coal Finance," 350.org, October 4, 2018, http://world.350.org/east-asia/two-korean-pension-funds-worth-us22-billion-exit-coal-finance/(accessed February 19, 2019).
49. Peter Bosshard,*Insuring Coal No More: The 2018 Scorecard on Insurance, Coal, and Climate Change,* Unfriend Coal, December 2018, https://unfriendcoal.com/2018scorecard/(accessed March 23, 2019), 4–6.

50. Consumer Watchdog, "Top Ten U.S. Insurance Companies' Investment in Climate Change," https://www.consumerwatchdog.org/top-ten-us-insurance-companies-investment-climate-change(accessed March 18, 2019); Aon Benfield, *Weather, Climate & Catastrophic Insight: 2017 Annual Report*,http://thoughtleadership.aonbenfield.com/Documents/20180124-ab-if-annual-report-weather-climate-2017.pdf(accessed March 23, 2019), 30.

51. Vitality Katsenelson, "Stocks Are Somewhere Between Tremendously and Enormously Overvalued," *Advisor Perspectives,* October 30, 2018, https://www.advisorperspectives.com/articles/2018/10/30/stocks-are-somewhere-between-tremendously-and-enormously-overvalued(accessed February 19, 2019).

52. Pew Charitable Trusts, "The State Pension Funding Gap: 2015," April 20, 2017, https://www.pewtrusts.org/en/research-and-analysis/issue-briefs/2017/04/the-state-pension-funding-gap-2015(accessed February 19, 2019).

53. Tom Sanzillo, "IEEFA update: 2018 ends with energy sector in last place in the S&P 500," Institute for Energy Economics and Financial Analysis, January 2, 2019, http://ieefa.org/ieefa-update-2018-ends-with-energy-sector-in-last-place-in-the-sp-500/(accessed April 8, 2019).

54. Alison Moodie, "New York Pension Fund Could Have Made Billions by Divesting from Fossil Fuels—Report," *The Guardian,* March 4, 2016, https://www.theguardian.com/sustainable-business/2016/mar/04/fossil-fuel-divestment-new-york-state-pension-fund-hurricane-sandy-ftse(accessed February 19, 2019).

第六章 經濟轉型：新社會資本主義

1. Morgan Stanley Institute for Sustainable Investing, *Sustainable Signals: New Data from the Individual Investor,* 2017, https://www.morganstanley.com/pub/content/dam/msdotcom/ideas/sustainable-signals/pdf/Sustainable_Signals_Whitepaper.pdf(accessed March 23, 2019), 1.

2. Forum for Sustainable and Responsible Investment, "Sustainable Investing Assets Reach $12 Trillion as Reported by the US SIF Foundation's Biennial Report on US Sustainable, Responsible and Impact Investing Trends," news release, October 31, 2018, https://www.ussif.org/files/US%20SIF%20Trends%20Report%202018%20Release.pdf(accessed February 19, 2019).

3. George Serafeim, *Public Sentiment and the Price of Corporate Sustainability,* Harvard Business School Working Paper 19-044, 2018, https://www.hbs.edu/faculty/Publication%20Files/19-044_a9bbfba2-55e1-4540-bda5-8411776a42ae.pdf(accessed March 4, 2019); Nadja Guenster, Jeroen Derwall, Rob Bauer, and Kees Koedijk, "The Economic Value of Corporate Eco-Efficiency," European Financial Management 17, no. 4 (September 2011): 679–704, doi:10.1111/j.1468-036X.2009.00532.x; Gordon Clark, Andreas Finer, and Michael Viehs, *From the Stockholder to the Stakeholder: How Sustainability Can Drive Financial Outperformance,* University of Oxford and Arabesque Partners, March 2015, https://arabesque.com/research/From_the_stockholder_to_the_stakeholder_web.pdf(accessed March 24, 2019).

4. Jessica Taylor, Alex Lake, and Christina Weimann, *The Carbon Scorecard,* S&P Dow Jones Indices, May 2018, https://us.spindices.com/documents/research/research-the-carbon-scorecard-may-2018.pdf(accessed March 23, 2019), 1.

5. 同上。

6. Jonathan Woetzel et al., *Bridging Infrastructure Gaps: Has the World Made Progress?* McKinsey & Company, October 2017, https://www.mckinsey.com/

industries/capital-projects-and-infrastructure/our-insights/bridging-infrastructure-gaps-has-the-world-made-progress(accessed March 24, 2019), 5; Jeffery Stupak, *Economic Impact of Infrastructure Investment*,Congressional Research Service, https://fas.org/sgp/crs/misc/R44896.pdf(accessed March 24, 2019), 1.

7. Ipsos, "Global Infrastructure Index—Public Satisfaction and Priorities 2018," 2018, https://www.ipsos.com/en/global-infrastructure-index-public-satisfaction-and-priorities-2018(accessed February 27, 2019), 5.

8. Lydia DePillis, "Trump Unveils Infrastructure Plan," CNN, February 12, 2018, https://money.cnn.com/2018/02/11/news/economy/trump-infrastructure-plan-details/index.html(accessed February 27, 2019).

9. Ed O' Keefe and Steven Mufson, "Senate Democrats Unveil a Trump-Size Infrastructure Plan," *The Washington Post*, January 24, 2017, https://www.washingtonpost.com/politics/democrats-set-to-unveil-a-trump-style-infrastructure-plan/2017/01/23/332be2dc-e1b3-11e6-a547-5fb9411d332c_story.html?utm_term=.0c4ac52f5d8c(accessed February 27, 2019).

10. "America's Splurge," *The Economist*, February 14, 2008, https://www.economist.com/briefing/2008/02/14/americas-splurge(accessed February 27, 2019).

11. "The Interstate Highway System," History (TV network), May 27, 2010, https://www.history.com/topics/us-states/interstate-highway-system(accessed February 27, 2019).

12. KEMA, *The U.S. Smart Grid Revolution: KEMA's Perspectives for Job Creation*, January 13, 2009, https://www.smartgrid.gov/files/The_US_Smart_Grid_Revolution_KEMA_Perspectives_for_Job_Cre_200907.pdf(accessed April 3, 2019), 1.

13. "Why President Dwight D. Eisenhower Understood We Needed the Interstate System," U.S. Department of Transportation Federal Highway Administration, updated July 24, 2017, https://www.fhwa.dot.gov/interstate/brainiacs/eisenhowerinterstate.cfm(accessed April 3, 2019).

14. 69 Electric Power Research Institute, Estimating the Costs and Benefits of the Smart Grid: A Preliminary Estimate of the Investment Requirements and the Resultant Benefits of a Fully Functioning Smart Grid, March 2011, https://www.smartgrid.gov/files/Estimating_Costs_Benefits_Smart_Grid _Preliminary_Estimate_In_201103.pdf (accessed March 24, 2019), 1–4.

15. Terry Dinan, Federal Support for Developing, Producing, and Using Fuels and Energy Technologies, testimony (Congressional Budget Office, March 29, 2017): 3 https://www.cbo.gov/system/files/115th-congress-2017-2018/reports/52521-energytestimony.pdf; David Funkhouser, "How Much Do Renewables Actually Depend on Tax Breaks?" Earth Institute at Columbia University, March 16, 2018, accessed March 28, 2019, https://blogs.ei.columbia.edu/2018/03/16/how-much-do-renewables-actually-depend-on-tax-breaks/.

16. *The Plug-In Electric Vehicle Tax Credit*, report (Congressional Research Service, November 6, 2018).

17. *United States Building Energy Efficiency Retrofits: Market Sizing and Financing Models*, report (The Rockefeller Foundation and Deutsche Bank Group, March 2012): 3.

18. Weiss, Jürgen, J. Michael Hagerty, and María Castañer, *The Coming Electrification of the North American Economy Why We Need a Robust Transmission Grid*, report (The Brattle Group, 2019).

19. Justin Gerdes, "Political Breakthroughs Brighten Outlook for Germany's Grid Expansion," Green Tech Media, June 13, 2019, https://www.greentechmedia.com/articles/read/political-breakthroughs-brighten-outlook-for-germanys-grid-expansion#gs.m4clol (accessed June 13, 2019).
20. Elizabeth McNichol, *It's Time for States to Invest in Infrastructure,* Center on Budget and Policy Priorities, 2017, https://www.cbpp.org/sites/default/files/atoms/files/2-23-16sfp.pdf(accessed March 23, 2019), 5.
21. Jonathan Woetzel et al., *Bridging Infrastructure Gaps: Has the World Made Progress?* McKinsey & Company, October 2017, https://www.mckinsey.com/industries/capital-projects-and-infrastructure/our-insights/bridging-infrastructure-gaps-has-the-world-made-progress(accessed March 24, 2019), 5.
22. Jeffery Werling and Ronald Horst, *Catching Up: Greater Focus Needed to Achieve a More Competitive Infrastructure,* report to the National Association of Manufacturers, September 2014, https://www.nam.org/Issues/Infrastructure/Surface-Infrastructure/Infrastructure-Full-Report-2014.pdf (accessed March 12, 2019), 9.
23. Jeff Stein, "Ocasio-Cortez Wants Higher Taxes on Very Rich Americans. Here's How Much Money That Could Raise," *The Washington Post,* January 05, 2019, https://www.washingtonpost.com/business/2019/01/05/ocasio-cortez-wants-higher-taxes-very-rich-americans-heres-how-much-money-could-that-raise/?utm_term=.bcc9d21df1ca(accessed March 28, 2019).
24. "The World's Billionaires, 2018 Ranking," *Forbe,* https://www.forbes.com/billionaires/list/(accessed March 5, 2019).
25. Kathleen Elkins, "Bill Gates Suggests Higher Taxes on the Rich—The Current System Is 'Not Progressive Enough,' He Says," CNBC, February 14, 2019, https://www.cnbc.com/2019/02/13/bill-gates-suggests-higher-taxes-on-those-with-great-wealth.html(accessed March 1, 2019).
26. Emmie Martin, "Warren Buffett and Bill Gates Agree That the Rich Should Pay Higher Taxes—Here's What They Suggest," CNBC, February 26, 2019, https://www.cnbc.com/2019/02/25/warren-buffett-and-bill-gates-the-rich-should-pay-higher-taxes.html(accessed March 1, 2019).
27. American Society of Civil Engineers, *The 2017 Infrastructure Report Card: A Comprehensive Assessment of America's Infrastructure*,,https://www.infrastructurereportcard.org/wp-content/uploads/2017/01/2017-Infrastructure-Report-Card.pdf(accessed March 12, 2019),7.
28. Adam B. Smith, "2017 U.S. Billion-Dollar Weather and Climate Disasters: A Historic Year in Context," NOAA, January 8, 2018, https://www.climate.gov/news-features/blogs/beyond-data/2017-us-billion-dollar-weather-and-climate-disasters-historic-year(accessed February 27, 2019).
29. Jeff Stein, "U.S. Military Budget Inches Closer to $1 Trillion Mark, as Concerns over Federal Deficit Grow," *The Washington Post,* June 19, 2018, https://www.washingtonpost.com/news/wonk/wp/2018/06/19/u-s-military-budget-inches-closer-to-1-trillion-mark-as-concerns-over-federal-deficit-grow/?utm_term=.1f2b242af129(accessed February 27, 2019).
30. Congressional Budget Office, "Weapon Systems," https://www.cbo.gov/topics/defense-and-national-security/weapon-systems(accessed February 27, 2019).
31. "U.S. Defense Spending Compared to Other Countries," Peter G. Peterson Foundation, May 7, 2018, accessed March 27, 2019, https://www.pgpf.org/chart-archive/0053_defense-comparison.
32. Dana Nuccitelli, "America Spends over $20bn per Year on Fossil Fuel Subsidies. Abolish Them," *The Guardian*, July 30, 2018, https://www .theguardian.com/

environment/climate-consensus-97-per-cent/2018 /jul/30/america-spends-over-20bn-per-year-on-fossil-fuel-subsidies -abolish-them (accessed May 13, 2019); Janet Redman, *Dirty Energy Dominance: Dependent on Denial,* Oil Change International, October 2017, http://priceofoil.org/content/uploads/2017/10/OCI_US-Fossil -Fuel-Subs-2015-16_Final_Oct2017.pdf (accessed May 14, 2019), 5.

33. Ingo Walter and Clive Lipshitz, "Public pensions and infrastructure: A match made in heaven," *The Hill,* February 14, 2019, accessed March 27, 2019, https://thehill.com/opinion/finance/430061-public-pensions-and-infrastructure-a-match-made-in-heaven.
34. "Green Bank Network Impact Through July 2018," Green Bank Network, https://greenbanknetwork.org/gbn-impact/(accessed April 19, 2019).
35. International Trade Union Confederation, *What role for pension funds in financing climate change policies?* May 23, 2012 (accessed April 19, 2019).
36. Devashree Saha and Mark Muro, "Green Bank Bill Nods to States," Brookings, May 20, 2014, https://www.brookings.edu/blog/the-avenue/2014/05/20/green-bank-bill-nods-to-states/(accessed April 19, 2019). The text of the bill is at https://www.congress.gov/bill/113th-congress/house-bill/4522/text.
37. "Example Green Banks," Coalition for Green Capital, http://coalitionforgreencapital.com/green-banks/(accessed April 19, 2019).
38. Chijioke Onyekwelu, "Will a National Green Bank Act Win Support?" Clean Energy Finance Forum, July 18, 2017, https://www.cleanenergyfinanceforum.com/2017/07/18/will-national-green-bank-act-win-support(accessed April 19, 2019).
39. PwC and GIAA, *Global Infrastructure Investment: The Role of Private Capital in the Delivery of Essential Assets and Services,* 2017, https://www.pwc.com/gx/en/industries/assets/pwc-giia-global-infrastructure-investment-2017-web.pdf(accessed March 23, 2019), 5.
40. Caisse de depot et placement du Quebec, "Construction of the Reseau express metropolitain has officially started," news release, April 12, 2018, https://thehill.com/opinion/finance/430061-public-pensions-and-infrastructure-a-match-made-in-heaven(accessed May 10, 2019).
41. Ingo Walter and Clive Lipshitz, "Public Pensions and Infrastructure: A Match Made in Heaven," *The Hill*, February 14, 2019, https://thehill.com /opinion/finance/430061-public-pensions-and-infrastructure-a-match -made-in-heaven (accessed May 13, 2019).
42. Attracta Mooney, "Pension Funds Crave More Infrastructure Projects," *Financial Times*,October 21, 2016, https://www.ft.com/content/a05fe960-95ec-11e6-a1dc-bdf38d484582(accessed February 27, 2019).
43. 同上。
44. David Seltzer, "Potential New Federal Policy Tools to Encourage Pension Fund Investment in Public Infrastructure," lecture, National Conference on Public Employee Retirement Systems, San Francisco, September 11, 2017.
45. Maryland Energy Administration, *Guide to Energy Performance Contracting for Local Governments*,July 2014, https://energy.maryland.gov/Documents/FINALEPCAPLocalGovernmentEPCGuide071014.pdf(accessed March 22, 2019).
46. Hawaii State Energy Office, "Pros & Cons of Guaranteed Energy Savings vs. Shared Savings Performance Contracts," fact sheet, February 2013, https://energy.hawaii.gov/wp-content/uploads/2012/06/Pros-and-Cons-of-guaranteed-vs.-shared-energy-savings-2013.pdf(accessed March 23, 2019).
47. "Study: Climate change damages US economy, increases inequality," Rutgers University, public release, June 29, 2017, https://www.eurekalert.org/pub_releases/2017-06/ru-scc062317.php.

48. C.A. Dieter et al., *Estimated use of water in the United States in 2015: U.S. Geological Survey Circular 1441*, June 19, 2018.

49. California Energy *Commission, California's Water-Energy Relationship, Final Staff Report*, November 2005.

50. Environmental Protection Agency, *Energy Efficiency in Water and Wastewater Facilities: A Guide to Developing and Implementing Greenhouse Gas Reduction Programs*, August 2, 2014, 1; *Statewide Assessment of Energy Use by the Municipal Water and Wastewater Sector. Final Report 08-17*, New York State Research November 2008.

51. Tom Machinchick and Benjamin Freas, *Navigant Research Leaderboard: ESCOs: Assessment of Strategy and Execution for 14 Energy Service Companies*, Navigant Research, 2017, 11.

第七章 動員社會：拯救地球上的生命

1. European Commission, *Communication from the Commission to the European Parliament, the European Council, the Council, the European Economic and Social Committee, the Committee of the Regions, and the European Investment Bank: A Clean Planet for All—A European Strategic Long-Term Vision for a Prosperous, Modern, Competitive, and Climate Neutral Economy*, November 28, 2018, 5.

2. "7th European Summit of Regions and Cities," European Committee of the Regions, https://cor.europa.eu/en/events/Pages/7th-European-Summit-of-Regions-and-Cities.aspx(accessed April 4, 2019).

3. Jeremy Rifkin, "A History of the Future—The World in 2025," lecture, European Central Bank, Frankfurt, January 31, 2019, https://www.youtube.com/watch?v=TUVeg-x9Za4&t=1s(accessed March 24, 2019).

4. "Investing in Europe: Building a Coalition of Smart Cities & Regions," European Committee of the Regions, https://cor.europa.eu/de/events/Pages/Investing-in-Europe-building-a-coalition-of-smart-cities--regions.aspx(accessed March 1, 2019).

5. European Commission, "The Commission Calls for a Climate Neutral Europe by 2050," news release, November 28, 2018, https://ec.europa.eu/clima/news/commission-calls-climate-neutral-europe-2050_en(accessed February 27, 2019).

6. European Commission, *Communication from the Commission*, 4.

7. 同上，第五頁。

8. 同上。

9. Jeremy Rifkin, *The Empathic Civilization*(New York: Tarcher/Penguin, 2009).

10. European Commission Directorate-General for Trade, "Countries and Regions: China," last modified April 16, 2018, http://ec.europa.eu/trade/policy/countries-and-regions/countries/china/(accessed February 27, 2019).

11. State Council of the People's Republic of China, "Chronology of China's Belt and Road Initiative," http://english.gov.cn/news/top_news/2015/04/20/content_281475092566326.htm(accessed March 1, 2019).

12. Pan Xiang-chao, "Research on Xi Jinping's Thought of Ecological Civilization and Environment Sustainable Development," *IOP Conf. Series: Earth and Environmental Science* 153, no. 5 (2018), doi:10.1088/1755-1315/153/6/062067.
13. European Commission, *Joint Communication to the European Parliament, the Council of the European Economic and Social Committee, the Committee of the Regions and the European Investment Bank: Connecting Europe and Asia—Building Blocks for an EU Strategy,* September 19, 2018.
14. "MEP Issues the Guidance on Promoting Green Belt and Road with Three Line Ministries," Belt and Road Portal, May 8, 2017, accessed February 27, 2019, https://eng.yidaiyilu.gov.cn/qwyw/rdxw/12484.htm; Belt and Road Portal, "Guidance on Promoting Green Belt and Road," May 8, 2017, http://eng.yidaiyilu.gov.cn/zchj/qwfb/12479.htm(accessed February 27, 2019).
15. Long Yongtu, *Digital Silk Road: The Opportunities and Challenges to Develop a Digital Economy Along the Belt and Road*(Beijing: Post & Telecom Press, 2017), 1–8; Morgan Stanley, "Inside China's Plan to Create a Modern Silk Road," March 14, 2018, https://www.morganstanley.com/ideas/china-belt-and-road(accessed March 1, 2019).
16. "About the Green Bank Design Summit 2019," Green Bank Design Summit, https://greenbankdesign.org/about-the-gbds-2019/, (accessed June 25, 2019).
17. United Nations Industrial Development Organization (UNIDO). YouTube. November 29, 2011, https://www.youtube.com/watch?v=wJYuMTKG8bc, (accessed May 06, 2019).
18. Frankfurt School of Finance & Management, *Global Trends in Renewable Energy Investment 2018*, April 2018, http://www.iberglobal.com/files/2018/renewable_trends.pdf(accessed June 12, 2019), 11.
19. The International Energy Agency, "Energy Access Outlook 2017," report, October 19, 2017, https://www.iea.org/access2017/ (accessed June 17, 2019),11.
20. U.S. Department of Education, National Center for Education Statistics, Higher Education General Information Survey (HEGIS), "Table 303.70. Total undergraduate fall enrollment in degree-granting postsecondary institutions, by attendance status, sex of student, and control and level of institution: Selected years, 1970 through 2026", table, February 2017, https://nces.ed.gov/programs/digest/d16/tables/dt16_303.70.asp (accessed June 25, 2019).
21. Nargund, Geeta, "Declining birth rate in Developed Countries: A radical policy re-think is required." *Facts, views & vision in ObGyn* vol. 1,3 (2009), https://www.ncbi.nlm.nih.gov/pmc/articles/PMC4255510/, (accessed June 15, 2019), 191-193.
22. Arman Aghahosseini, Dmitrii Bogdanov, Larissa S.N.S. Barbosa, and Christian Breyer, "Analysing the Feasibility of Powering the Americas with Renewable Energy and Inter-regional Grid Interconnections by 2030," *Renewable and Sustainable Energy Reviews* 105 (2019): 187–204, doi:10.1016/j.rser.2019.01.046.
23. Arturs Purvin et al., "Submarine Power Cable Between Europe and North America: A Techno-economic Analysis," *Journal of Cleaner Production* 186 (2018): 131–45, doi:10.1016/j.jclepro.2018.03.095.
24. Lappeenranta University of Technology and Energy Watch Group, *Global Energy System based on 100% Renewable Energy – Power, Heat, Transport and Desalination Sectors,* March 2019, I – VII.
25. 同序言。

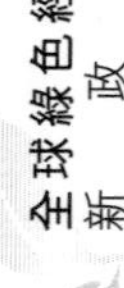

26. Kerstine Appun, Felix Bieler, and Julian Wettengel, "Germany's Energy Consumption and Power Mix in Charts," *Clean Energy Wire,* February 6, 2019; Rob Smith, "This Is How People in Europe Are Helping Lead the Energy Charge," World Economic Forum, April 25, 2018, https://www.weforum.org/agenda/2018/04/how-europe-s-energy-citizens-are-leading-the-way-to-100-renewable-power/(accessed March 5, 2019).

27. Edith Bayer, *Report on the German Power System, Version 1.2,* ed. Mara Marthe Kleine, commissioned by Agora Energiewende, 2015, 9.

28. "State Renewable Portfolio Standards and Goals," National Conference of State Legislatures, February 1, 2019, accessed March 27, 2019, http://www.ncsl.org/research/energy/renewable-portfolio-standards.aspx.

29. Brad Plummer, "A 'Green New Deal' is Far From Reality, but Climate Action is Picking Up in the States, *The New York Times*, February 8, 2019, accessed March 27, 2019, https://www.nytimes.com/2019/02/08/climate/states-global-warming.html.

30. 同上。

31. Tom Machinchick and Benjamin Freas, *Navigant Research Leaderboard: ESCOs: Assessment of Strategy and Execution for 14 Energy Services Companies,* Navigant Research, 2017, 7.

32. TIR Consulting Group, "Office of Jeremy Rifkin," https://www.foet.org/about/tir-consulting-group/(accessed February 19, 2019).

33. " 'The New Abnormal:' Gov. Brown Warns of 'Changed World' as Fires Ravage California," CBS Los Angeles, November 11, 2018, https://losangeles.cbslocal.com/2018/11/11/gov-brown-abnormal-fire/(accessed February 19, 2019).

國家圖書館出版品預行編目（CIP）資料

全球綠色經濟新政策：化石燃料文明將在2028崩盤，以及能拯救地球生命的經濟方案 / 傑瑞米.里夫金(Jeremy Rifkin)著；李立心, 吳慕書譯. -- 初版. -- 臺北市：商周出版：家庭傳媒城邦分公司發行, 2020.02
面； 公分
譯自：The Global Green New Deal : why the fossil fuel civilization will collapse by 2028, and the bold economic plan to save life on Earth
ISBN 978-986-477-788-4(平裝)
1.能源政策 2.綠色經濟 3.永續發展
554.68 109000813

BW0734

全球綠色經濟新政策

化石燃料文明將在 2028 崩盤，以及能拯救地球生命的經濟方案

原文書名／The Global Green New Deal: Why the Fossil Fuel Civilization Will Collapse by 2028, and the Bold Economic Plan to Save Life on Earth
作者／傑瑞米・里夫金（Jeremy Rifkin）
譯者／李立心、吳慕書
責任編輯／李皓歆
企劃選書／黃鈺雯
版權／黃淑敏、吳亭儀
行銷業務／周佑潔

總編輯／陳美靜
總經理／彭之琬
事業群總經理／黃淑貞
發行人／何飛鵬
法律顧問／台英國際商務法律事務所 羅明通律師
出版／商周出版
臺北市 104 民生東路二段 141 號 9 樓
電話：(02) 2500-7008 傳真：(02) 2500-7759
E-mail: bwp.service @ cite.com.tw
發行／英屬蓋曼群島商家庭傳媒股份有限公司 城邦分公司
臺北市 104 民生東路二段 141 號 2 樓
讀者服務專線：0800-020-299 24 小時傳真服務：(02) 2517-0999
讀者服務信箱 E-mail: cs@cite.com.tw
劃撥帳號：19833503 戶名：英屬蓋曼群島商家庭傳媒股份有限公司城邦分公司
訂購服務／書虫股份有限公司客服專線：(02) 2500-7718；2500-7719
服務時間：週一至週五上午 09:30-12:00；下午 13:30-17:00
24 小時傳真專線：(02) 2500-1990；2500-1991
劃撥帳號：19863813 戶名：書虫股份有限公司
香港發行所／城邦（香港）出版集團有限公司
香港灣仔駱克道 193 號東超商業中心 1 樓
E-mail: hkcite@biznetvigator.com
電話：(852) 25086231 傳真：(852) 25789337
E-mail：hkcite@biznetvigator.com
馬新發行所／Cite (M) Sdn. Bhd.
41, Jalan Radin Anum, Bandar Baru Sri Petaling, 57000 Kuala Lumpur, Malaysia.
電話：(603) 9057-8822 傳真：(603) 9057-6622 E-mail: cite@cite.com.my

美術編輯／簡至成
封面設計／萬勝安
製版印刷／韋懋實業有限公司
經銷商／聯合發行股份有限公司 電話：(02) 2917-8022 傳真：(02) 2911-0053
地址：新北市 231 新店區寶橋路 235 巷 6 弄 6 號 2 樓

■ 2020 年 03 月 05 日初版 1 刷

ISBN 978-986-477-788-4
定價 420 元

城邦讀書花園
www.cite.com.tw